圣人的迟暮

康熙晚年的帝国变局

汪恒 —— 著

广东人民出版社
·广州·

图书在版编目（CIP）数据

圣人的迟暮：康熙晚年的帝国变局/汪恒著.
广州：广东人民出版社，2024.10（2024.12重印）.--（"子不语"书系）.
ISBN 978-7-218-17922-3

Ⅰ.K827=49

中国国家版本馆CIP数据核字第2024E6T992号

SHENGREN DE CHIMU：KANGXI WANNIAN DE DIGUO BIANJU
圣人的迟暮：康熙晚年的帝国变局
汪 恒 著

版权所有 翻印必究

出 版 人：肖风华

策划编辑：陈志强
责任编辑：钱飞遥　周　秦　黄佳梦
责任技编：吴彦斌
营销编辑：黄楚君　邓煜儿

出版发行：广东人民出版社
地　　址：广州市越秀区大沙头四马路10号（邮政编码：510199）
电　　话：（020）85716809（总编室）
传　　真：（020）83289585
网　　址：http://www.gdpph.com
印　　刷：广东鹏腾宇文化创新有限公司
开　　本：889毫米×1194毫米　1/32
印　　张：10.125　　　字　　数：238千
版　　次：2024年10月第1版
印　　次：2024年12月第2次印刷
定　　价：88.00元

如发现印装质量问题，影响阅读，请与出版社（020-85716849）联系调换。
售书热线：（020）87716172

目 录

第一章　盛世	1
第二章　废嫡	27
第三章　争储（上）	59
第四章　争储（下）	93
第五章　遗诏	119
第六章　亏空	147
第七章　戎马	179
第八章　江南（上）	213
第九章　江南（下）	235
第十章　故国	257
康熙朝大事年表	290
附　录	305
主要参考资料与书目	316

第一章

盛世

一

康熙四十七年，以中国传统的干支纪年为戊子鼠年，又一个十二年生肖轮回的开始。以公元纪年则为1708年。

此年农历七月，江南暑气淋漓，京师蝉鸣阵阵，塞上秋风却已浸染万里。在无垠苍穹下，漫野牧草由青绿次第变黄。康熙皇帝爱新觉罗·玄烨一身戎装，按辔而行。簇拥他的，是由皇子宗室、嫔妃女眷、满洲亲贵、蒙古王公、汉人重臣、太监宫女、包衣奴仆及随扈兵丁组成的庞大队伍，在青天旷野间蜿蜒十余里，由京师往坝上草原腹地的木兰围场行进，进行一年一度的秋狝。

这支队伍銮仪庄重，戒备森严，人马众多，仅跟随父皇的皇子就有皇太子胤礽、大阿哥胤禔、十三阿哥胤祥、十五阿哥胤禑、十六阿哥胤禄、十七阿哥胤礼等人。

这一班天潢贵胄鲜衣怒马，在田野间纵横驰骋，显得生机盎然。玄烨甚是欣慰——这不仅足以证明他身为父亲教子成功，更反映出自己作为万乘之主，在殚精竭虑精心调治之下，帝国国势万马奔驰、蒸蒸日上。

玄烨是满洲建政以来的第四位君主，是大清入主中原之后的第二位皇帝，清世祖福临（顺治）的第三个儿子。生母孝康章皇后佟佳氏，出身于八旗之中的正蓝旗汉军。关于孝康章皇后的家族血统，学界莫衷一是，有女真化汉人、汉化女真人等多种说法。而以"某

第一章　盛世

佳"为氏，则是汉人血统满人家族的常见情况，如电视剧《延禧攻略》的主角原型、乾隆皇帝的令妃魏佳氏。

清室世代与蒙古联姻。玄烨八岁即位，九岁丧母，他的祖母——出身蒙古科尔沁部落博尔济吉特氏的布木布泰，也就是历史上赫赫有名的孝庄文皇后、太皇太后，承担了抚育和教导这位年幼皇帝的任务。

因此，玄烨的成长背景，兼有满洲、蒙古、汉地的多重血统和文化因子。

从玄烨一生的举止行状来看，他既有坚决捍卫满洲本位主义的自觉，也有贴近汉人先进文明的主动，而在史册的字里行间所自然流露出的，是玄烨个性中很多鲜活生动的东西。比如说，他做事喜大刀阔斧，不喜锱铢必较，待人直率粗豪，不喜繁缛之士或城府慎重之人。因此，玄烨对于秋高马肥时，驱驰塞上，弯弓射猎，应是由衷喜爱，这透出了其鲜明的蒙古草原性格烙印。

从康熙二十一年（1682年）玄烨在漠南蒙古昭乌达、卓索图、锡林郭勒、察哈尔诸盟旗接壤之地设立木兰围场起，皇帝每年秋天带领大队人马到此行猎，便成了朝廷定例。

木兰这个名字，和汉人熟知的花木兰故事并无关系，乃是满语"哨鹿"的音译，这是一种古老的狩猎方式，即由猎人吹响木质长哨，模拟公鹿鸣叫，引诱出母鹿。木兰围场地处今河北省北部，与蒙古高原相接，东西长三百余里，南北宽二百余里，与京师相距约八百里。这里水草丰美，鸟兽栖息，在辽、金、元时，便已是出身游牧民族的君主钟爱的避暑狩猎胜地。

今河北省承德市的围场满族蒙古族自治县，便是当年木兰围场的腹地。

在木兰围场建立初期，玄烨常征调大量八旗官兵随扈，一同前往，后来天下承平，随行人员有时竟多达三万人。昼行时十数里旌旗招展，夜宿时千百顶帐幕相接，星火连城，蔚为壮观。

对玄烨而言，从紫禁城纷繁复杂的案牍操劳、宫闱恩怨中短暂抽身，在苍天旷野之中驰马行猎，是奢侈的暂时解脱。围场建立之后，除康熙二十九年（1690 年）督师亲征噶尔丹之外，玄烨年年都要至此一游，其频繁程度，远远胜过后世小说家津津乐道的"六下江南""五巡五台"。

玄烨行猎的战绩非常辉煌。他曾不无骄傲地对亲近卫士自诩道：

"朕自幼至今，凡用鸟枪弓矢，获虎一百三十五，熊二十，豹二十五，猞猁狲十，麋鹿十四，狼九十六，野猪一百三十二，哨获之鹿凡数百。其余围场内，随便射获诸兽，不胜记矣。朕曾于一日内，射兔三百一十八，若庸常人，毕世亦不能及此一日之数也。"

这猎获中的大多数，想必出自这木兰围场。

不过，玄烨每年流连于木兰围场，不惜兴师动众，跋涉千里，辗转数月，绝不仅仅是为了展现自己内心深处的草原情结，或是展示弓马娴熟的个人武勇，更不是不计成本与代价的恣意冶游。

在这位以圣主贤君自况的皇帝眼中，一年一度的木兰秋狝，是一箭数雕的重要政治手段，是事关大清颜面的旷世盛典，也是维系帝国体制运转的关键一环。

它是色彩斑斓的帝国盛世的剪影，也是盛世本身。

二

木兰秋狝的这个"狝"字，本义就是秋天出猎。根据《周礼》记载，上古之时，君主四时出猎，讲究的是春蒐、夏苗、秋狝、冬狩。春天搜索没有怀胎的禽兽，夏天猎取糟蹋庄稼的禽兽，秋天捕杀残害家禽的野兽，冬天则可以不加区分地围猎一番。这里面自有一番遵循自然规律、维持生态平衡的朴素道理，本身即是"礼"的一部分。

这种周而复始的四时出猎，也是君王利用四季的农闲时分，组织兵民进行军事训练的一种手段。这正是东汉末年曹操拉上汉献帝，在许田围猎时的说辞：借田猎以讲武。

玄烨创立的木兰秋狝之制，特意郑重其事地用了"狝"这个字，追摹中原古礼的意图甚为明显。不过，起家于东北白山黑水间的清代秋狝，有一个更加直接的源头，那便是辽代以来的"捺钵"之制。

"捺钵"出自契丹语，本义为行宫、行帐。这是一种成形于辽代的政治制度，指皇帝并非固定在一处居住，而是根据四时节令变化，不断迁徙驻地，举行游牧射猎活动。

辽代，皇帝春夏秋冬四季皆有"捺钵"之地，每处居停短则一月，长则两月。计算起来，一年中的大多数时候并不待在作为固定国都的上京或者中京。皇帝"捺钵"之时，众多契丹族臣僚和汉人宣徽院所属官僚，皆需随驾而行，仅一部分官员留守国都。在皇帝随四时流转、尽情驰马射猎之时，军国大政并不会因此停顿。

对身上流淌着游牧民族血液的辽代皇帝而言，四时逐水草而居，是部族亘古以来的生存方式，也有训练军队、校阅武力、保持骑射传统的军事演习意味，并不仅仅是个人玩乐消遣，或者炎夏避暑、严冬避寒的集体度假。同时，辽帝国在取得燕云十六州之后，大量汉人被纳入治下，形成了颇具特色的"因俗而制"原则——"以国制治契丹，以汉制待汉人"。

皇帝周而复始地来往于国都和四时"捺钵"之所，在气候、风景和文化背景迥异的广袤国土之间巡游，在行猎中安排会盟议事、接见酋豪、巡视地方、征收贡赋等复杂多变的政治活动，这本身也具有黏合国家的政治意义。

正因为这些军事、政治意义，辽代的"捺钵"之制被随后兴起的金、元所承袭。它们同样由起自中原北面的部族所建，也同样面临着君临北疆与汉地、整合庞大多民族国家的任务。

其中，金代"捺钵"较多体现了女真族的渔猎传统，其四季安排虽没有辽代的四时"捺钵"那么严格清晰，以春秋两季的捕猎和夏季的行宫作驻夏为主，但政治内涵更加丰富，甚至在驻夏行宫举行过科举考试。

元帝国的疆域之广亘古未有，皇帝"捺钵"的地理范围也更加广阔了。

颇有兴味的是，辽、金、元三代的夏季"捺钵"之所，都曾选中今河北省张家口市沽源县一带，这与玄烨选择的木兰围场近在咫尺，同属坝上草原。可见这一带的确是风水宝地。

到玄烨建立木兰围场、举行木兰秋狝的时候，这一源远流长的政治制度的发展可谓已登峰造极。

每年秋狝之时，玄烨统率一万多名亲随骑兵，以行猎为名，进行严格的军事训练。木兰围场附近的内蒙古科尔沁、喀喇沁、巴

第一章 盛世

林、克什克腾、翁牛特、敖汉诸旗,另外选派一千二百名蒙古精骑、一百名向导、三百名枪手。庞大的队伍分成三班,按期演练。

每天黎明时分,大队骑兵整队出营,列队,在皇帝和亲随将领的指挥下,形成一个巨大的包围圈。全副戎装的皇帝和皇太子,在包围圈内驰马射猎。随后,军队将包围圈不断缩小,随驾的满洲、蒙古王公,各部落、各盟旗将佐逐一出队射猎,各尽其能。待到红日西坠,收束兵马。皇帝根据一天的猎获情况论功行赏,然后率领各族将士,在林间旷野点燃熊熊篝火,举觥而饮,炙肉而食,鼓弦而歌。

一日行围之布置,如拔营、行军、出哨、布围、合拢、骑射、撤围、收束、安营等,皆依军法而行,一丝不苟。对于不遵号令、不依法度、行伍散乱、弓马粗疏、追杀怯懦者,玄烨皆严加惩处。在他看来,这是帝国的军务大事,是严肃的军事训练和演习,绝非儿戏。此举对激励和督促为数甚少的满人保持赖以起家的骑射本领,维系满洲本色,避免在中原繁华世界中迅速失去战斗力,甚而动摇根基,显得尤为重要。而皇帝、皇太子和诸位皇子,能始终保持弓马娴熟,雄姿英发,是激励满洲将士保持锐气的鲜明旗帜。

除了军事方面的考虑,木兰秋狝在政治上的价值更是无可替代。

选择木兰围场这个地方行猎,是玄烨深思熟虑的结果,并不仅仅因为它水草丰美,鸟兽繁多,还因此地是漠南蒙古各盟旗的枢纽之地。此外,木兰围场靠近从京师通往满人东北"龙兴之地"的交通孔道,无论南下中原,还是东出白山黑水,均很便捷。

如果把木兰围场放在清帝国整个地缘政治版图上看,就会发现，这里正好是满洲、蒙古、汉地三个核心单元的交会之处，是帝国维系统治的支柱所在。

对于玄烨来说，大张旗鼓地举行木兰秋狝，对于巩固满蒙同盟来说尤为重要。

作为帝国统治者的满洲集团，虽然武德充沛，性情坚韧，至少在清代早期保持着相当的战斗力，但人口数量毕竟太少。因此，清朝君主早在入关之前，便已将满蒙同盟确定为基本国策。

明清之交的蒙古，大体分为漠南蒙古、漠北喀尔喀蒙古、漠西厄鲁特蒙古三大集群。部落数以百计，分布在从兴安岭到天山、阿尔泰山的广阔区域。清朝君主根据各个部落的位置、实力，结合自身战略意图、与女真诸部的历史纠葛等因素，或拉或打——或是联姻通好，或是兵戎相见，将众多部落逐一纳入麾下，使其成为满洲八旗最坚定的同盟者。满洲以东北一隅而能掀翻大明，以不到汉族百分之一的人口而能君临天下，这一同盟的作用无可比拟。

玄烨即位以后，将父祖确立的满蒙同盟国策，又往前推进了一大步。他三次征伐漠西厄鲁特蒙古雄主噶尔丹，将原本只是名义上奉清朝为宗主的漠北喀尔喀蒙古正式纳入帝国治下；继续推行满蒙联姻，结好蒙古贵族；调解各部落之间的杀伐纷争，逐步打破各部落原有的政治结构，将朝廷监督之下的盟旗制度，从漠南推及漠北。

一年一度的木兰秋狝，则是他怀柔亲善蒙古诸部贵族的盛大表演。

每年秋高马肥之时，除满洲贵胄、汉人部院重臣之外，察哈尔蒙古八旗等漠南蒙古诸部、喀尔喀蒙古、青海蒙古等部王公，从四面八方聚集到木兰围场。

第一章 盛世

玄烨和他们一起纵马奔驰，弯弓射猎，大碗喝酒，大块吃肉，在他们面前展示自身和皇室诸子的超卓武力、八旗劲旅的严整军容，毫不吝惜地赐下大批绫罗绸缎、茶瓷金银，可谓恩威并施，刚柔相济。

按照朝廷羁縻蒙古的旧制，蒙古各部王公需定期朝觐皇帝，但草原与中原风物气候有别，这些自小生活在北疆寒冷地带的王公贵族，在京城很容易水土不服，出痘染病，甚至有因此丧命者，所以往往视进京为畏途。

木兰围场建立之后，玄烨十分贴心地将这一朝觐制度，细分为"年班"和"围班"。已经出过痘、对天花具备免疫能力的蒙古王公，年末时轮流进京朝见，是为"年班"。尚未出痘的王公，则只需要在地处塞上、气候清凉的木兰围场，陪同皇帝走马行猎，就算完成了朝见，是为"围班"。

莫要小瞧这个看似不起眼的制度调整，它免去了进京奔波，蒙古王公自然为此感激涕零，对朝廷的忠诚自然也就又多了一层。

每年木兰秋狝人马众多，所需的物资补给为数巨大，从京城到围场，沿途七八百里，需要频繁设置临时行营和仓场，经年累积，开支不是一笔小数目。因此，自康熙四十一年（1702年）起，玄烨在沿途各地设置二十余处行宫，作为相对固定的驻地和物资囤储地。

其中最大最精美的一处行宫是位于武烈河畔、恰好处于路途中道的热河行宫。康熙四十七年（1708年）时，热河行宫已初具规模，这便是后来人们熟知的避暑山庄。

玄烨常在这座宫墙回环、枕山带湖的名园里接见蒙古各部王公和官员，处理与各族军政民政有关的事务，还将亲善范围扩大到逐步纳入清帝国版图的西藏、新疆僧俗王公，此地也逐渐发展成帝国的第二个政治中心，并深刻影响到日后的政局走向。

在玄烨的内心深处，那些草原天骄，那些成吉思汗的子孙们，经过自己深谋远虑的恩威并施，终究由历代中原君主头疼不已的边荒大患，变成了支撑帝国的坚强柱石。这使得满人在面对亿万汉人时，心中挥之难去的惶恐不安，多少有了一点缓和。而历代中原王朝用来防御北方的万里边墙，至此终于失去了存在价值。

在康熙四十七年（1708年）的这个七月，玄烨率领大队人马，沿着每年木兰秋狝的固定路线，从紫禁城出发，经怀柔、密云，来到了古北口关前。

这是分隔中土与塞外的长城雄关，古战场西风残景，杨令公庙香火不绝，仿佛在诉说长城两侧族群千百年来的恩怨情仇。

玄烨的心情却格外爽朗舒阔。

他想起此前古北口总兵曾因这一代长城倾颓甚多，上书请求补修。工部援引前朝旧例批准，玄烨却断然拒绝，他在驳回此事的上谕中说：秦代修筑长城以来，汉、唐、宋各个朝代修理不断，难道就解决了边患问题吗？明朝末年，我大清太祖率领大军，如入无人之境，这长城也没能起到什么作用。由此可见，守卫国土安宁，主要还是靠施行德政，安定民心。百姓发自内心喜悦和拥护，国家的根基就牢固了，边境也会安如泰山。这就是众志成城的道理。（原文参见附录《修复长城之议》）

从谕中我们可见玄烨的豪情壮志奔逸于纸面，而让他自信勃发的，与其说是明面上冠冕堂皇的"修德安民"和"众志成城"，倒不如说是对满蒙同盟的苦心经营,让昔日的塞外边患,一下变为共同统治亿万汉人的亲密战友。

源自契丹族的"捺钵"传统,经过玄烨创设木兰秋狝、开辟热河行宫,发展成为一种具备多重功能、适应多民族政权统治需要,有利于凝聚各方力量以巩固帝国根基的重要政治制度,终于走到了登峰造极的境地。

三

康熙四十七年(1708年)七月,在玄烨的眼中,自己治下的偌大帝国,权柄操于一手,政令通达四方,边关固若金汤,百姓安居乐业。相比载之史册的文景、贞观、开元,文治并不逊色,武功犹有过之。最起码,长城内外和合一家,战马解鞍、壮士解甲的局面,就是旷代所未有的。

而这一皇皇盛世,并非即位之后便唾手可得,实有赖于天佑大清,加上自己数十年如一日殚精竭虑,日夜操劳。

想到此处,玄烨不由得轻轻一叹:世上凡庸走卒,唯知帝王威仪赫赫,锦衣玉食。帝王之艰难辛苦,又有几人知晓?

草原上白云聚散,秋风漫卷,往事历历,一幕幕浮上心头。

康熙初年,帝国尚未扫除明朝残余抵抗势力,郑氏把控着台湾蠢蠢欲动,亿万汉人远未心服,随时有揭竿而起、一呼百应之忧。满洲人丁稀少,兵力有限,不得不将南方数省军政大权托付于吴三桂等汉人降将,渐渐形成"三藩"尾大不掉之势。朝堂之上,中原王朝式的君主集权尚未完全形成，宗室诸王、旗主贝勒势力强大。福临为帮助嗣子对抗亲贵，在遗诏中安排四位辅政大臣，他们皆出身皇帝自领的镶黄、正黄、正白等上三旗。可上三旗辅政大臣，尤其是其中的鳌拜，反倒专横擅权，肆意妄为，侵夺了皇帝权柄。

八岁登基的少年天子玄烨，在皇帝生涯开局之时，可谓外有强敌，内有权奸。

康熙元年（1662年），南明永历帝在云南被吴三桂绞杀，抗清领袖人物郑成功、李定国先后忧愤而死。康熙三年（1664年），在川鄂间深山密林中坚持抗清的夔东十三家最后失败。

康熙六年（1667年），玄烨亲政，权臣鳌拜仍独断专行。两年之后，玄烨依靠身边秘密训练的少年侍卫，趁鳌拜进宫觐见，兵不血刃一举将其拿下。掌握权柄之后，玄烨励精图治，一改鳌拜擅权时期的诸多弊政，帝国朝堂气象一新。

康熙十二年（1673年），玄烨下令撤除"三藩"，引起吴三桂举兵造反，重新打出"反清复明"旗号，滇、黔、湘、桂、闽、川等南方诸省响应。吴三桂的部队饮马长江，威胁陕、甘，帝国统治一时间风雨飘摇。玄烨虽有撤藩操之过急而逼反"三藩"之误，在变乱已成之后，倒也能沉着以对，从容调遣，软硬兼施，在付出鏖战八年、城郭化为丘墟、人民辗转死亡、钱粮耗费无数的沉重代价之后，终于将"三藩"平定下去。

康熙二十二年（1683年），玄烨力排众议，挟平定"三藩"之余威，任用降将施琅跨海出兵攻台，消灭郑氏政权，将台湾纳入清帝国版图。

康熙二十四年（1685年）和二十五年（1686年），玄烨两次派兵，在黑龙江流域的雅克萨城，迎头痛击东侵的沙俄远征军，最终在康熙二十八年（1689年）与沙俄缔结了《尼布楚条约》，遏止了沙俄势力向东方扩张的势头。

康熙二十七年（1688年），玄烨迎来了自己的一生之敌。漠西厄鲁特蒙古准噶尔部不世出的雄主噶尔丹，在统一漠西蒙古、占领漠北蒙古之后，与清帝国迎头相撞。经过乌兰布通、昭莫多几番大战，噶尔丹兵败身死，准噶尔部退回西陲。玄烨在多伦与内外蒙古王公会盟，原本与帝国只有遣使纳贡关系的漠北喀尔喀蒙古各部正式归顺朝廷，融入帝国统治体系。至此，帝国的法度与权力越过长城，直达漠北，开创了汉唐宋明历代少有之宏大局面。

在开疆拓土、武功赫赫的同时，玄烨在文治教化方面积极作为，建树颇多。

政局方面，在清除鳌拜集团之后，玄烨不断削弱八旗亲贵权力，强化皇帝集权。康熙十六年（1677年），设立南书房，任用汉族大臣参与机要，架空满洲议政王大臣会议和内阁。他在位期间，常到乾清门"御门听政"，听取大臣奏报，组织群臣会商，做出决断，发布谕旨，这在后来成为定制。朝堂之上，虽然曾出现索额图、明珠各结朋党的局面，满汉大臣相互攻讦的情况也时有发生，但这些从未真正威胁到玄烨手中的权柄，天下大权从未旁落。

民生方面，康熙七年（1668年）开始实行"更民田"，将因为战乱无主或荒芜的明代藩王庄田，无偿给予耕种之人，以鼓励垦荒，缓和土地矛盾。随后，玄烨废除了入关后纵容八旗子弟将汉人土地财富占为己有的"圈地令"；实行轻徭薄赋政策，让遭受战乱反复踩躏的农民有了喘息之机；多次赈济灾荒，蠲免钱粮，缓和民众负担；选派得力大臣，修治黄河、淮河、永定河，整理南北漕运，曾频繁决口的黄河数十年没有发生重大灾情。

教化方面，玄烨尊孔崇儒，亲谒孔庙，在宫中举行经筵日讲，与汉人儒臣讨论儒学，奉程朱理学为正统，引领臣民崇儒向善；开博学鸿儒科，搜罗隐逸山林的前朝遗老，在彰显朝廷崇儒气度的同时，消除潜在不稳定因素；组织编写《古今图书集成》《全唐诗》《康熙字典》等图书。他还是历代君王中绝无仅有的精通西学之人，跟随来华的西方传教士学习，在代数、几何、天文、医学等方面均学有所得，颇有建树。

康熙三十八年（1699年），玄烨第三次南巡来到南京。在这座明朝建国时的故都，他拜谒了明太祖朱元璋的孝陵，行三跪九叩之礼。他在孝陵留下了"治隆唐宋"四个大字，由玄烨的亲信发小、曹雪芹的祖父、时任江宁织造的曹寅勒石刻碑，该碑至今仍矗立在孝陵的御碑亭内。

这四个字是什么意思？从字面上看，是玄烨在称颂明太祖朱元璋治理天下的政绩，超越了唐朝和宋朝。

这一评价，与康熙年间开始组织编撰的官修史书也即二十四史最后一史《明史》中的表述，极为相似。《明史·成祖本纪》对明成祖朱棣的评价，是"远迈汉唐"。（原文参见附录《明史·成祖本纪》）

它们共同反映了玄烨在深思熟虑之后，钦定清王朝的官方意识形态，对明朝诸帝，特别是明太祖、明成祖等有为君主是推崇尊重的。

这种姿态，一方面有利于消解汉人的敌意，特别是读书人的敌

第一章 盛世

意,以消弥满人以丁寡之异族君临万民、以铁骑挞伐维系帝国所导致的仇恨与隔阂;另一方面则有利于塑造满人取得天下的正统性,将明之天下亡于"流寇"、大清"吊民伐罪"赢得政权的政治故事,阐述得更加完美。

当然,这"治隆唐宋"的皇皇巨碑,同样也是玄烨内心深处的期许与自况。超越前朝贤君,缔造大清盛世,不仅使得玄烨个人流芳千古,更成为满人治国胜过汉人的佐证,这是天命在兹、正统在兹的最好证明,不容半点犹疑。

到康熙四十七年(1708年)时,玄烨的文治武功,又多了不少实绩,盛世的成色愈发完足。尤为可贵的是,这位八岁即登基的少年天子,此时体魄雄健,须发未白,驰马射虎不在话下。他御宇天下已近半个世纪,文治武功接近亘古以来君王的顶峰水平。

玄烨熟读史书,他知道,除了那些在上古神话中云山雾罩的高寿贤君,从秦始皇开始,朝代数十,皇帝数百,安居御座超过四十七年的却为数甚少,仅有在位五十四年的汉武帝刘彻、在位四十九年的辽圣宗耶律隆绪、在位四十八年的明神宗朱翊钧等几位,另有一位梁武帝萧衍,恰好是四十七年。

在玄烨内心深处,这些帝王没有一个能和自己相提并论。汉武帝大败匈奴,开疆拓土,固然是一代雄主,但他不恤民力,弄得天下户口虚耗近半,险些重蹈暴秦覆辙。梁武帝在位前期,也算是励精图治,英武有为,老来却头脑发昏,错信叛将侯景,弄得身死国危,成为天下笑柄。辽圣宗偏居北国,不足为道。更不用说明神宗,数十年不理朝政,若不是他浑浑噩噩,满洲先世纵横关外、迅速坐大,怕还真没有那么容易。

玄烨虽非自矜自傲之人，但还是喜欢时不时将自己与历代帝王相比，尤其是汉人王朝的著名君主。他想在每一个方面都超过他们，让天下人觉得，满人入主中原是真正的天命所归，福泽万民。

这才是玄烨数十年殚精竭虑打造盛世的真正目的所在——为大清"争正统"。

大约十年过后，玄烨在长篇《面谕》中，正式提出深沉的、自陈心迹的说法，即千方百计证明"自古得天下之正，莫如我朝"。

用现代人熟悉的话说，就是要为这个由少数族群统治的辽阔帝国，建构一个稳固的法统基础，使人数庞大的被统治者，欣欣然接受统治，并视之合理正当。

四

任何朝代，或者说任何政权，都需要必要的政治合法性，局面才可能维持下去。而清朝对此的渴求，远远超过此前的历朝历代。

这里面有很多原因。

首先，清朝政权是以人数极少的满洲集团，统治幅员辽阔的疆土、人口百倍于己的其他各族民众。人口差距以一当百，这并不夸张。根据入关之初顺治五年（1648 年）的人口统计，满洲八旗的人丁数，也就是成年男子数量，是 55330 人，折算出的满洲总人口当为 25 万～35 万人。而当时的全国总人口，即便历经明清易代之际的战端破坏，数量仍维持 5000 万～8000 万人的水平。也就是说，作为统治者的满人，人口不到全国总人口的百分之一。加上有根深

第一章 盛世

蒂固的"夷夏之防"意识,"非我族类其心必异"的观念,满人心中的恐慌与不安可想而知。

其次,清军在征服中原的过程中,其铁骑挞伐之暴虐,在古代社会也是极为罕见的。

清军入关之前,从努尔哈赤开始,就已对辽东地区反复劫掠,时间长达数十年。在和明朝守军拉锯的过程中,清军多次侵入京畿、河北、山东等地,大行杀掠勾当。

入关之后,清军挞伐造成了难以胜数的灾祸,给百姓带来深重灾难。许多原本人烟稠密、街市繁华的名城大邑,丁口锐减,百业沦落,很多年都难以恢复。

以并非发生在抗清力量集中的江南地区、长期以来所受关注不多的大同之屠为例。顺治五年(1648年)十二月,由清廷任命的大同总兵姜瓖举兵反正,占领附近州县,宣布归附南明政权,山西各地军民群起响应。清廷调集重兵突进,于次年八月攻破大同,将反抗势力镇压下去。大同连带周边各城,几乎变成无人区。全城只有府衙牢房中的五个重刑犯侥幸逃得一命。待战事结束,新任地方官检查牢房,发现这五个犯人既无案卷又无苦主,完全不知如何处置,只有上奏朝廷,释放了事。

顺治七年(1650年)十二月,宣大山西总督佟养量,在揭帖中毫不掩饰地报告:"大同、朔州、浑源三城,已经王师屠戮,人民不存。"

经此一役,素有九边重镇之称、有军民数十万的大同城,彻底沦为白骨累累的无人废墟,原来设置在城内的府、县两级衙门,被迫移至他处,多年后才缓慢恢复元气。

依靠激进政策及暴虐手段，固然能在短时间内迅速消灭反抗者，震慑不服者，将统治势力铺开，但这种仰仗屠刀的统治，终究不能使人信服。

清初弊政大多出现在顺治年间，由掌握朝政的摄政王多尔衮决策推行，影响及于后世。

一是剃发易服。统治者强迫汉人毁弃"身体发肤受之父母"的传统，按照满洲习俗剃发结辫，否则视为叛逆并处死，以此毁弃汉人文化认同。剃发令引起汉人的激烈反抗，清军大肆镇压。中国人头上的辫子，由此变成一种屈辱的表征，很多年后还成了落后象征。

二是圈地。王公贵族和八旗集团，打着没收前朝权贵土地的借口，大肆圈占汉民土地，导致百姓流离失所，被迫逃亡。

三是实施投充法。圈地导致大量汉人百姓失去土地，统治者顺势颁布"投充法"，允许汉人投到王公贵族、八旗官兵名下，一些汉人百姓沦为八旗奴隶。

四是实施逃人法。清廷通过武力征服和圈地投充，将一些汉人变为奴隶。汉人不堪其苦，大批逃亡。统治者又颁布"逃人法"，严惩逃跑奴隶。胆敢窝藏奴隶或帮助奴隶逃跑者，将遭受更为严厉的惩罚，本人处死，财产没收。不仅朝堂之上的汉人官员不能豁免，邻居和地方官还要受株连。

五是禁关。入关之后，统治者一面在关内攻城略地，一面将起家的白山黑水视为"龙兴之地"，严格封禁，禁止移民前往开垦，导致东北长期人烟稀少，疏于开发。

凡此种种，进一步激化了统治者与各地被统治者，特别是与亿万汉人之间的矛盾。对毕生致力于为清朝争取正统地位的玄烨来说，他面对的局势相当复杂，领受的任务相当艰巨，而他想达到的目标，则相当雄伟宏大——

要让天下臣民心服口服地认同"大清得国之正，举世无双""大清承接华夏正朔，乃天下正统，毋庸置疑"。

玄烨认为，清朝受命于天、入主中原、统率万民的合理性与正当性，坚实无比；满洲始终可以保持本色，并不需要与汉人融为一体，甚至被汉人同化。

玄烨要让清朝全面超越辽、金、元这些部族政权。既不能像契丹人那样，长年僻处北疆，只是占了个燕云十六州，摸到一点中原的边角；也不能像完颜女真人那样，到中原没多久，便失去了本色和锐气，迅速陷入温柔乡；更不能像蒙古人那般，看似疆土辽阔，武功彪炳，却始终被汉人视为另类，统一南北才几十年，便灰溜溜地被赶回了草原。

这个艰难宏大的任务，支撑玄烨几十年如一日，千方百计为大清"争正统"，让长久统治成为可能。

他励精图治，劝农治河，轻徭薄税，惠泽万方，让盛世花团锦簇，超越汉、唐、宋、明，让天下万民忘却屠杀之血腥、弊政之酷烈。好向天下万民证明，汉人明君能做到的，出身白山黑水的君王也能做到，甚至还能做得更好。

他平"三藩"，收台湾，退罗刹（俄罗斯），败准噶尔，给大清打下一个旷世未有的疆土，将疆界经营得固若金汤。好让天下万民看看，不需要长城防御的帝国是何等稳固。

他驯服漠北，巩固满蒙同盟，让八旗的武力多些凭借，给人丁稀少的满人多拉几个帮手。好让天下万民知晓，莫要仗着汉人多几口子人便轻举妄动。

他尊孔讲经,和汉人大儒考校学问,将道统和治统集于一身。他骑马射箭,始终保持满洲人本色。他研习西学,知历朝历代之所未知。好让天下万民叹服,汉人所擅长的学问,满人君王毫不逊色,甚至超越其上,更有一些额外本领。

他按照中原王朝传统立嫡长子为太子,将一班皇子养得文武双全、龙精虎猛。好让天下万民心折,大清帝系天佑神眷,代代无穷。康熙四十七年(1708年)初秋,玄烨身边的诸皇子——皇太子胤礽、大阿哥胤禔、十三阿哥胤祥、十五阿哥胤禑、十六阿哥胤禄、十七阿哥胤礼等纵马驰骋于塞上旷野的情景,既可视为大清盛世的缩影,亦可彰显大清的正统形象。

五

在康熙四十七年(1708年)的这个初秋,玄烨一手开创的大清盛世,正在走上顶峰。他朝所思,夜所梦,想为大清争正统、证明大清得国之正无与伦比的那个夙愿,正在按照自己严丝合缝的计划,一步步变成现实。

但这大好的局面之下,仍然有一些隐忧。眼下最令他焦虑的,是十八阿哥胤祄。

胤祄对我们来说是较陌生的存在,鲜少在小说或电视剧中露脸。时年八岁的他,是这一年木兰秋狝随行皇子中最为年幼的一位。这位年幼皇子生来聪明乖巧,眉宇间颇有他父皇当年的勃勃英气。

第一章　盛世

舐犊之情人皆有之，玄烨对这位幼子格外偏爱，特地带他随驾出行，好让他小小年纪尽早领略塞上边关的雄浑壮阔，锻炼弓马，磨砺筋骨，做一个万民景仰的皇家健儿，好将汉人朝廷某些长年圈禁、饱食终日、一无所能的皇子皇孙，比得无地自容。

谁知造化弄人，也不知是塞上罡风凛冽，还是长途跋涉水土不服，自小甚少生病的胤祄，刚出古北口，便生了一场病，高烧不退，浑身无力，勉强躺在车上随行几日，病势竟越发严重。玄烨从京师急召太医，将幼子搬到御帐旁边亲自照料，均无济于事。他不忍让幼子再跟着大队人马颠簸，便让胤祄在行宫暂歇，留下太医、宦官、宫女若干，令其好生服侍照料。

离开行宫之日，玄烨及其他皇子与病榻之上的胤祄别过。他见幼子病势严重还要晃晃悠悠挣扎着起身行礼，心中甚是酸楚。胤祄的诸位兄长，也是各自垂泪，满脸戚容。但当中有一人，神色如常，漠然以视，仿佛与己无关。

玄烨定睛一看，乃是皇太子胤礽。此子这番模样，对玄烨来说，既是意料之外，却也在情理之中。

皇太子胤礽是玄烨发妻孝诚仁皇后赫舍里氏所生，刚满周岁便被昭告天下立为皇太子，至今已三十三年。胤礽天资极高，加上玄烨亲自培养教育，出落得一表人才，文武兼备，二十多岁就能在玄烨出征时坐镇京师处理政务，足以担当大任。

但是，时间久了，玄烨也发现了胤礽身上的毛病，他天性凉薄，骄横任性，对属下动辄打骂凌辱，甚至对贵胄重臣也是上手就打。吃穿住用无一不精，需索无度。对兄弟全无友爱，甚至对于父皇的拳拳之心置若罔闻。

这里面究竟有多少是太子天性使然，又有多少是玄烨长期以来的溺爱纵容所致？恐怕没人说得清楚。

说起来，对于这个嫡子，玄烨向来恩宠有加。即便出征或是出巡在外，也不忘挤出时间，给胤礽写亲笔信，分享旅途见闻，寄送各种好吃好玩之物。

但康熙二十九年（1690年），发生了这样一件事。当时玄烨亲征噶尔丹，大战在即却高烧不退，在大臣劝说下回銮调养。回程途中，玄烨命皇太子胤礽、皇三子胤祉前来迎接。父子在行宫相见，玄烨病容憔悴，胤礽却毫无戚容，言语之间也没有多少关心的意思。玄烨十分不快，命其立即回京。此前父慈子孝、其乐融融的氛围，从此出现裂痕。胤礽在玄烨心中，从此多了一分冷漠无情的形象。

这样的裂痕，一旦形成就很难弥合，更何况是在阴谋、猜忌充斥的皇室天家。而胤礽自己的表现，还在不断加深自己在父皇心中的冷漠形象。

康熙三十五年（1696年），玄烨又一次远征噶尔丹。行军途中，他像往常一样，见到新鲜有趣之事，便写信给留守京师的胤礽，想和爱子第一时间分享。结果，连续几封书信都得不到回音，惹得玄烨在朱批中直接发起火来：

"朕因遥远恐皇太子惦念，故将朕等于此处妥善而行之情由，反复缮写遣之。为何与朕无一复信？缮写如此多之书信，亦有毫不辛劳之理乎？嗣后朕不再多写矣！"

皇帝的委屈与愤懑溢于言表。这样的事件，会对父子关系造成什么影响，可想而知。胤礽不是笨人，在察觉了父皇的恼怒之后，做出一番诚恳悔过的姿态，阴云看似消散。

第一章 盛世

玄烨在察觉胤礽身上的诸多毛病之后，也采取了很多手段，限制太子权力，控制太子待遇，甚至不惜降罪太子的舅家索额图（赫舍里氏）家族，以此对太子进行严厉敲打。太子似有所悟，看上去也恭顺了不少。

但这一次胤礽在十八阿哥病榻前的表现，一下子又让玄烨想起诸多不快往事。他怀疑起自己这个嫡子的本性本心，甚至不由得往最坏处想：难道好不容易造就的皇皇盛世，就要坏在一个逆子的身上吗？

玄烨又想起，这一年正月初一，自己按照满洲老规矩祭堂子，当时忽然有一种强烈的不祥预感涌上心头，觉得将有大事发生。玄烨将此事告诉了皇太子胤礽。数月之后，打着崇祯之子"朱三太子"旗号的江南反清起义首领一念和尚，在杭州被清廷处死。

胤礽顺势开解父皇，那个冥冥之中的预感，应该就是此事，现在作乱者已被诛杀，也不用再担心了。

玄烨却始终隐隐约约觉得，真正的大事还没有来。这次木兰行围，他心爱的十八阿哥罹患重病，生死难料。多年悉心养育栽培的皇太子，又薄情寡义，不仁不孝，望之不似人君，实在令人神伤。

玄烨恍惚间又心生一念，这个不祥之兆，难道就应验在自己的这些皇子身上吗？

康熙四十七年（1708年）的这个秋天，辉煌的盛世之下潜流暗涌，有一些是玄烨能够看到的，有一些却还不曾察觉，或只有一些隐隐约约的感知，看得并不真切。

比如说，皇恩浩荡，轻徭薄税，恩惠并没有真正落到黎民百姓头上。财政制度的顽疾正在一点点蔓延，贪污在宽纵之下日渐滋生，钱粮亏空成为帝国肌体深处的毒瘤。嘴上高唱满汉一视同仁，骨子里却坚持满洲至高无上，靠政治技巧和宣传姿态勉力维持的平衡在一些地方被打破，在很多地方露出了破绽。甚至连看上去最为辉煌完满的边关武事，都潜藏着新一轮动荡的危机——准噶尔在噶尔丹败亡之后，并未分崩离析，它如同一只受伤的猛兽，一面舔舐着自己逐渐愈合的伤口，一面虎视眈眈盯着东南方的繁华世界，等待着再一次暴起的机会。

竭力打造的帝国盛世也好，精心描绘的大清正统也罢，一切的一切，在康熙四十七年（1708年）初秋的顶峰时刻，呈现出向另一面发展的可能性。更不用说，此时的另外一些事情，完全超出了玄烨作为一个传统帝国君主的视野范围。

斯时，世界已进入波澜壮阔的18世纪，正处于狂飙突进的蓄力阶段。这一年，英国已完成"光荣革命"，安妮女王在位，英格兰和苏格兰议会的合并完成，对王权的限制与制衡更加成熟。两家荷枪实弹、拥有贸易垄断权、代表英国殖民拓土的特殊"企业"，组成新的东印度公司，准备在东方大展拳脚。兰开夏的纺织工厂欣欣向荣，世界正处在产业革命呱呱坠地的前夜。

这一年，法国的"太阳王"路易十四执政已半个世纪有余。法军在欧洲大陆拉起漫长战线，与英国、荷兰、奥地利、普鲁士等国组成的联军，为争夺西班牙王冠的支配权而连番苦战，并剑指欧陆霸权。孟德斯鸠从波尔多法学院毕业，伏尔泰即将升入大学，他们将掀起启蒙运动的浩荡大潮，荡涤社会与人心，并为日后的法国大革命埋下火种。

这一年，俄国彼得一世的改革进入深水区，他大刀阔斧地重

第一章 盛世

新划分全国行政区,学习西欧制度,改革军队组织,传统的贵族势力大为削弱。俄国和瑞典为争夺涅瓦河口和波罗的海沿岸地区鏖战十余年,即将进入决战阶段。一个帝制国家即将走上新的轨道。

也是在这一年,在新大陆,一个叫本杰明·富兰克林的小孩,正在牙牙学语。成年之后,他会用风筝引来天上雷电,还会和一群志同道合之士,在那片遥远的土地,建起一个没有君主的国家。

这些正在生发的事物,在玄烨的视野之外,暂时也处于他的事业之外。但后来的历史证明,它们将如浩浩荡荡的洪流,冲刷着这个世界,改变世界的面貌,让玄烨的事业,以及他的继承者们,无可逃避地裹挟其中。帝国华美的锦袍千疮百孔,天命所归、万世不改的神话,最终变成陈腐的笑话。

诚然,历史没有如果,亦无法假设。但后世之人总忍不住去联想,在玄烨的时代,在传统意义上的帝国功业已经接近顶峰的情况下,这个古老国家的走向,是否蕴含新的可能?它们有没有被有意扼杀,或是有意无意地被轻视忽略……

这些,可能比单纯评判康熙大帝够不够"大"、康乾盛世够不够"盛",要多出一些趣味。

历史没有如果,亦无法假设。

在玄烨执政的最后十四年,华丽而沉重的画卷徐徐展开,盛世从顶峰有所滑落,很多历史的可能性闪现,随即消隐无形。

第二章

废嫡

一

康熙四十七年（1708年）九月初四，塞上已是深秋景象，衰草连天，朔气盈野。初秋时节的明朗惬意不复存在。玄烨身居重重毡帐布城之内，亦未能抵挡阵阵寒意透入骨髓。

这一日，玄烨盛怒，召集随扈巡幸塞外的皇子、诸王及亲贵重臣，众目睽睽之下，严令侍卫持械，将元配皇后赫舍里氏所生的二阿哥胤礽，也就是当朝皇太子，速速锁拿而来。

皇太子拿至。玄烨令其跪于地上，一一痛斥其罪：

暴戾淫乱，从王爷、贝勒到大臣，有不称心意者，挥拳就打，鞭笞荼毒下人更是家常便饭。

穷奢极欲，吃穿用度毫无节制，对民脂民膏毫不珍惜，待遇标准远高于朕。要知道，朕穿的是布袜子，盖的被子还有补丁！

没心没肺，对兄弟全无友爱，朕心爱的幼子十八阿哥患病，诸皇子既担心幼弟，又担心朕这老父亲年高忧心，唯有此人铁石心肠，无动于衷。

最要命的是，身为储君，竟然纠结逆臣索额图等，欲行不轨。还于深夜暗中逼近朕的帐篷，打开缝隙，向内窥视。此等不忠不孝，让朕"昼夜戒慎不宁"。（原文参见附录《废黜太子之议》）

玄烨切齿痛骂不已，肝火越发旺盛，情绪也越来越激动。他声色俱厉，手舞足蹈，很难再去顾忌喜怒不形于色的天家尊严。《清圣祖实录》记载，玄烨"痛哭扑地，诸大臣扶起"。清人私家笔记写得更加夸张，说他左右开弓，在诸子、诸王及大臣面前痛抽自己耳光。

在清朝诸帝之中，玄烨的个性本就偏于豪爽奔放，白山黑水加草原朔漠的"满蒙"印记，使他嬉笑怒骂情绪外露成为家常便饭，这和日后承其大统、以深沉阴鸷著称的四阿哥胤禛相比尤为鲜明，但表达如此激烈，情绪近乎失控，在当时当日众人看来，仍是惊骇莫名。

那一刻，仿佛他不是那个英武明断、功业赫赫的康熙大帝，只是一个痛骂孽子不成器、痛悔教子无方的颓然老父。

随后，胤礽的皇太子之位被废去，身受拘禁，一干党羽被杀。自康熙十四年（1675 年）受封太子以来，胤礽三十三年御宇四海之梦，化作冷宫斗室的一枕黄粱。

他是玄烨的次子、嫡长子，是大清唯一被废的皇太子，也是中国王朝史上，最后一位被废去名位的皇太子。

以胤礽被废为标志，康熙朝的继位之争进入白热化阶段。玄烨半生殚精竭虑，杂糅关外满洲旧制与中原王朝传统，重构政权接班规则，给大清帝国政治合法性添砖加瓦的努力，似乎并未成功。康熙王朝也走入了光辉逐渐黯淡的尾声。

在这舞台剧一般的捉拿太子、气煞父皇戏码背后，藏着什么样的故事？

二

平心而论，历朝历代，不论是明君还是昏君，挑选合适的继承人，稳稳当当完成政权交接，始终是个难题。这是王朝体制的一处"软肋"和高危环节。

对玄烨来说，首先面临的问题，是皇子太多。

玄烨的生育能力堪称旺盛，从十四岁时长子诞生，到六十五岁时幼子诞生，他一生生子三十五人，最大的和最小的相差五十余岁。另有女儿二十一人。即便排除早夭者，按清朝皇室规矩，获得"序齿"，也就是在宗室玉牒中获得排行、有资格被称为"几阿哥"的皇子，也有二十四人之多。

整个清朝，从入关前的太祖努尔哈赤，到曾在北京植物园工作的末代皇帝溥仪，十二位皇帝所生皇子，满打满算不过一百一十余人，玄烨一人的皇子便占去三分之一强的名额，超出他之后，从雍正到宣统八位皇帝的皇子总数。

皇子众多，挑选继位者自然难度加倍。

当然，对大清王朝最后三位接棒者，连续保持皇子零纪录的同治、光绪、宣统皇帝来说，康熙的烦恼实乃幸福的烦恼。如果这几位的生育能力，能稍微沾染一点先祖遗风的话，想必清末政局又是一番不同的光景。

不过，问题的关键，并不在于子嗣多少，而在于到底有没有一个明确的、得到认可的、有操作性的规则。

规则其实是有的。

中国王朝体制早熟的一个重要标志，是早在三千多年前的西周就基本确立起嫡长子继承制。正妻之子为嫡,年序在前为长,无嫡则立庶长。这个规则不可谓不清晰明确,有利于降低权力交接过程中的不确定性、最大限度控制震荡和灾难,自有其价值所在。它是西周宗法制度的核心,被很多学者视为商周之际历史巨变与国家重构的路标,也是之后数千年皇权传袭的主流规则。

可是,现实政治远比先贤伟人绘就的蓝图更加复杂。主流规则虽然一直存在,但始终不乏挑战。

很多时候,大权在手且不断变本加厉集中权力的皇帝,总是难免拿"立贤"来挑战"立嫡立长"的游戏规则。"立贤"有立贤的道理。但是,除非出现先天低能儿之类的极端情况,何为贤、何为愚,哪有什么公正标准?很多时候,所谓"立贤",不过是"立爱"罢了。

还有一些情况,嫡长子继承制不得不受制于具体形势,导致很难简单照此办理。常见的情形有两种:

第一种是,两位或者更多皇子,均具备不凡才能,甚至具有相当的政治、军事实力,皇帝很难对其如臂使指,很多时候反而受其牵制。

这种情形在王朝开国的时候比较常见。起事之时,值得信任的人才极为难得,亲族之中的人力资源必须用好。开国君主让成年的儿子、兄弟,深度参与创业征战过程,也就难免让他们在此过程中,积累下文武班底和不凡实力,同时养成逐鹿天下的野心。等到诸子羽翼已成,安排嫡长子继位,可能就不那么顺利了。

唐高祖李渊开国,李建成、李世民兄弟阋墙,正是一个范例。还有明太祖朱元璋安排诸子守边攘夷,为规模初定的王朝开疆拓土,最后老四燕王朱棣尾大不掉,举兵"靖难",从朱标、朱允炆的嫡长一系夺得帝位,也属这类情形。

第二种是,少数民族建立的政权,自有其继业传统,这种情形下袭用中原王朝的嫡长子继承制,本身就意味着一种扬弃其自身体制传承的"汉化"。很多时候,这是一个艰难、漫长的历程,需要魄力、权谋甚至鲜血和杀戮,才能一点点向前推动。

这里面有很复杂的具体因素。对很多少数民族来说,部落豪酋诸妻室之间的名分位次之差,并不等同于汉人君主的妻妾之别。女真人,蒙古人,在相当长时期内,事实上实行的是多妻制。如此一来,何者为嫡,本身也就成了一笔糊涂账。

更重要的是,有两种传统,在诸多少数民族政权中根深蒂固。

一是贵族集会共同议定大事、推举君主的传统。这是人类社会发展到某一阶段的共同经历,是早先军事"民主制度"的留存。在中原王朝,在乾纲独断的集权体制下,这种传统很早就被扫入典籍,成为儒士缅怀的某种历史遗迹。但在发展相对滞后的少数民族那里,它还在发挥作用。

这个传统,在契丹人那里叫八部联盟会议,在完颜女真人那里叫勃极烈制,在蒙古人那里叫忽里勒台大会,在清军入关之前的后金时代叫八大贝勒共治。这一传统不断更换称呼,顽强对抗着一代代希望摆脱贵族掣肘的草原雄主。

二是同样历史悠久的"幼子守灶"制度,它和中原王朝的嫡长子继承制正好唱起了对台戏。这一继承制度的来源,是一种古老的财产分配规则——儿子们先后成年,带着一部分财产,自立门户,最后剩下幼子和父母一起生活,继承父母余下的财产。这种规则适应游牧、渔猎的生活方式，有助于不断扩大家业。

一代天骄成吉思汗与正妻共有四个儿子，西征后分封诸子，幼子拖雷受封于蒙古本部；后来，虽然他打破传统，将大汗之位传给了三子窝阔台，但在他过世之后，拖雷监摄国政，掌握了蒙古中坚军事力量和蒙古高原本部土地。这就是"幼子守灶"传统坚强韧性。再后来，拖雷后人凭借碾压式的强劲实力，从窝阔台后人手中夺得了正统。

即便到了后金时代，"幼子守灶"传统仍未消退。

努尔哈赤死后，虽然大汗之位为诸子中排行居中的皇太极所得，大汗直接统领的正黄、镶黄两旗，却分给了努尔哈赤正妻所生诸子之中三个年龄尚小的儿子——阿济格、多尔衮和多铎，成为日后多尔衮在政局中翻云覆雨的实力基础。由此可见"幼子守灶"传统的根深蒂固。

三

康熙四十七年（1708年）九月初四清晨，玄烨在斥骂胤礽时，一时间情绪失控，当众痛哭，甚至狠抽自己耳光，其中缘由除了是对胤礽这个逆子的所作所为感到愤怒之外，还有是他即位以来对帝国接班制度的种种精心安排到头来却如幻影一般破灭，令这位内心深处颇为高傲的雄主，一时间难以接受。

作为政权建立后第四位、入关之后第二位君主，玄烨手中的大清帝国，从各类典章制度的成熟程度来看，仍属于开国草创时期。

他在安排继承人时，需要考虑的因素很多。要直接搬用中原王朝的嫡长子继承制，并没有那么容易。

玄烨在位时期，开国阶段延续下来的军事行动仍相当活跃。明末义军和南明抵抗力量的最后堡垒夔东十三家，在川鄂深山密林之中血战不屈，矢志不渝，一直坚持到康熙三年（1664年）。自诩奉明正朔的郑氏，一直坚持到康熙二十二年（1683年）。"三藩"之乱则历时八载。征伐准噶尔部的朔漠烽烟，更是绵延了整个康熙时代。

在征战过程中，玄烨的儿子们多有不凡表现。大阿哥胤禔、十四阿哥胤祯（后改为胤禵，下同），都曾率领八旗兵将，弓马刀枪，驰骋疆场。身为皇太子的二阿哥胤礽，则多次在玄烨亲征时监国理政，表现不俗。这种情况虽然尚不至于形成李建成、李世民一般的针锋相对之局面，但无疑会加剧皇位继承一事的复杂性。

更重要的是，玄烨和此前几代皇帝对皇位继承与政权交接规则的取舍，本身就是帝国早期政治体制建构的一部分，是告别部落联盟时代的"满洲旧俗"、效法中原王朝实现中央集权的重要步骤。

明万历十一年（1583年），建州女真一个小部落酋长努尔哈赤，以十三副甲胄起家，在1616年基本一统女真诸部，建立后金。这位以东北一隅之地对抗大明的马上雄主，很早就开始考虑如何摆脱部落联盟传统的贵族推选制，将继任者遴选之权牢牢把控在自己手中。

但是，当时的形势是八旗并立，各领兵民，旗主对旗下属人具有直接支配权，大汗对各位旗主并无绝对权威。

很快，努尔哈赤属意的嫡长子褚英，被各有实力的子侄辈"四大贝勒"和外姓功臣"开国五大臣"联合攻讦，罗织罪状。努尔哈赤权衡利弊，不得不将褚英处死。随后，努尔哈赤又开始培养嫡次子代善。然而，代善又迅速被加上了与继母通奸、虐待儿子等诸多罪名。

在战场上呼风唤雨的努尔哈赤，不得不彻底放弃了再立继承人的心思，反而在1622年，将"八大贝勒共治"立为定制。这一制度的核心内容，是"八贝勒分治其国，无一定君主，由八家公推一人为首长，如八家意有不合，即可易之"。分领八旗的八大贝勒不仅有权公推君主，还能更换不如其意的君主。

到1626年努尔哈赤铩羽宁远，饮恨而终，他都没有再敢尝试指定继承人。

努尔哈赤去世后，其十六子之中排行第八的皇太极，虽然无论按嫡长优先还是按"幼子守灶"，在继位上均无优势，但他在贝勒共治的格局之下，充分发挥其政治权谋，纵横捭阖、各个击破。他拉拢自身声誉尽失、即位无望的大贝勒代善，排挤出身、人望存在短板的二贝勒阿敏与三贝勒莽古尔泰，压制有继位实力但时年尚幼的弟弟多尔衮、多铎，最终取得汗位。

即位之后，皇太极一面东征西讨，一面任用汉官、改革旧制，于1636年"践天子位"，定国号为大清，基本完成了将部落联盟打造为中央集权国家的任务。

事实证明，在政权草创阶段，内部竞争即位的规则，在一定程度上确实有利于能力最强者脱颖而出。当然，这里面有个前提，就是竞争的过程不能过度残酷激烈，胜利者要有整合与接纳失败者的才能与雅量。不然，满洲在关外就会四分五裂，根本走不到入主中原的那一天。

在开疆建国的同时，皇太极不断削弱其他贝勒的权力，掌握了八旗之中的三旗实力，他将各贝勒共理朝政的旧俗，变为大汗南面独坐。对于以指定皇储代替贝勒公推，皇太极也有所考虑。不过，1643年，他在五十二岁的壮年突然病逝，并没有来得及走出这一步。

于是，在贝勒公推旧制下，汗位争夺战再度上演。这次的差别在于，没有皇太极这样一骑绝尘、优势突出的重磅选手，而是形成了皇太极幼弟多尔衮和庶长子豪格势均力敌的局面。

最后结果，多尔衮、豪格、济尔哈朗等人达成妥协，日后以孝庄皇太后留名于世的庄妃博尔济吉特氏，携自己所生的皇太极第九子，时年六岁的幼儿福临，赢得了皇太极所在两黄旗的大臣支持，在两强相争的僵局中"渔翁得利"。多尔衮、济尔哈朗摄政。

福临时代，清军入关，在开疆拓土的同时，豪格、多尔衮等曾经的竞争者次第黯然退场，皇权空前加强。在多尔衮死后，顺治八年（1651年），福临将原来由其掌握的正白旗收入麾下，与镶黄、正黄两旗合称上三旗，确定由天子自领。在八旗分立的旧有格局之下，此举为天子保持对其他贝勒亲贵的实力优势，打下了基础。同时，福临仿效明制，重用汉官，加速汉化，在八旗体制之外，逐步培植维护皇权、制衡宗室贵族的新力量。

通过布局与占位，到了顺治十八年（1661年），福临在病危之际，已经可以不受八旗旧制掣肘，以遗诏方式，指定皇三子玄烨以八岁之龄即位。

奉诏辅政的四位顾命大臣索尼、苏克萨哈、遏必隆、鳌拜，全部为出身上三旗的非宗室大臣，其中索尼出身正黄旗、苏克萨哈出身正白旗、遏必隆与鳌拜出身镶黄旗。分领诸旗的宗室诸王贝勒，均被排挤出辅政圈子。

从努尔哈赤到皇太极再到福临，三代君主用了数十年时间，一步步拿到了继承者的决定权，完成了从"满洲旧俗"到中原制度的演化更替。只有在这个前提下，后世君主才有条件考虑究竟是采用嫡长子继承制，还是采用别的什么游戏规则，在自己的儿子中遴选最合适的继承人，安安稳稳地完成政权交接。

耐人寻味的是，在玄烨当国早期，出现了四大辅臣擅权专断的局面，情况比我们印象深刻、文学影视津津乐道的鳌拜专权，要更加复杂一些。这背后，有玄烨年幼缺乏执政能力的客观因素，也有孝庄太皇太后的某种默许。在政局变动中焕然浮现的一股新的潜流——君主赖以抗衡宗室诸王、旗主贝勒的上三旗非宗室大臣，反过来倒成了君权的掣肘者。

这股潜流其实早有预兆。在皇太极去世后的继位之争中，两黄旗非宗室大臣已悄然登场，成为不可小觑的一派力量。甚至在努尔哈赤的时代，外姓"五大臣"带头将褚英、代善等两位潜在嗣君接连挑于马下，这股势力便已经初露峥嵘。

环伺少年玄烨的四大辅臣，在血缘上多与开国"五大臣"一脉相承。遏必隆是"五大臣"之一额亦都之子，鳌拜则是"五大臣"之一费英东之侄。

依靠上三旗非宗室大臣对抗宗室亲贵，反过头来却为上三旗所制，这种情况看似吊诡，在专制社会的历史上确是屡见不鲜，中外皆然。

汉代皇帝以外戚制衡宗室诸王和外朝相权，反而被外戚侵夺权力。唐代皇帝在"安史之乱"后，用宦官统兵对抗藩镇骄兵悍将，后来导致皇帝操持于宦官之手。近东的阿拉伯人王朝，倚仗奴隶出身的马穆鲁克佣兵巩固王权，东征西讨，最后反被马穆鲁克集团建立的新朝取代。这些都是鲜活的例子。

四

胤礽一直跪在地上，默然无言。随后，他被全副武装的侍卫押解，退出玄烨的营帐。留在帐中的皇子诸王、亲贵重臣，一时间不知如何开解这位盛怒未消的君主兼父亲。空气仿佛在塞外清冷的寒风中冻结了。

玄烨看着胤礽远去的背影，心中泛起许多往事来。

康熙十四年（1675年）六月初三，玄烨决定立胤礽为皇太子，当年十二月十三日正式册封。这一年玄烨二十二岁，还是身体强健的年轻人。胤礽是玄烨元配皇后赫舍里氏所生，是康熙在世嫡子中最为年长的一位，序齿为二阿哥，时年尚不足两岁，希望重万年之统、系四海之心。

为何玄烨选择在此时立储？

有人认为，这是追念皇后赫舍里氏的缘故。确实，玄烨和赫舍里氏少年成亲，感情颇好。赫舍里氏在生育胤礽时遭遇难产，在胤礽呱呱坠地两个时辰之后便去世了。玄烨举行立储大典，昭告天下，大赦百姓，以一套完整繁缛的礼节，册立赫舍里氏所生嫡子，其中自有感情寄托的因素，也显示了玄烨的独特个性。

但，这并不是关键。

从历史发展的脉络看，康熙六年（1667年），玄烨亲政，开始在乾清宫听政。康熙八年（1669年），玄烨擒拿鳌拜，削夺遏必隆爵位，从上三旗辅政大臣手中拿回全部权力。康熙十一年（1672年），玄烨准许宗室诸王中血缘较近的裕亲王福全、庄亲王博果铎等辞去议政王的差事，仅仅保留血统疏远的康亲王杰书、安亲王岳乐等人的职权，皇权得到进一步加强。

至此，玄烨在其父皇福临的基础上，又往前走出了关键性的几步。清朝君主在制定游戏规则、安排继承人选的问题上乾纲独断，摆脱"满洲旧俗"，算是做好了全部的准备。关于立储的深层原因，这是一条线索。

康熙十二年（1673年），玄烨撤藩，吴三桂等举兵发动叛乱，京师民人杨起隆打出崇祯皇帝"朱三太子"旗号响应。康熙十三年（1674年），吴三桂的东路军饮马长江，西路军突入陕甘。叛军已席卷半壁江山，帝国一时间风雨飘摇。当年十二月，玄烨准备出兵亲征，诸王、大臣祭出"京师为根本重地""孝庄太皇太后年事已高"等理由，方才将他劝止。

所以，这个时候选择册立皇太子，既是宣示决心意志，以安天下人心，明示大清江山后继有人，也是一种非常情况下的应急预案，以应对可能出现的不测。这是另外一条线索。

两条明线之外，尚有一条关键的暗线。

玄烨在继承人问题上，选择了最符合中原王朝治统，也最契合儒家道统的嫡长子继承制。而且他不顾各地烽火连天、朝廷左支右绌的乱局，不厌其烦地操持全套大典——昭告天下，大赦百姓，减免赋税，设立专门服务皇太子的詹事府衙门，配备属官，为太皇太后、皇太后加徽号，最后还亲自向赫舍里皇后致祭。

他的做法，是努尔哈赤、皇太极、福临以降，清朝君主一步步摆脱"满洲旧俗"、拥抱中原王朝典章礼制的决定性一步。

在当时吴三桂打出"反清复明""匡扶汉人江山"旗号，群起响应，四海汹汹的局面下，玄烨大张旗鼓确立符合中原治统与儒家道统的嫡长子继承制，册立胤礽为皇太子，不可简单视为帝王家事。

对于身为少数民族政权的满洲而言，这是在和吴三桂"争正统"，争夺天下人心，是性命攸关、来不得半点马虎的大事。

康熙十四年（1675年）六月初三，玄烨在下谕礼部准备册立皇太子时说："帝王绍基垂统，长治久安，必建立元储，懋隆国本，以绵宗社之祥，慰臣民之望。"十二月十三日，在正式册封皇太子的诏书中写道："自古帝王继天立极，抚御寰区，必建立元储，懋隆国本，以绵宗社无疆之休。"

说来说去，不离"国本"二字。

国本，国之根本，这个词听上去有点宽泛抽象，但它在宋代之后，其实是有特定含义的，指的就是太子，尤其是按照儒家宗法、以嫡长子继承制确立太子。

明代万历年间牵动朝堂的"国本之争"，说的正是朝廷群臣和万历皇帝之间关于太子人选的争执。当时万历皇帝宠爱郑贵妃，想立郑贵妃所生的皇三子朱常洵为太子。群臣则坚持应该有嫡立嫡、无嫡立长，立王恭妃所生皇长子。双方争执十五年，最后群臣获胜，以皇长子被封为太子、皇帝心灰意冷躲入深宫告终。

归根到底，遵守嫡长子继承制，不仅是历朝历代主流的政治安排，也是儒家宗法与礼制的核心内容，在某种意义上，是华夏政治文化共同体的一个支撑，是政治合法性的重要一环。它所解决的，还不单单是皇权代际的纵向传承问题，本身就是社会组织得以凝聚和运转的一条链子。

也是在确立"国本"这一年，玄烨改革宋明以来儒臣为帝王讲经论史的"经筵"制度，由讲官讲课、皇帝听课，改为讲官与皇帝互相讲论，使得这一旨在将儒家道统深度融入帝王政治的制度，发展达到高峰。这一年，玄烨第一次亲谒京师郊外的明十三陵，亲自在永乐皇帝的长陵前奠酒致祭，并分别派遣大臣祭奠其他各陵。

这些手段，连同遵照嫡长子继承制册立皇太子一道，共同构成了玄烨在江山风雨飘摇之际，竭力争取政治合法性的一条暗线。

归根到底，满洲以不足全国百分之一人口统治庞大国家，以源自山林草莽的相对落后文化，君临高度发达的华夏文明，对统治合法性的先天之忧，是自始至终挥之难去的梦魇，也是玄烨为君施政时必须思考并加以解决的永恒主题。

五

在解释了玄烨立储的前因后果之后，大家想必已明白，玄烨按照嫡长子继承制，选择立心心念念的元后赫舍里氏所生的嫡子胤礽为皇太子，本身是满洲政权中原化漫长历程中的必然一步，是巩固政治合法性的重要一环，甚至可以说，太子本身就是合法性的一部分。

这无疑给太子的地位，上了几道坚固异常的保险。

更何况，太子自身绝非愚笨不堪造就的废材。史书记载，太子胤礽天资聪慧，身体健康，仪表堂堂，在父皇玄烨亲力亲为的精心培养教育下，年纪轻轻就展示出文武双全的不凡才能。

胤礽不到十岁就能陪同父皇射猎，箭法不俗。十二岁熟读四书五经，十三岁就能给满汉大臣讲解儒家经典。二十二岁，在父皇亲征准噶尔时受命监国，坐镇京师处理政务，时人谓"举朝皆称皇太子之善"。玄烨也在朱批中不吝评价："皇太子所问，甚周密而详尽，凡事皆欲明悉之意，正与朕心相同，朕不胜喜悦。且汝居京师，办理政务，如泰山之固，故朕在边外，心意舒畅，事无烦扰……"喜悦之情溢于言表，即便考虑到父亲滤镜的存在，但胤礽的实际表现，想必也是不会太差的。

据当年在京多年、与帝胄亲贵多有往来的法国传教士白晋在发回国内报告之中的说法，胤礽"二十三岁的皇太子，他那英俊端正的仪表在北京宫廷里同年龄的皇族中，是最完美无缺的。他是一个十全十美的皇太子。皇族中，宫廷中，没有一个人不称赞他，都相信有朝一日，他能像他父亲一样，成为中华帝国前所未有的伟大皇帝之一"。

补充一点，即便是在综合素质普遍出色的玄烨诸子之中，皇太子胤礽文武双全的特质，也是颇为难得的。玄烨的皇子都很优秀，但偏科的情况相当普遍。大阿哥胤禔、十四阿哥胤祯，都是武略胜于文韬。四阿哥胤禛、八阿哥胤禩诸人，则是长于文事，不谙弓马。细细数来，当得起文武兼备的，除了皇太子胤礽，似乎也只有三阿哥胤祉和十三阿哥胤祥，但是前者缺乏实际办事经验，后者则命途多舛，过早遭到圈禁。

那么问题来了，如此优秀的皇太子，为何最后变成了父皇口中十恶不赦的罪人？嫡长子身份，加上与帝国政局紧密捆绑的层层保险，为何竟变成了太子躯体之上的重重锁链？

来看看玄烨在康熙四十七年（1708年）九月初四，废去胤礽皇太子之位时的说辞：不法祖德，不遵朕训，肆恶虐众，暴戾淫乱，专擅威权，穷奢极欲，毫无友爱，结党不轨，窥视布城……

这些罪状不能说尽是凭空捏造，很多都能找到事实根据，甚至证据确凿。

但是，这些都不是问题的关键。

最关键的只有一点，玄烨在依照中原王朝嫡长子继承制立皇太子的时候，搞出了一个半吊子工程。他只搬来了有嫡立嫡、无嫡立长这个继承规则。然而，与继承规则配套的一整套保障机制，特别是在皇太子名分确定之后最关键的制度性安排——皇帝和成年太子之间的权力划分，太子和其他皇子之间的关系协调——统统付之阙如。

虽然早在西周时期，与宗法礼制环环相扣的嫡长子继承制就已经确立，但中原王朝花了很长时间，经过很多代的折腾、震荡甚至骨肉相残，才慢慢摸索出一套和嫡长子继承制配套的制度安排，在唐宋之后基本定型。

这套机制有两个支柱。

一是亲疏有度。册立之后的成年皇太子，在备位东宫期间，要尽可能和帝国政治的实际运行保持适当的距离，以示对皇帝权力的尊重。在特殊情况下，皇帝也会安排诸如太子监国之类的临时性行政实习，或安排太子随军出征，但这不应该是常态。皇太子和朝廷重臣、军方大佬，建立异乎寻常的直接联系，更是忌中之忌。

二是职守有别。其他皇子的名位要和太子拉开足够距离，更要和行政、领兵这样的军国大事做好隔绝。他们无须培养军事政治才能，也不许和文武百官交往过甚。

这些制度安排有它的弊端，皇太子在实际政务中得到锻炼和检验的机会太少。而其他皇子就算天资卓绝，也很容易被养成废人。尤其是在超长待机的英明君主膝下，皇太子备位数十年，皇子们闲散一辈子，那种煎熬，令人不寒而栗。

但在一人治天下的专制框架无法撼动且皇权不断加强的大背景下，储君制几乎是不得已而为之的唯一较好安排。

它可以最大限度压制太子提前接班、其他皇子逐鹿的野心，控制朝堂纷争、国本动荡，减少政权交接时的不确定性。想想看，如果满朝文武在皇帝和太子之间莫衷一是、难定一尊，在诸位强悍皇子之间首鼠两端，那可比宗室人才荒废可怕多了。

也有些皇帝颇有主见，想要突破这种制度安排，例如朱元璋。这位大明开国皇帝，坚决维护嫡长子继承制，在嫡长子朱标早逝之后，选择传位嫡长孙朱允炆，不让其他皇子顺位接棒。但他同时又打破传统，折腾出一个藩王领兵体制。各位皇子镇守要地，手握雄兵，终于得偿所愿，杀得一塌糊涂。

随后明朝历代君主汲取教训，直接将宗室封藩变成了圈禁，龙子龙孙不得从事士农工商，非经许可不得踏出藩地半步，这就直接滑向了矫枉过正的另外一个极端。

第二章 废嫡

玄烨同样选择了对嫡长子继承制局部接受，配套体制上则完全背道而驰。

一方面，他对皇太子胤礽百般溺爱，超出了传统政治安排中的限度。长期安排他监国理政、巡视地方，容忍其视诸王贝勒、朝廷大臣为自家奴仆，甚至允许他在居所吃穿用度上逾越自己的规格。皇太子顺境时野心疯涨，逆境时则难免惶惶失措。

另一方面，他放任众多皇子在政治、军事上各显其能，安排成年皇子轮班处理军国大事、主持重要祭典、查办大案要案、统帅御前劲旅，甚至带领大军出阵。皇子们和贵胄大族、文武重臣的婚姻关系错综复杂，各有羽翼，各成派系，各怀心思。在他们看来，无论是嫡长子继承这个制度，还是胤礽这个太子本身，似乎都没有那么不可撼动。这种局面，反过来又会进一步加剧玄烨和胤礽之间的紧张与复杂关系。

如此一来，皇帝和太子之间的关系拎不清，太子和诸皇子之间的关系也拎不清，再加上玄烨恰恰是一位"超长待机"的雄才之主，各种矛盾日积月累终至爆发，就成了必然。令玄烨咬牙切齿的那些皇太子之罪，无非是这种内在必然性的外在表现罢了。

为什么会出现这种半吊子工程？是因为玄烨对中原王朝政治文明的理解不到位，对汉化始终存在隔膜吗？乃至于像嫡长子继承制如此重要的制度安排，只是抄来了表面皮毛，却忽视了背后的真正支柱吗？

其实，与其归咎于玄烨在眼光和见识上的缺陷，倒不如设身处地换位思考。也许这些玄烨早已想到，但他当时受到的牵制与掣肘，他所处的文化土壤、所扮演的角色，使他终究无法完成理想状态下的、整体性的制度移植。

这里面,还是一个"满洲旧俗"与中原体制的取舍问题。向成年子侄分配臣属与军队,依靠他们在政治军事领域充分施展才能,这正是如假包换的"满洲旧俗",这也是小规模集团打江山争天下的成熟套路。他们构成了君主最信任与倚仗的核心政治圈层。努尔哈赤诸子中的代善、莽古尔泰、阿巴泰、阿济格、多尔衮、多铎等人,皇太极诸子中的豪格、硕塞、博穆博果尔等人,当年都是这样的风云人物。玄烨对于皇太子和各成年皇子的任用和倚重,不过是传统的再现。

打江山时的套路,为什么到了入关之后,仍然保持顽强生命力?还是要从统治集团的天生缺陷来找原因。满族人数太少,文化相对落后,即便可以凭着钢刀弓箭,在一些汉人簇拥下,将一座座不愿髡发的城池淹没于尸山血海,可当他们面对人数百倍于己、文化繁盛于己的被统治者,内心深处的惶恐不安始终难以消退。

正因为此,康熙七年(1668年)玄烨颁布禁关令,将广袤肥沃的关外土地封禁起来,严禁汉人移民进入开垦,以求留下关内统治无法维持时的最后退路。随着工业革命的到来,世界日益成为相互联通的整体,这一导致割裂的禁令,一直延续到约两百年之后的咸丰十年(1860年),在帝国海疆和边关频频告警、外敌涌入箭在弦上的局面下,才被迫放弃。

也正因为此,玄烨一面谒明陵、尊孔庙、开经筵、高唱"满汉一家",做出亲近汉人、拥抱汉人的姿态,力求弥补政治合法性的短板;一面则在内心深处坚持"满洲本位",对汉人士大夫保持警惕和疏离,将绝对信任留给满洲亲贵。对于人丁稀少、俊才凋零、血统相对固化的核心统治集团而言，玄烨的这一群龙精虎猛的皇子，是绝对不可轻易弃之的帝国柱石。对于皇帝在集团内部有效制衡其他支系宗室和上三旗大臣来说，他们的分量尤重，角色无可替代。

对清室来说，这种用人上的小圈子主义，比封禁关外土地的禁令流毒更久。直到20世纪初，日薄西山的清帝国，用一个十三人中满族占八人、皇族占六人的"皇族内阁"名单，粉碎了人们对帝国主动立宪改革的最后幻想——它始终没有从小圈子里走出来。

正是在政治合法性和政治安全感的两难撕扯之下，玄烨设计出了一个中原汉式"立嫡立长"加满洲本色"各争雄长"的四不像体制。体制的先天畸形，决定了在此体制下被立为太子的胤礽，他的地位从根本上缺乏制度保障，他始终处于风口浪尖，时间越久就越危险，直到康熙四十七年（1708年）九月初四，那一幕命中注定的悲剧到来。

玄烨的目光焦灼而闪烁，胤礽的背影已消失于营帐左近，那里是为这位从云端陡然跌落的皇太子悉心准备的临时拘禁所，防卫周密，列戟森严。其间，赫舍里氏的身影，几度在玄烨眼前浮现，却又迅疾幻灭无形。玄烨仔细辨认，她似乎还是当年的青春模样。

逝者不会衰老，生者则必须承受各种命中注定，承受衰朽之下的一地鸡毛。

六

除体制先天畸形，无法给胤礽的太子地位提供足够制度保障之外，还有一些重要因素，增加了皇太子胤礽在这场死亡游戏中幸存的难度。

第一，胤礽的势力根基过于薄弱。

在制度安排未妥，无法在规则上要求其他皇子与皇权保持距离的情况下，皇子之间的竞争格局，在很大程度上受到母族和姻亲等势力影响。这一块是胤礽的短板。

胤礽的母亲是玄烨的元配皇后赫舍里氏，虽然她和玄烨感情深厚，名分上也有优势，但她过早去世，这就意味着她无法持续发挥作用，帮助其子。她固然是玄烨心中永恒的白月光，但其他人毕竟在持续不断地吹枕头风。对于一生光皇后就有三位（一说四位），嫔妃合计达到六十五位的玄烨来说，当年的白月光，又能照耀多久呢？

胤礽是皇后的遗孤，母亲在生下胤礽两个时辰之后就去世了。在父子感情尚好之时，玄烨有可能将对亡妻的追思移情到儿子身上，可到了两人交恶之后，儿子反倒会变成罪过和不祥。

在宣布废黜太子的谕旨中，玄烨声色俱厉地说，"生而克母，此等之人，古称不孝"。

即便母亲不在了，皇太子还是可以仰仗母亲家族势力的。乍一看，赫舍里氏的家族非常显赫，她祖父索尼是开国功臣，是先帝遗命辅佐康熙的四大辅臣之一，是两黄旗非宗室大臣的招牌人物。但这个家族并不属于核心圈层，而是源自建州女真在建国过程中降服的海西女真哈达部，参与创业的光辉历史不够长，而且先辈的技能点偏于文治，在打江山的年代并不占优势。

孝庄太皇太后为玄烨选择索尼的孙女，主要是考虑这个家族一

第二章 废嫡

向忠诚且根基较浅，恰好可以制衡鳌拜、遏必隆这些家世更加显赫的强横军功贵族。饶是如此，赫舍里氏的出身，还是被鳌拜等人诟病为"满洲属下人"。

康熙一朝，赫舍里（氏）家族在皇后辞世之后，还涌现了著名的权臣索额图。他以皇太子叔姥爷的身份，长期充任胤礽的保护者。但清前期皇帝集权已趋近顶峰，玄烨又非轻易容许大权旁落的君主，索额图的实际力量，远未达到在朝堂之上翻云覆雨的程度，和历朝历代那些真正的权臣相比，尚欠不少成色。他也没有力量代表赫舍里氏，与够分量的满洲军功亲贵家族结成同盟，为太子拉来强力援手。在汉人官僚那一头，更是缺乏号召力。

高不成，低不就，极度依赖索额图单打独斗，而索额图的力量又不够。这就是赫舍里家族的处境，实际上是很尴尬的。当索额图自己成为康熙整顿朝纲、削弱太子势力的靶子，反倒会极大拖累身后的家族，甚至把太子拖下水。这是巨大的风险，也是后来历史的实际走向。

康熙三十九年（1700年），玄烨开始动手剪除索额图及其党羽的势力，结果索额图"以老乞休"，退出了朝堂中心。康熙四十一年（1702年）底，太子胤礽患病，索额图作为亲叔姥爷，被玄烨召来侍奉，两人相处了一个月。第二年，索额图突然被下旨拘禁，但并无实际罪名。

在狱中，索额图被反复审讯，查明并无协同太子作乱夺权的实据，却依然被秘密处死。他的党羽或被杀或被拘禁。通过这样的雷霆手段，玄烨一方面沉重打击了曾经的权臣势力，另一方面给了看上去有些躁动的太子以严厉的警告和敲打。

但敲打也产生了另外一个结果，那就是太子陷入几乎没有任何政治盟友的境地。

在嫡长子继承制完整、规范运行的朝代，这种情况是正常的，甚至可以说是制度希望达到的目标。但在玄烨这个半吊子嫡长子继承制之下，这无疑是让太子赤身裸体上战场，面对他那些野心勃勃、全副披挂的兄弟。

康熙时代，比赫舍里家族实力更加强劲的，是钮祜禄（氏）和佟佳（氏）家族。这两个家族是根深叶茂的军功勋贵家族，处于与皇室累世通婚的核心圈层。光是康熙一朝，钮祜禄家族就出了一位皇后、一位贵妃，一位辅政大臣遏必隆。佟佳家族则出了一位皇后、一位皇贵妃，这也是玄烨生母的家族。

这两个一流大族，在本族后妃未能诞下合适拥立对象的情况下，大体上选择站在家世背景较弱且便于控制的八阿哥胤禩背后，也引领了很多其他亲贵家族的下注方向。出身佟佳家族的隆科多，则在日后的关键时刻，成为四阿哥胤禛的得力援手。

其他皇子阵营虎视眈眈，力量远比赫舍里家族强大，皇太子的前途无疑又多了一层阴影。

第二，玄烨对胤礽的培养存在明显漏洞。而他对胤礽不切实际的过分期望，变成了横在父子之间的大石头。

在早早册立皇太子之后，玄烨对于胤礽的教育培养，不可谓不尽心。在胤礽五六岁时，玄烨就开始对他进行文化教育，让张英、李光地、熊赐履、汤斌、徐元梦等儒学名臣担任老师，自己也为胤礽讲授儒家经典。

玄烨的要求细致而具体，他让胤礽按照自己的"一百二十遍"

第二章 废嫡

读书法，反复诵读经典，直到滚瓜烂熟。他经常检查胤礽的功课。除了让胤礽学习汉文和满文之外，玄烨还会亲自教授胤礽骑射这些满人的看家本领，甚至连天文、数学这些"西学"内容，也被他列入了胤礽的课表。

等到胤礽年龄稍长，玄烨就会带着他到木兰围场行猎，在追逐射杀猛兽的实战中，磨炼射术、骑术与胆识。玄烨将自己悟到的帝王之术、治国之理，悉心传授给这个生性聪慧的嫡子，直至在自己领兵出征之时，可以放心让胤礽监国理政，在京城坐镇看家。

从胤礽日后在文才武略、行政事务等方面的表现来看，玄烨的文化与技能教育是成功的。但这方面的成功，掩盖不了他对于道德品质培养的漠视与疏忽。

可能是出于对皇太子幼年失去母亲的补偿心态，玄烨对胤礽长期宽纵，默许其使用几乎与皇帝规格相当的冠服与仪仗。重大节庆时，百官除向皇帝三拜九叩，还要向皇太子行二拜六叩大礼。康熙二十八年（1689年），属国朝鲜上表，表文中忘了回避皇太子胤礽的名讳，惹得皇帝大怒。

玄烨一向标榜自己行事公正，奖惩有方，但只要涉及皇太子的错处，常常是皇太子身边的侍从甚至老师遭到惩罚，而皇太子本人却毫发无伤，道德教育更是无从谈起。

胤礽养成任性暴虐、穷奢极欲的个性，显然与这样的长期纵容和宠溺是脱不了干系的。玄烨管教的疏失，犹如"慈父逆子"民间故事的皇家版本，在慈父忍耐超过限度时，矛盾陡然爆发，父子关系急转直下。只不过，在帝王权力传承残酷的大环境中，这种爆发往往酿成更大的灾难。

另外，玄烨在胤礽身上投注了不切实际的沉重寄托。

前面说到，玄烨在吴三桂兵锋正盛、帝国风雨飘摇之际，打出改革经筵、祭奠明陵、册立嫡长的"组合拳"，其中的政治考量，就是弥补清朝以小集团君临天下的政治合法性缺失，摆出与汉家宗法、儒家伦理充分合流的姿态。作为"国本"和未来的天命所归，皇太子本身也是合法性的一部分。

因此，玄烨在胤礽的教育问题上，用心极为操切，生怕不能把嫡子培养成文武兼资、满汉通透的合格君主。在他看来，唯有如此，自己反复陈说的天命所归，才会具备完美的说服力。

在这种心态的驱使下，玄烨给幼小的胤礽安排了令人窒息的课程，按他的话说，"皇太子从来惟知读书，嬉戏之事一概不晓"。负责陪同教育皇太子的满汉讲官，则觉得"皇上每日勤教太严"。

康熙二十六年（1687年）六月初七，玄烨在畅春园，当着一众讲官检查胤礽课业，结果甚佳。他洋洋自得地对讲官说道："尔等皆窃学问之名，若令尔等子弟及部院衙门官员子弟与朕子相较，其学业可知。"在满洲王公亲贵面前，玄烨的优越感同样溢于言表："今见承袭诸王贝勒贝子等……一切不及朕之诸子。"

在玄烨看来，他的列位皇子，尤其是集万千宠爱于一身的皇太子，应该是也必须是帝国政治合法性的一块招牌。这种期望，可谓重于泰山，相比常人父母望子成龙望女成凤的期许，不知沉重到哪里去了。

这种期望很难避免演变成横在父子之间的一块大石。当父子关系急转而下，身系厚望的皇太子，沦为不可救药的逆子，当时的厚望又会掉头反噬，催生出废嫡之日，父皇痛哭扑地、自抽耳光的夸

第二章 废嫡

张表现，令人手捧史册，百感交集。

第三，玄烨、胤礽这对父子的人格特质，尤其是玄烨人格中的某些东西，对两人关系的演变，产生了灾难性的影响。甚至可以说，这是一场精神疾患影响和支配下的悲剧。

从传统帝王史观而言，康熙大帝自然是文治武勋、功业彪炳，形象伟岸光正。从其一生行事来看，放在帝王这个群体之中，相比那些残忍暴虐好杀之辈，玄烨堪称一个厚道人。

但是，玄烨自身的人格特质，到底像不像那首《向天再借五百年》的歌词所描述的那样，"做人一地肝胆，做人何惧艰险，豪情不变，年复一年"呢？

前面说过，玄烨的个性，有较多的草原因子，确实偏于豪迈奔放，对塞上驰马、弯弓射猎，一直有着浓厚兴趣，也更喜欢性格直爽豪放的人。但这些比较阳光的特质背后还有一面，相对不易察觉，就是他内心深处可能存在极度的不安全感。这和玄烨很小就失去亲生父母，且早早卷入残酷权力斗争的成长经历，有很大关系。而专制君王这个职业，身处万人觊觎的宝座，看似高高在上，实则危机四伏，本身就很容易产生"职业性"的不安全感。先天因素和后天因素叠加，让玄烨深陷于宿命式的安全感缺乏状态。

这种状态，并不会因为帝国文治武功蒸蒸日上就消弭于无形。玄烨通过任用近侍，架空内阁大臣和八旗王公亲贵，能解决一部分问题。但这些招式，对皇家内部的权力更迭困境来说，并无实际作用。随着皇太子年龄渐长，事实上形成了某种"君权"与"储君权"对峙的局面，加上诸皇子各争雄长、虎视眈眈，开始或明或暗发力，影响甚至有意利用玄烨的情绪。玄烨由安全感缺乏导致的焦虑，已

- 53 -

发展到非常严重的地步。

这种状态，遇到导火索就可能爆发，极端情况下甚至会导致情绪崩溃，出现令大臣尴尬莫名、令史官难以秉笔直书的失态局面。这便是九月初四，玄烨"痛哭扑地"的深层原因。

除了玄烨本人的个性因素之外，皇太子胤礽人格特质中的一些东西，骄横、任性、冷酷而不重感情，对于父子失和的悲剧，也起了推波助澜的作用。但在这对父子关系中，起决定性作用的，始终是作为父亲的玄烨这一方，儿子的个性因素，很难与父亲内心深处根深蒂固的不安全感相比。更何况，皇太子这些糟糕的个性因子，究竟有多少是先天的，又有多少来源于父亲长期无原则的宽纵与溺爱，恐怕也很难说清楚。

这样分析后，再来看那些导致玄烨与胤礽产生裂痕与纷争的陈年旧事，可能就有些不同的感觉了。

康熙二十九年（1690年），玄烨在征战中身染疾病，胤礽前去迎接，看上去对父皇不甚关心，惹得玄烨大为光火。又如康熙三十五年（1696年），玄烨出征在外频频写信给胤礽，胤礽回复不够勤快，惹得玄烨下诏斥责。像这样的事情，如果在心态正常的普通人家，可能无非就是十几岁二十来岁的愣小子懵懂贪玩，不通人情世故，不懂得体恤长辈，家长教育一番也就差不多了。

但在身为帝王之尊，且始终被不安萦绕的玄烨看来，事情的性质是很严重的。这还不光是一个皇太子天性不够至纯仁孝的问题。很有可能，皇太子盼着自己一病不起，或者一去不归，这样他就能快点接班上台。表面上只是神色冷漠，或是回信不够及时，背后却是不忠不孝不仁不义的满满祸心。这种上纲上线的想法看似离谱，设身处地想想，却又无比合理。在这种情绪和情感的驱使下，这对父子的关系一步步走向悲剧，无可挽回。

归根结底，立储制度的首鼠两端，诸皇子实力格局的扭曲失衡，抚养教育的偏颇疏漏，再加上个性因素的推波助澜，使玄烨和胤礽这一对原本父慈子孝、德能相继，以夸示万民、为历朝历代之典范的父子组合，无可救药地滑向了一个谁也无法轻易解脱的两难困境之中。

时间越长，父子双方的焦虑与不安就越严重，玄烨给予胤礽的容错空间就越狭窄。更不用说，三十三年一人之下万人之上的皇太子生涯，一次又一次在内心深处燃起的即位雄心，已经让他不可能再回过头去，安心做一个谨小慎微的隐忍阿哥了。

悲剧之所以是悲剧，有时候就在于，人人都知道悲剧会发生，但是每一个人都无能为力。

七

最后，让我们尝试回溯一下，康熙四十七年（1708年）九月初四前后，被证明是康熙一朝历史转折点的特殊时刻，究竟发生了什么。

这一年木兰秋狝，玄烨带着皇太子胤礽、大阿哥胤禔、十三阿哥胤祥、十五阿哥胤禑、十六阿哥胤禄、十七阿哥胤礼、十八阿哥胤祄等诸多皇子同行。

胤祄年方八岁，在奔波中一病不起。玄烨甚为心痛，其他皇子表现得也非常焦虑，唯有皇太子胤礽，看上去神色如常，满不在乎，丝毫不为幼弟的病情担忧。

平心而论，胤礽比胤祄年长二十七岁，近乎两代人，生活中几乎没有交集。要说感情比较淡漠，似乎也算情有可原。其他皇子的殷切，除了血亲友爱和天性善良，很难说没有迎合玄烨的成分。

而胤礽对亲人的情感表达比较淡漠疏远，也不是第一次了。可偏偏这次，惹得玄烨大动肝火。也许是因为此时聪明伶俐的胤祄在老父亲心中分量很重，也许是因为玄烨对胤礽的不满已经积累到了一个即将爆发的边缘，也许是因为年初那个即将有事发生的不祥预感，甚至是因为其他皇子暗地里某些推波助澜的操作。

在这些因素的共同作用下，玄烨很容易对胤礽的行为做出过度的引申解读——今天我还健在，你对兄弟就毫无亲爱之情。他日我不在了，你会如何对待其他兄弟？更何况，他们中的很多人还和你有过争斗，恐怕是很难幸存的。

玄烨想起了唐太宗的故事。

英雄半生的唐太宗李世民，所面临的继任者难题，是太子李承乾谋反，魏王李泰看上去英武类己却野心勃勃，晋王李治看上去仁义忠厚却有些柔弱无能。在做出抉择时，李世民颇为无奈地说："我若立泰，便是储君之位可经求而得耳。泰立，承乾、晋王皆不存；晋王立，泰共承乾可无恙也。"

晋王李治最后胜出的重要原因，就是李世民觉得，他即位后，和他有过争斗的兄弟，都能够得到保全。

这个冷漠甚至有点冷血的皇太子，在即位之后，能放过自己的其他儿子吗？在那一刻，玄烨在心中，一定打不了包票。

第二章 废嫡

帝王之家的死局中，这样的引申演绎，再加上情绪发酵，最后的结果，就是玄烨对胤礽进行了极为严厉的训斥，而且连续多日，父子关系没有缓和的迹象。

此时的胤礽，还没有从几年前叔姥爷索额图被拘禁而死的沉重打击中缓过劲来，对父皇难免又怕又怨。又来这么一出，很有可能使胤礽陷入方寸大乱、举止无措的境地。结果，他便去父皇的御帐处窥探了一番，想看看父皇到底是什么情况，自己到底应该如何平息父皇的雷霆之怒。

赶巧不巧，胤礽这一番举动，又被父皇抓了包。在玄烨眼中，这无疑是逆子愚顽不灵，不听教诲，恼羞成怒，乃至于图谋不轨的硬证据。此事即史书记载中令人闻之色变的"帐殿夜警"事件。

就这样，九月初三夜，玄烨抓住了胤礽"窥视御帐、图谋不轨"的实锤。九月初四晨，十八阿哥胤祄的凶讯传来，玄烨的情绪终于走到了崩溃式爆发的境地。这也就有了我们在前文中看到的，激烈而荒诞的一幕。

康熙四十七年（1708年）九月初四玄烨当众宣布废黜皇太子胤礽的事件，为康熙盛世及其未来蒙上了阴影。家事，国事，天下事，此前很多被盛世光芒暂时掩盖的，开始一点点露出裂纹，甚至破败之象。连玄烨此前颇以为傲的强健体格，也开始陷入被诸多病症轮番折磨的境地。

这个从头到尾都没有真正摆脱合法性危机的帝国，在建政不满百年，入主中原刚过一甲子的青年时代，就发出了衰颓苍老的第一声叹息。

第三章 争储(上)

一

康熙四十七年（1708年）九月初四，玄烨在从木兰围场返京途中，当众宣布皇太子胤礽的诸多罪状，并将其拘禁。同时，索额图的两个儿子，太子的其他党羽，也被下令拘捕。他们或被处死，或被流放，所谓的太子势力，彻底土崩瓦解。

九月十六日，玄烨回到京师的当天，即召集诸王贝勒、九卿科道官员等，正式发布拘捕胤礽的谕旨。

他命人在掌管宫内马匹的上驷院旁搭设毡帐，安置胤礽，由大阿哥胤禔、四阿哥胤禛负责看管。

九月十八日，玄烨郑重其事地告祭天地、太庙、社稷。二十四日正式颁诏天下，废黜胤礽的皇太子之位，并将他幽禁于紫禁城西华门内的咸安宫。

他回忆起，三十三年前册立胤礽为皇太子时，自己也曾认真举行过这套祭天、告庙、颁诏仪式，以显示对立国本的重视。往事不堪回首，玄烨心中隐隐生痛。

而比他心中一时不快更加严重的是，世道轮回，国本摇动，康熙一朝的政局也随之进入一个全面动荡的阶段。

显然，对于玄烨那些能文能武、雄心勃勃的皇子来说，作为嫡长子的胤礽被废被囚，储君之位虚悬，无疑是吹响了大战全面打响的号角。大家各显其能，次第粉墨登场，先前尚处于蠢蠢欲动状态

第三章 争储(上)

的争储暗流,开始走上台面,肆意奔流。争储斗争之激烈,变局之迅猛,战线之绵长,表演之精彩,在整个中国历史上都罕见,堪称两千余年间帝王家争储斗争的最高潮。

这一场争储风波,二月河先生曾经将其概括为"九王夺嫡"。应该说,这是一个非常精妙的概括。在古文中,"九"这个数字往往不是确数,而是一个虚数,表示为数甚多、难有穷尽。但是,具体到玄烨废嫡、诸子争储的这一幕活剧,参与其中的皇子,还真是不多不少,恰好九位。

玄烨的生育能力,在历代帝王中属于顶尖水平,一生生子三十五人,序齿者二十四人。其中有一些人,或是因为母系出身,或是因为资质个性等,并未参与皇位争夺战。

参与争储大戏的九位主要角色,除了先立后废的皇太子二阿哥胤礽之外,还有大阿哥胤禔、三阿哥胤祉、四阿哥胤禛、八阿哥胤禩、九阿哥胤禟、十阿哥胤䄉、十三阿哥胤祥、十四阿哥胤禵,加起来正是九位。(雍正皇帝胤禛即位后,除对胤祥格外开恩外,其他皇兄弟名字中的"胤"字,均避雍正名讳改为"允"字。胤禵两字皆避,改为"允禵"。)

需要注意的是,九王夺嫡的精彩戏码,并非九位阿哥各领一军厮杀混战,其中的主要派系,其实只有五个。

二阿哥胤礽一党自不用说,姑且称为"太子党"。

大阿哥胤禔、三阿哥胤祉、四阿哥胤禛,三位排位靠前、爵位较高的皇子,各成一党,分别是"大爷党""三爷党"和"四爷党"。虽然我们知道结果,"四爷党"是最后的胜利者,但这并不影响剧情本身的精彩勾人。

剩下的，便是人头最多、势力最大也最为复杂的"八爷党"，前期的核心是八阿哥胤禩，后期走上前台的则是十四阿哥胤禵，九阿哥胤禟和十阿哥胤䄉属于辅佐人物。

五个派系一一登场，最后还剩下一位十三阿哥胤祥，他的情况比较特殊，前期是"太子党"的得力干将，后期则成为"四爷党"的奥援。

以康熙四十七年（1708年）皇太子胤礽被废、"太子党"遭受沉重打击、储君之位虚悬为开端，其他几个派系或是生猛冲阵，或是徐徐发力，纷纷登台。

二

大阿哥胤禔生于康熙十一年（1672年），比太子胤礽年长两岁。生母是康熙初年即入宫的惠妃乌拉那拉氏，内务府五品郎中索尔和之女。胤禔本来是玄烨的第五个儿子，因为四个长兄未及序齿便先后夭折，他成为玄烨的皇长子。

胤禔为人比较英武干练，军事方面的才干尤其突出。因为年龄较长，玄烨多次委派他参与重大战事。康熙二十九年（1690年）准噶尔进犯，清军兵分三路出击，胤禔被任命为左路军副将军，跟随左路军主将、玄烨的亲兄裕亲王福全。左路军在乌兰布统与噶尔丹的主力遭遇，将噶尔丹击退。年方十八岁的大阿哥胤禔，在真刀真枪的实战中，积累了不少经验。康熙三十五年（1696年），玄烨亲征准噶尔，二十四岁的胤禔被委以重任，独立率领前锋营，并参与军事筹划。

正因为有这些经验，玄烨多次出巡时，都由胤禔带领御营精兵，负责安全保卫。这是父皇对他能力的信任，也是对他忠诚的认可。

不过，凡事皆有两面。玄烨着力培养长子，委以领兵重任，固然有利于胤禔快速成长，给人力资源始终稀缺的统治集团，培养出一位宝贵的宗室良将，却也助长了胤禔争储夺嫡的政治野心。

话说回来，胤禔所处的位置，还真就是最容易产生野心的位置。设身处地想一想，这位大阿哥年长太子两岁，仅仅由于母家地位不高，外祖父是内务府的中级官员，就屈居于弟弟之下。而玄烨的栽培，特别是让胤礽在京处理政务、让胤禔在外领兵作战的这个安排，很难不让胤禔产生与胤礽分庭抗礼，甚至取而代之的非分之想。

因此，大阿哥胤禔在诸皇子之中脱颖而出，最早走上前台，成为觊觎储君之位的第一股势力，便成了题中应有之义。

这种兄弟阋墙局面的形成，与其责怪胤禔不守本分，倒不如说，是玄烨实行嫡长子继承制的必然结果。它是制度首鼠两端的产物，也是玄烨自己的"求仁得仁"。

康熙三十七年（1698年），玄烨在与太子胤礽的矛盾逐渐激化的情况下，第一次大规模给其他成年皇子封爵。其中，皇长子胤禔被封为多罗直郡王，皇三子胤祉为多罗诚郡王，皇四子胤禛、皇五子胤祺、皇七子胤祐、皇八子胤禩，俱为多罗贝勒。获封王爵者，只有胤禔、胤祉两人。

次年，胤祉因为在十三阿哥胤祥生母敏妃的丧礼中不够恭敬，有违礼法，被降为贝勒。胤禔成了诸子中唯一的王爷，这更是大大助长了他的野心。

每一次玄烨和太子胤礽发生冲突，对于在一旁虎视眈眈的胤禔来说，都是令人欢欣鼓舞的快事。这足以让他感觉，自己离储君之位，似乎又近了一步。利用这些矛盾冲突，甚至想方设法制造冲突，自然也就成了他的策略。

不过，所谓的"大爷党"，从一开始就有比较致命的缺陷。其症结所在，倒不光是胤禔母家势力太弱，没有可以凭借的天然势力，主要还是在于胤禔的个性比较急躁，缺乏拉帮结派的政治技巧。

比如说，胤禔虽然多次参与重大战事，但他并未抓住机会，在军中培植自己的势力。康熙二十九年（1690年）他跟随伯父福全出征，本来是很好的立功机会，结果却和这位向来以老好人著称的玄烨亲兄，闹得水火不容，导致日后福全在玄烨面前说起胤禔，总是没有什么好话。

胤禔在朝堂文臣中的根基更加薄弱，几乎没有什么援手。至于皇子中，因为八阿哥胤禩幼年时曾经由胤禔生母惠妃抚养，两人关系相对亲密，除此之外他和其他人关系就比较一般了，并未成功吸引哪个皇弟加入自己的阵营。

值得一提的是，不少影视和文学作品，为了渲染"九王夺嫡"形势的剑拔弩张，会将康熙朝与索额图并称的权臣纳兰明珠，描绘为胤禔的后援，这纯粹是为了看起来热闹罢了。其实他们在血缘、亲族上并无关系，史书中也找不到什么相互支援的证据。

胤禔的这个急躁如火的暴脾气，除了让他在培植势力上难以打开局面之外，还有一个重大恶果，就是导致他在夺嫡争储时，往往出现简单粗暴、不计后果的"神操作"。

对于权力欲、掌控欲极强，且极度缺乏安全感的雄主康熙来说，

第三章 争储（上）

这些操作无疑是找死。所以，"大爷党"成了倒台的第一支势力。

起初，胤禔争夺储位的具体操作，主要是找机会挑拨构陷，散布种种谣言，给玄烨和太子胤礽之间的关系火上浇油。不过，这些操作很难在短期内奏效。于是，他另辟蹊径，派人找来蒙古藏传佛教僧人巴汉格隆，在府中作法诅咒胤礽，祈求其早日塌台，并结交在京师王公贵族中交游甚广的相面人张明德，以此和张明德圈子里的一大帮异能人士、武林高手搭上线，准备在必要时直接向胤礽动手。

古代王公贵族的迷信心理之重，是今人很难想象的，要不然也不会出现扎小人式的厌胜之术在宫中流传数千年不绝的情况。更何况清朝入关未久，笃信萨满教和各类巫术的八旗贵族为数甚多，对此类异人异术产生兴趣的皇子，也并非只有胤禔一人。但热衷到如此程度，甚至将其作为争储"撒手锏"的，确实是少有。

胤禔耐不下性子，耐不得慢慢培植势力、低调蛰伏、等待时机的慢工细活，而寄希望于这样的偏门左道，后果可想而知。这样的阵仗，显然很难做到完全保密，一旦泄露出去，这些做法和拖泥带水的社会关系，反倒会变成给自己挖好的深坑，带来无穷后患。

不过，因为多次领兵随侍父皇出巡，胤禔还是抓住了一个千载难逢的机会。

康熙四十七年（1708年）九月初三夜，负责御帐宿卫的胤禔，抓到了太子胤礽在遭受连番斥责后，惶惶不安窥探父皇动静的实锤。他马上向玄烨报告。经过一番添油加醋的渲染，太子在父亲震怒之下的惶恐失据，变成了逆臣贼子居心叵测、图谋不轨之人，而此事也成为大逆不道的"帐殿夜警"。

- 65 -

胤禔这关键时刻的雷霆一击，取得了惊人战果。他不仅一举扳倒太子胤礽，直接导致胤礽在第二天当众被废，身陷囹圄，而且顺带清除了胤礽在"太子党"内最有力量的左膀右臂——十三阿哥胤祥。

三

这里得着重说一下十三阿哥胤祥。虽然他从未自成一派，但从二月河的"九王夺嫡"开始，他就是众多描写康熙诸子展开储位争夺战的影视文学作品所不能忽略的重要角色。

大家都知道，胤祥是四阿哥胤禛的亲密战友和小伙伴，在胤禛成功胜出之后，更是变成了雍正朝一人之下万人之上的怡亲王。但在争储大戏刚拉开帷幕时，胤祥的身份，其实是胤礽最忠实的小跟班，"太子党"的得力干将。

胤祥生于康熙二十五年（1686年），比长兄胤禔小十四岁，比太子胤礽小十二岁。他的母亲敏妃章佳氏，出身于满洲镶黄旗包衣，近似于皇室家奴。胤祥的母家并没有什么势力，但章佳氏在康熙中期颇为受宠。章佳氏在胤祥十二岁时去世以后，胤祥得到了玄烨的格外宠爱，几乎每次出巡都会把他带在身边，他还曾被玄烨指派替父祭拜泰山。胤祥的表现也很给父亲长脸，他诗文皆能，书画俱佳，办事得力，且精于武艺，曾有在狩猎时手刃猛虎的佳话。另外，胤祥仪表堂堂，且眉宇之间颇有几分其父风采，对于颇有几分"颜控"的玄烨来说，这也是一个重要的加分项。

第三章 争储（上）

不过，玄烨对胤祥的关心和培养，有一个明确的目的，就是希望胤祥成为太子胤礽的左膀右臂。

玄烨多次给两人创造密切接触和共事的机会，甚至有时在出行时只带他们二人。康熙四十三年（1704年）巡视永定河，次年第五次南巡，玄烨安排的随行皇子，都只有胤礽、胤祥两人。

在南巡这一年，玄烨安排胤祥成亲，为他迎娶的嫡福晋，是兵部尚书马尔汉之女。而马尔汉早年是太子胤礽亲舅舅索额图的门下，又与索额图女婿、大学士伊桑阿是儿女亲家。这样的安排，背后的深意显而易见。

康熙四十七年（1708年）这次改变帝国政局走向的木兰秋狝，玄烨安排的随行皇子，除了年龄较小的几个皇子，已成年者，恰好是太子胤礽、大阿哥胤禔、十三阿哥胤祥这三位。

九月初三夜，胤禔抓住机会，一举掀翻太子胤礽，也顺手在父皇面前，给胤祥贴上了太子死党、谋篡共犯的标签，将他们一齐打倒在地。

由于和康熙诸子争储相关的起居注、奏折、谕旨等原始史料遭到了反复篡改或销毁、改头换面，目前找不到足够材料还原胤禔攻讦胤祥的具体细节。就常理而言，不外乎攻击他与太子胤礽形影不离，了解太子诸多劣迹，既不劝诫，也不向父皇报告，反而助纣为虐；或是攻击他在"帐殿夜警"事件中，配合太子图谋不轨等。

不过，仍有文献档案留下了这次致命攻击的结果，记录了玄烨对胤祥的严厉处置。

九月初四，玄烨在斥骂太子胤礽的上谕中，将胤祥与索额图的两个儿子等人并列，确凿无疑地将他列为太子死党。索额图儿子皆

- 67 -

被处死,其他死党或死或流,胤祥则很有可能也遭受了圈禁,失去了人身自由。至此,原本颇受宠爱的十三阿哥胤祥,在遭受"九王夺嫡"的残酷倾轧后,几乎被赶下了政治舞台。至于日后他改换门庭成为四阿哥胤禛一党的中流砥柱,并再度回到舞台中央,都是后话了,容后细表。

四

说回皇长子胤禔。在他看来,经此雷霆一击,二弟胤礽、十三弟胤祥一党土崩瓦解,储君之位虚悬,也再无皇后所生的嫡子,无论是从年龄顺序还是从军政经验、能力本领来看,自己都是父皇诸多皇子中当仁不让的佼佼者。更何况,自己还刚刚立下挫败胤礽阴谋、力保父皇安全的不世功勋,父皇即便不马上宣布册立自己为太子,自己接过位置想必也是十拿九稳。

可是,胤禔等来的,却是劈头盖脸的晴天霹雳——

九月初四,玄烨在召集诸王、亲贵、重臣,宣布废黜胤礽皇太子之位,并将胤礽交由胤禔看管的同时,在谕旨里补了一句非常致命的话:"朕前命直郡王胤禔,善护朕躬,并无欲立胤禔为皇太子之意。胤禔秉性躁急愚顽岂可立为皇太子。"

很显然,玄烨了解胤禔的急躁个性,对他此前一系列急不可耐谋求储位的行径,已经通过各种渠道有所耳闻。所以,玄烨在废黜胤礽的同时,也给了胤禔一个明确信号,叫他切莫做此妄想。

同时,玄烨当然能够料到,废掉胤礽之后,太子之位空缺,必

第三章 争储（上）

然迎来各皇子势力群起而争的局势。拿一个冲在最前面、行事最为露骨的大阿哥杀鸡儆猴，也是在提醒各位蠢蠢欲动的皇子，以及他们背后的干将走卒——凡事讲个规矩，最终还是皇帝乾纲独断，所有人都不要太过分了。

可怜大阿哥胤禔的储君梦，在几乎已看到光明的那一瞬间，便无可奈何地化为泡影。

不过，曾经几次三番在沙场真刀真枪鏖战的胤禔，虽然被玄烨的一瓢冰水，浇在了壮志雄心之上，他却并未就此偃旗息鼓。

相反，生猛急躁的个性、做事不喜考虑后果的思维模式，令他行事更加张狂，进行了一系列令人眼花缭乱的"神操作"。

首先，胤禔向玄烨进言，废太子的所作所为，不忠不孝，令人不齿，如果父皇有意杀掉胤礽，又不想在天下人面前失掉仁孝的美名，自己可以替父皇把这个脏活干了。

玄烨听到这番赤裸露骨、杀气腾腾的言论，一时间惊骇莫名。本来，在这个多事之秋，玄烨的内心屡遭捶打，已经算是比较强韧了，并不容易再被什么人什么事吓住。但胤禔喊打喊杀的这一套惊天之语，还是超越了他的底线。

本来就最担心龙子龙孙自相残杀的玄烨，对胤禔的印象进一步降到冰点。结果，玄烨在原先的"秉性躁急愚顽"之外，在谕旨里直说他"不谙君臣大义，不念父子至情，天理国法，皆所不容"。痛斥他是天理国法不容的乱臣贼子。

其次，胤禔利用奉命看管胤礽的机会，对其属下人百般虐待，加以酷刑；对于胤礽自陈心迹的辩白，断然拒绝向玄烨代奏。同时，他指使手下太监、护卫，在京城内外频繁走动，打探消息，看不出半点安分守己的样子。这些情况都被玄烨获知,对他的恶感进一步加深了。

紧接着,可能是因为害怕先前与相面人张明德的勾勾搭搭,被父皇查出问罪,也可能考虑到顺带坑一把此时威望最高、实力最强的八阿哥胤禩,胤禔主动向玄烨承认自己和张明德有来往,但张明德和胤禩往来更密,张明德还曾表示胤禩的面相很好,日后必贵不可言。

玄烨对这件事一通追查。结果,张明德妖言惑众,被凌迟处死。原本一直摆出低调姿态、处于蛰伏之中的八阿哥胤禩,陡然引起了玄烨的反感和警觉。而胤禔通过张明德联络江湖异能人士,妄图直接动手暗杀胤礽的阴谋,也在追查中败露无遗。胤禔在父皇心中的形象,再无半点挽回余地。

将胤禔压倒的最后一根稻草终于来了。

康熙四十七年(1708年)十月十五日,平日与胤禔尚称友爱、并未暴露明显矛盾的三阿哥,也就是嫡长子胤礽、庶长子胤禔之下最为年长的皇子胤祉,向玄烨检举揭发了胤禔曾指使蒙古僧人巴汉格隆施展邪术诅咒太子的不法行径。

玄烨大怒,调遣亲信侍卫,包围胤禔府邸掘地三尺,结果在多处挖掘出厌胜之物。面对侍卫抖落在殿前的各种诡邪木偶、妖符鬼咒,玄烨感到周身寒意深深,气得手抖不已。

铁证如山,连胤禔的生母惠妃乌拉那拉氏,都急于与这个胆大包天的逆子划清界限,上书奏称胤禔不孝,请求依法惩治。

这起风波不仅决定了胤禔的命运,也使玄烨在废掉太子之后,彻底看清了诸子争储的龌龊肮脏行径并不在胤礽的那些恶行之下。

第三章 争储（上）

玄烨当初在盛怒之下当众废黜胤礽，对于这个结发妻子所生，又经过自己长期培养的儿子，除愤怒、失望之外，未尝没有惋惜之情。

而等他怒气峰值过后，惋惜的念头开始逐渐占据上风，而诸子争储的丑剧，则让他陷入了反思和怀疑：胤礽所谓谋逆，到底是否属实？自己的处置又是否过头了？此时此刻，胤禔的施法诅咒，恰为他找到了解释胤礽种种恶行的最好台阶。

复立胤礽的想法，在玄烨的脑中萌发。而胤禔施行巫术，则成了玄烨进行一百八十度政策掉头的绝佳借口。

最后，玄烨怒喝一声，下令将这个最为年长也最为胆大的儿子锁拿归案，革去爵位，严加拘禁。在一举扳倒胤礽、绊倒胤祥、绊了胤禵一个踉跄，又给胤礽再度复出铺好道路之后，急躁莽撞的胤禔，彻底退出了政治舞台。

自此，这位自小驰骋沙场的大阿哥，再也没有等来重获自由的那一刻。他得到的，只是一次次的管束升级，直到雍正十二年（1734年）去世。

不过，长期的高墙岁月，也使他幸运躲过了后来"九王夺嫡"白热化阶段的腥风血雨，躲过了雍正即位后的残酷清算。

胤禔活了六十二岁，是玄烨诸子中少有的寿过花甲之人。他育有十五子十四女。其中，十一个儿子，九个女儿，是他在被囚禁之后所生。不知这种高墙之内生儿育女的漫长余生，最终是否让他的脾性有所改变。

五

说完这个过把瘾就被囚禁的"大爷党",再来说说在太子胤礽被废之后第二个浮出水面,也是第二个被按到水底的"八爷党"。

"八爷党"的情况远比"大爷党"复杂,生命力顽强许多,其中的故事也更加复杂精彩、扑朔迷离。大体上说,这个前期以八阿哥胤禩为核心领袖,后期以十四阿哥胤禵为前台主将的集团,有这么几个特点。

第一,"八爷党"人多势众,光是在"九王夺嫡"的主角人物中,就有四位皇子属于这个集团。

八阿哥胤禩,生于康熙二十年(1681年),比太子胤礽小七岁。他的生母为良妃卫氏,是内管领阿布鼐的女儿。内管领又名上三旗辛者库,属于皇室王公的世仆。卫氏是清代第一位出身内管领而得封妃位的妃嫔,可见胤禩的出身是比较低的。

由于出身原因,胤禩自幼懂得察言观色,通晓人情世故。他文章不错,骑射也有一定水准,早年间很受玄烨喜爱。他尤其懂得平易低调、广结善缘,常常令人有如沐春风之感。待人接物能力很强的胤禩,在个性大多张扬的康熙诸子之中,显得别具一格。

依靠这种高情商的路线,围绕胤禩,形成了一个力量颇为强大的"八爷党"。

九阿哥胤禟,生于康熙二十二年(1683年),比太子胤礽小九岁,比八阿哥胤禩小两岁。生母宜妃郭络罗氏,满洲镶黄旗包衣佐领三官保之女,和姐姐同时进宫。宜妃郭络罗氏为玄烨生下了皇五子、皇九子、皇十一子,颇为受宠。

第三章 争储（上）

胤䄉的骑射功夫比较突出，是康熙诸子中少有的懂得西学之人，但并不特别为父皇看重。少年时代，他就和八哥胤禩交好，心甘情愿为其争储鞍前马后、出钱出力。他的心思比较细腻，善于出谋划策，同时精于敛财。

在"八爷党"中，他是胤禩最铁的死党，在集团中扮演军师兼"钱袋子"的角色。

十阿哥胤䄉，和胤䄉一样生于康熙二十二年（1683年），只是小两个月。他的生母是温僖贵妃钮祜禄氏，是玄烨继后孝昭仁皇后钮祜禄氏的亲妹妹，康熙初年的辅政大臣遏必隆之女。胤䄉的出身非常高贵，在康熙诸子中仅次于元配皇后赫舍里氏所生的太子胤礽。他背后的钮祜禄家族，是第一流的满洲军功勋贵、镶黄旗豪族，势力甚至胜过赫舍里家族。

不过，胤䄉的能力相对平庸，野心也不太大，所以他心甘情愿支持人格魅力"爆表"的八哥争储。在"八爷党"中，胤䄉的作用，主要是为出身平常、母家势力单薄的胤禩，带来钮祜禄家族的强大后援。胤䄉的舅舅阿灵阿、表弟阿尔松阿等人，都成了"八爷党"的中坚力量。

十四阿哥胤祯，生于康熙二十七年（1688年），比太子胤礽小十四岁，是卷入"九王夺嫡"的皇子中最为年轻的一位。

他的生母是德妃乌雅氏。他和四阿哥胤禛是一母同胞，但胤禛从小由玄烨的第三任皇后佟佳氏抚养，胤祯则是乌雅氏所生三子五女中最小的一个，由乌雅氏亲自养大。所以，两人虽为一母所生，关系却并不怎么亲密。

胤祯个性直爽、重情重义，富有军事才能，性子很对玄烨的脾胃,从小就受到玄烨厚爱。

起初他也为八哥胤禩的人格魅力折服,成为"八爷党"的重要成员。

在"九王夺嫡"的后期,胤禩因为势力大、威望高,反倒引起玄烨高度警觉,失去了胜出可能。遭遇重挫的"八爷党",改头换面推出新生力量胤禵作为争夺储位的强力选手,和四阿哥胤禛一直战斗到最后关头。

除了这四位核心人物,"八爷党"在其他未参加争储大战的皇子中间,也拥有不少支持者。因为"八爷党"走的是低调谦和、积累实力的路线,和"九王夺嫡"的其他选手也大多维持着不错的关系。

例如,在很长时间里,四阿哥胤禛和胤禩、胤禟等人往来甚密,城中府邸、城外别墅均比邻。有人甚至把早年尚在蛰伏阶段的胤禛,视为"八爷党"的外围成员,可见"八爷党"的魅力之大。

第二,"八爷党"势力很大,威望甚高,在王公贵族、满汉大臣中间,乃至朝堂之外,都有着极好声誉,拥有众多支持者,是一股非常强大的力量。

玄烨在很长时间里都记得这么一件事——曾和大阿哥胤禔闹翻的玄烨亲兄、裕亲王福全,评价八阿哥胤禩"心性好、不务矜夸"。

康熙年间最有势力的两个军功勋贵家族,钮祜禄家族和佟佳家族,其中的大多数重要人物,没有选择支持和本族亲缘关系更近的皇子,如钮祜禄家族就没有支持本族温僖贵妃所生的十阿哥胤䄉,而是不约而同站在了胤禩的身后。

钮祜禄家族的核心人物理藩院尚书阿灵阿,佟佳家族的核心人物领侍卫内大臣鄂伦岱，贝勒苏努，纳兰明珠之子纳兰揆叙，继明珠之后担任满洲首席大学士的马齐，汉人重臣户部尚书王鸿绪，这些出身不同、背景各异的王公大臣，都是胤禩的支持者。

除此之外，胤禩在民间也有着很好的名声。他的侍读何焯是苏州人，著名的学者和书法家。通过这层关系，胤禩和江南的文人圈子建立了联系，赢得了平易近人、礼贤下士的美名。民间甚至将胤禩称为"八贤王"，其声名之美、人望之高，在"九王夺嫡"的各位选手中无人能敌。

胤禩能够收获如此美名，和他亲切温和、洞察人心、情商"爆表"的个性特质是分不开的。也是因为胤禩有这样的个性，"八爷党"既不像"太子党"那样高高在上、飞扬跋扈，也不像"大爷党"那样胆大妄为、铤而走险，而是走了一条积累人望、笼络人心、稳扎稳打、徐图进取的道路。

胤禩在几位兄弟和一众拥趸的支持下，在这条路上走得平稳有力，也赢得了父皇的信任与青睐。

康熙三十七年（1698年），玄烨第一次给皇子封爵，年龄尚不满十八岁的胤禩和其四哥、五哥、七哥一起获封贝勒，是获封爵位皇子中最为年轻的一位。

玄烨多次指派他陪同出巡，分派他管理向八旗官兵发放贷款的广善库事务，让他主持重修东岳庙。每一次，这位乖巧皇子都能妥帖顺当地完成任务，显示出不俗的实干之才。

尤其值得一提的是，康熙四十二年（1703年），玄烨在巡行途中痛下决心，将太子胤礽一党的头号干将、权臣索额图拘禁。他连夜手书密旨，派遣侍卫星夜兼程交给三阿哥胤祉和八阿哥胤禩，命令他们秘密提审索额图,迅速抓捕索党。当时胤禔年仅二十二岁,便能担当如此重任,足可见玄烨对这个儿子高度信任,同时也充分信赖他的政治成熟性。

这条稳扎稳打、低调发展的路线,直到康熙四十七年(1708年)九月太子胤礽被当众废黜的时候,也没有出现大的纰漏。"八爷党"的势力日益增长,"八贤王"胤禩的威望也日益高涨,眼看就要成为储君席位最为有力的竞争者。

第三,上面分析的特点,诸如人多势大、支持者众、富于人望、发展稳健等,对"八爷党"争储夺嫡来说,都是非常有利的条件。但事情都有另外一面。"八爷党"至少存在四个致命缺陷。

其一,作为"八爷党"的领袖,胤禩并非利用自己的绝对实力或者强悍手腕将众多皇子、王公大臣和支持者凝聚起来,而主要靠情商黏合,靠低姿态拉拢结交。

对背景各异的王公、勋旧、重臣而言,他们与其说是奉胤禩为主,倒不如说是达成了某种默契,共同选择了一个形象良好、出身低微、为人温和的皇子,作为利益的代言人。一旦"八爷党"顺利登顶,随之而来的,将是一场利益分肥的狂欢。这是"八爷党"作为利益集团的本质,玄烨一旦看透,后果可想而知。

其二,对玄烨而言,这个由王公、勋旧、重臣组成的"八爷党",代表的是八旗贵族干预权力交接的所谓"满洲旧俗"。即便太子胤礽有负厚望,导致玄烨以中原式嫡长子继承制变革"满洲旧俗"的宏伟蓝图遭受了沉重的挫折,却也并不意味着他就要回到老路上去。

其三,看上去很强大的"八爷党",本质上是个松散的利益集团。胤禩虽是核心，却没有绝对的统御与控制能力。这就导致这个集团虽然拥有胤禟这样的智囊，可以运用的资源也非常丰富，但在斗争关键时刻的操作，是存在很大问题的。甚至出现党羽各自为战、配合拙劣的情况，得势时一拥而上，受挫时一哄而散。

其四，"八爷党"低调积累威望、徐图进取的战略，看似十分稳妥，但威望积累到一定程度，终究会引起玄烨警觉。这种情况下，试想沉迷于掌控全局、内心极度缺乏安全感的玄烨，眼看一个此前看似低调恭顺的儿子，突然撕掉伪装，展现出众望所归的强大影响力，他会做何感想？又会有何行动？他会不会有被欺骗的感觉呢？

六

我们来看看真实的历史，它比高明编剧能够想到的剧情，更加跌宕起伏。

康熙四十七年（1708年）九月初四，玄烨在从木兰围场回京途中，当众废黜太子胤礽，同时宣布大阿哥胤禔出局。未随驾出行的八阿哥胤禩和四阿哥胤禛，被安排留京办事。

在谕旨中，胤禩的名字被列在了四阿哥胤禛之前，对于重视皇家礼节和长幼次序的玄烨来说，这是一个非常反常的信号。尤为关键的是，玄烨指派胤禩署理内务府总管，以代替原任此职的太子胤礽亲信、其乳母之夫凌普，并命胤禩查明凌普在胤礽纵容之下贪腐纳贿等诸多罪行。

内务府总管执掌内廷和皇家各项事务，如同皇室大管家，平时就是一个能量巨大的岗位，在太子被废的多事之秋，更是受到各方瞩目。胤禩在此时得此差事，所受宠信可想而知。想必此时此刻，保持低调谦和姿态、积蓄实力多年的胤禩，内心也难免有巨浪翻腾，更不用说"八爷党"的诸多成员了。

但是，看似一片大好的形势，并没有维持太长时间。已经无望胜出的胤禔，在玄烨面前，给胤禩挖了一个巨大的坑，他向父皇推荐胤禩，并说相面人张明德曾说，胤禩日后必贵不可言。

此言一出，玄烨勃然大怒，内心翻江倒海。

在玄烨看来，这绝不是一件简单的事。它一方面彻底坐实了胤禔的狂妄愚蠢，导致他被囚禁终身；另一方面则让玄烨陡然警觉这个平日表现上佳的老八，原来他的低调谦和、与世无争全都是装的，不仅和张明德这样的"妖人"勾勾搭搭，而且还能鼓动大阿哥胤禔来为自己冲锋陷阵，其心机之阴险幽暗，实不可测。

原来自己竟然被蒙蔽了这么久！

胤禩人设的崩塌式反差，引发了玄烨强烈的被欺骗、被背叛感，而这些又和原来已非常严重的安全感缺乏，形成叠加共振。

结果，貌似强大的"八爷党"，还没正式发力，就已前途一片灰暗。

九月二十八日，胤禩查办凌普贪腐案告一段落，向玄烨奏报案情。玄烨发现查获赃款甚少，非常不满地斥责胤禩："凌普贪婪富有，天下人人皆知，你这么敷衍宽纵，无非是妄博虚名，这样欺君罔上，朕必定要斩了尔等，谁敢说你好话，朕也一块斩了。"

玄烨这番话说得很重，不仅在于他拿开刀问斩来威吓，更在于

第三章 争储（上）

他直接戳穿了胤禩一味宽纵、收买人心、叵测居心，可谓杀人诛心。

九月二十九日，父子争斗的戏码走到了高潮。玄烨将诸皇子召入乾清宫，当众宣布胤禩大奸似忠、蓄谋争储、谋害胤礽，下令将胤禩锁拿问罪。

玄烨万万没有想到，这一回，跪在殿堂之下的诸皇子并没有简单地诺诺称是。诸皇子多有不平，在九阿哥胤禟一番撺掇之下，年少性直、平时也甚得玄烨欢心的十四阿哥胤禵，竟慨然出列，为胤禩大声辩护。

经历过无数大风大浪、坚信大清帝国尽在一手掌握的康熙大帝玄烨，气得几乎昏厥。雷霆震怒之下，他拔出佩刀，要诛杀这个公然悖逆、党附奸兄的不孝之子。

情急之下，为人素来敦厚、并未卷入"九王夺嫡"的五阿哥胤祺，一把抱住父皇，其他皇子跪地磕头恳求，玄烨的怒气才稍稍平息，他令众皇子将胤禵痛打一顿。朝堂之上天潢贵胄乱成一团，为历朝历代所罕见。

事后，胤禩被革除贝勒爵位。玄烨向心腹大臣感叹，这样下去，自己死后，一定无人收尸，因为诸皇子都忙于束甲相攻，争夺撕咬。

他说的"束甲相攻"，原本是指春秋时期齐桓公一世英名，死后五个儿子只顾争夺君位，全副武装自相残杀，导致尸体无人敛藏，最后都生了虫子。玄烨这个用典非常贴切，显示了他相当深厚的文化修养。而"束甲相攻"也成了他内心深处挥之难去的恐怖场景，萦绕在玄烨的余生。

太子有负厚望，老大是"莽李逵"，老八是"活王莽"，英明神武、乾纲独断的玄烨，被这群"活宝"儿子弄得筋疲力尽，生了一场大病。从此，玄烨本来刚猛强健的身体，似乎走过了一个转折点，精气神也大不如前。

不过，他在病榻之上被迫慢了下来，倒也有了个渐渐卸下愤怒的机会。他将凶悍难驯的胤禔软禁起来，开始思索收回成命、复立胤礽的可行性，和胤禩之间剑拔弩张的关系，也得到很大缓和。毕竟，胤禩并未亲自出头争储夺位，也始终没有什么出格的表现。胤禩长期打造的人设，在玄烨心中多少还是有些残留。

但是，情节的发展又一次超出了人们想象。一幕比九月二十九日大闹乾清宫更加荒唐、更加热闹的活剧，即将隆重上演。

七

玄烨在废黜太子胤礽之后，被诸皇子乱斗搞得焦头烂额，回过头来又开始理解和宽宥胤礽，觉得胤礽似乎也没那么不堪：这娃儿，就算没有当初想得那么好，却也并不比其他娃儿更坏。

同时，胤禔指使"妖僧"暗地使坏扎小人，对于胤礽被公之于众的种种荒唐行为，是一个完美的解释，不仅可以让玄烨自己心安，也能让天下臣民心服。

只有这些，似乎还是不够。毕竟废黜胤礽的时候怒气上头，又是当众宣布罪状，又是祭天告庙，戏做太足，如今要翻云覆雨，收回成命，反倒没那么简单了。

但这难不倒玄烨。在他看来，自己不是初出茅庐的少年皇帝，而是御宇天下已近半世纪的雄主圣君，洞悉朝堂权术，对皇权运用之妙，存乎一心，早已臻于化境。想来群臣也应当心领神会，配合他将潮水的方向再拽回来。

于是，他在康熙四十七年（1708年）十一月十四日，祭出了一个名正言顺、完美妥帖的方案。

玄烨召集满汉文武重臣，令众人在诸皇子中推举一人为新太子。他在内室等待结果，绝不干预推举过程。按他的设想，由众臣共推胤礽复位，那就是众望所归，又体面又合理。

群臣一番惶恐推却：这哪里是奴才和臣子们敢搅和的事情，只能是圣上乾纲独断。玄烨则坚持说，大家的意见，他一定听从。一场"民主推举"就这么紧锣密鼓拉开了帷幕。

在政治斗争中摸爬滚打了几十年的老皇帝，提前安排了一套"组合拳"，堪称天衣无缝。

首先，打好预防针。大阿哥胤禔行为乖谬，被排除在推举之外。

其次，清除不稳分子。大学士马齐被命令不得参加。他和八阿哥胤禩交好，和胤礽有怨，在大臣中又很有影响，断然不能留他搞破坏。

再次，营造有利气氛。玄烨明确指示，让汉族大臣多提意见，畅所欲言。对汉臣而言，嫡长子继承制合乎儒家正道——此举意图不言自明。

最后，事先打好招呼。这是玄烨的撒手锏。在组织这次推举之前，玄烨曾多次召见废太子胤礽，态度很是关心，与臣下言谈也不时流露出复立胤礽的意思。推举即将开始的紧要关头，玄烨特地召见素有威望、做过太子老师的大学士李光地，暗示他给群臣吹风通气。可谓层层保险，生怕出一点纰漏。

值得一提的是，玄烨为了给废储立储的政策大转弯找台阶下，弄出群臣廷推太子这么一幕，在中原王朝成熟的政治体制下，是难以找到先例的。它更像八旗贵族议政的"满洲旧俗"的遗风。对致力于扭转"满洲旧俗"的玄烨来说，这是一种无奈的妥协，是对自己乃至皇太极、福临等先祖接力式改革的暂时背叛。

但他已经顾不上了。

人将暮年，国本虚悬，盛世的光芒黯淡了。大清的正统与政治合法性根基也动摇了。这样的乱局必须尽快结束。

可是，如此准备充分、安排周密且付出巨大代价的解决方案，却没能给玄烨一个理想的结果，反倒是给了他当头一棒，几乎将他打得背过气去。

十四日当天，阿灵阿、鄂伦岱、纳兰揆叙、王鸿绪等"八爷党"中坚力量，策动参加推举的文武重臣，几乎满朝一致推选八阿哥胤禩。

原来，李光地为人圆滑，竟没有如玄烨所示，向群臣吹风示意。反倒是"八爷党"上蹿下跳，左右串联，加上胤禩多年经营人际关系，根基深厚。此外，众臣前几天都跟着废黜太子心切的玄烨一通表态，纷纷表示胤礽不忠不孝十恶不赦，有的还参与了对其党羽的捉拿查办，对于胤礽复出自然心怀恐惧。

结果，自以为万无一失的玄烨，顶头一个清脆响亮的晴天霹雳——一张写着"八阿哥"三字的纸条，作为集体意见，被太监呈入内室，递到玄烨手中。

原来自己对朝堂的掌控如此虚弱不堪，竟敌不过老八一个

第三章 争储（上）

黄口小儿！

玄烨失落至极，继而愤怒之至，却又无从发泄，只能有些死皮赖脸地让大家重新考虑。他甚至不惜大肆进行言语"霸凌"，说八阿哥没什么功绩，最近刚刚犯错被罚，而且其生母是个"低贱女人"，让各大臣好好考虑。

大臣们好像要和恼羞成怒、口不择言的老皇帝抬杠似的，通过太监传话，说："皇子们我们觉得都是棒棒的，具体有啥毛病只有皇上您自己知道，既然您不满意我们推举的结果，您还是自个儿来吧！"

玄烨哪肯罢休，上了狠招，说："还是你们推，这次你们每人一张纸条，自己写自己的，写完署名。"他想，搞记名投票，一查一个准，大臣们总该怕了吧。结果却让他气得口鼻冒烟，竟然每人都写了"八阿哥"。

玄烨身心俱疲，彻底败下阵来，只好把要赖进行到底："今天太晚，朕也累了，明天再说吧。"

第二天，也就是十一月十五日，被逼到墙角的玄烨只能自己打脸，将"大家选谁就是谁"的诺言抛到一边，将文武大臣召到御座之前，直截了当摊牌。

他说："最近不停做梦，因为废黜太子之事，已经故去的孝庄太皇太后闷闷不乐，太子生母也在梦里不停喊冤。朕也发现，原来太子是被坏人施妖法诅咒才失去本性。目前太子已经痊愈，你们说怎么办呢？"

话都说到这份上，大臣们还有啥好讲，只能异口同声：皇上圣明，明察秋毫，如今太子痊愈，真是国家之福、天下之福啊！

气氛烘托到位，玄烨让人赶紧宣读早已准备妥当的朱笔御书，宣布给太子平反，并亲口保证胤礽不会有报复之心。

一番跌宕起伏之后，太子复出，开始恢复参加陪同巡幸之类的活动。康熙四十八年（1709年）三月初十，经过告祭天地、宗庙、社稷一番仪式，胤礽再次被册立为皇太子。

这是胤礽本人经历的第二次皇太子册立，也是数千年中国帝制历史中的最后一次皇太子册立。

随着太子复位东宫，玄烨胸口的沉重压力似乎消减了不少，身体状况也迅速好转。大清似乎又回到了原来的轨道，盛世一切如常。

八

可是，真的能一切如常吗？

此时此刻，玄烨和皇子之间、皇子与皇子之间的冲突纷争已经摆到了明面，表面上父慈子孝、兄友弟恭的一团和气，已无法真正恢复如初。被关在高墙之中的大阿哥胤禔，再也没有重见天日的机会。玄烨和自己深深忌惮的"活王莽"八阿哥胤禩，矛盾也再无调和余地。

而玄烨不惜拉下老脸，把胤礽作为大清盛世和帝国正统的政治吉祥物，重新安放于皇太子宝座之上，胤礽真的能够安安稳稳地坐下去吗？

胤礽很快发现，这个宝座和他以前坐的那个不一样，以前那个充其量是兄弟觊觎，现在这个则简直危机四伏、荆棘丛生。

第三章 争储（上）

父皇是并不看好他的。这次复立，一来是玄烨急于维护帝国体面，二来是其他兄弟的表现令人过于头痛。对胤礽的不满与不信任，已经深深种在玄烨心里，他可以用被诅咒发狂搪塞天下臣民，却不能一直搪塞自己。

康熙四十八年（1709年），玄烨在复立胤礽的同一时间，又一次大封皇子。三阿哥胤祉、四阿哥胤禛、五阿哥胤祺被晋封为亲王，七阿哥胤祐、十阿哥胤䄉被封为郡王，九阿哥胤禟、十二阿哥胤祹、十四阿哥胤祯被封为贝子，连触碰玄烨底线的八阿哥胤禩，都恢复了贝勒爵位。

所有人都清楚，这是玄烨对胤礽的制衡和提醒：君权和储君权这一权力天平上，君权永远是一锤定音的裁决者。

满朝文武也是不看好他的。复立之后的胤礽，威望聊胜于无。更何况很多大臣在当初批判胤礽、拥护胤禩的道路上走得太远，已无回头余地。即便他们被玄烨腆着脸子拉票，对胤礽投了赞成票，但这并不代表他们相信胤礽即位之后，会有曹操在官渡之后烧信一般的雅量。对他们来说，继续等待机会，一举将这位二爷再度拉下马来，倒成了最理性的选择。

面临这种局面，胤礽的空间愈发局促。一方面，他陷入了高度紧张的精神状态，行事之时的种种乖张迹象又在冒头。另一方面，他能做的，无非也就是设法将已被打成一盘散沙的"太子党"再度聚集起来。而这在父子之间高度不信任的大环境下，无疑是在给一颗不知何时就会起爆的炸弹不断填充炸药。

父子双方勉强维持了两年多的表面相安，彼此疲惫不堪。康熙五十年（1711年）冬天，"托合齐会饮案"发生，这颗炸弹炸了。

镇国公景熙向玄烨告发，步军统领托合齐、刑部尚书齐世武、兵部尚书耿额、都统鄂善等人，常私下聚会共饮，图谋不轨。这些都是太子胤礽的党羽。更要命的是，经常参加聚饮的，还有玄烨最亲信的太监总管梁九功。

京师提督九门步军统领俗称九门提督，掌京师兵权，太监总管则对玄烨的起居日常了若指掌。"帐殿夜警"的阴影又一次降临，玄烨的神经再度紧绷。

耐人寻味的是，这个举报人景熙，是八阿哥胤禩福晋的亲舅舅。

一番追查之后，托合齐死于狱中，被挫骨扬灰。梁九功被终身囚禁，直到雍正即位后自缢而死。残留的"太子党"又一次遭受重拳打击。

康熙五十一年（1712年）十月，太子胤礽迎来了命运之中的最终结局，他被再次废黜，确凿无疑地成为中国历史上最后一个被正式废掉的太子。

玄烨在二次废黜太子的谕旨中说，这一次他已经毫不介意，谈笑处之。他从一种无比紧张的状态中解脱出来了。

胤礽似乎也得到了解脱。他回到第一次被废黜时的居所咸安宫。在这个熟悉的地方，他活到了雍正二年（1724年）。他和他的家族，在两代帝王执政时期都得到了足够的礼遇。

玄烨在余生中再未册立太子。朝堂之上，劝谏玄烨再次立储、安定国本的声音，始终没有断绝，甚至还有人劝说玄烨复立胤礽。胤礽也曾从软禁之地送出密信，希望能联络大臣，帮自己获得带兵出征准噶尔的机会，以此重新获得信任。但事情很快败露，并没有掀起什么波澜。

最后,"太子党"的残余势力,跟随当年与胤礽形影不离的十三阿哥胤祥,最终成为四阿哥胤禛的得力援手,找到了新的归宿。

九

与此同时,八阿哥胤禩与玄烨的关系也走到了剑拔弩张的地步。

玄烨被胤禩在朝堂之上的强大声望所震惊,虽然亲自出马示意群臣拥戴胤礽,但满朝文武连续两次一致支持胤禩,这传递出来的威胁与压迫感,在玄烨的心中久久萦绕。

在他看来,相比喊打喊杀、凶暴不驯的"莽李逵"胤禔,外饰仁义、内怀奸险的"活王莽"胤禩,是更加可怕的危险因素。

康熙四十八年(1709年)年初,在紧锣密鼓扶持废太子胤礽复出的同时,玄烨开始大肆追查导致"民主推选"完全跑歪的罪魁祸首。结果,"八爷党"的重要骨干,满洲首席大学士马齐、国舅佟国维,均被罢免职务。

根据当时在京朝鲜使臣的说法,在玄烨秋后算账的过程中,甚至还出现了这样一幕:玄烨破口大骂马齐结党图谋不轨,撺掇其他大臣给八阿哥站台。马齐急忙辩白,惹得玄烨火冒三丈,竟直接从御座上冲下来,"当众殴曳"马齐。

五十六岁的皇帝,五十八岁的大学士,这一对须发或白的君臣,在朝堂之上一边拉扯一边打斗,文武百官瞠目结舌。继"皇帝自抽耳光""皇子殿上打架"之后,大清帝国的体面,又一次被刺破。

康熙五十年（1711年）十一月，胤禩的生母卫氏去世。她在病重时不肯服药，对胤禩说："你父皇骂你的时候，总说你出身低贱，我不在了，就不会拖累你了。"临终前，玄烨补偿性地将她由良嫔升为良妃，在她死后为她大办丧事，备极哀荣。但是，卫氏这种解脱式的离世，只会让父子之间的怨恨进一步加深，完全无法化解。

第二年太子又被废，储君之位再次空出，胤禩重新开始活动，但始终无法获得玄烨的信任。到康熙五十三年（1714年），这一对反复拉扯的父子，终于决裂了。

这一年有两件大事。一件是"雅齐布案"，胤禩乳母的丈夫雅齐布，此前因为教唆胤禩做坏事，被玄烨下令赶出京城，发配到蒙古。结果这对夫妇在胤禩的庇护下胆大包天，居然偷偷逃回京城躲了起来。事情败露之后，玄烨勃然大怒，将雅齐布夫妇处以极刑，并专门下诏给诸皇子，大骂胤禩"党羽甚恶，阴险已极"，以至于"朕亦畏之"。父亲对儿子势力的恐惧，被直接摆上了台面。

另一件则是诡异蹊跷的"毙鹰案"。

这一年十一月，胤禩到遵化东陵祭奠生母，回程恰逢玄烨巡行塞外。按照最为恭谨的礼数，皇子应当在父皇归途中候驾请安。若是在父子反目之前，向来行事周全妥帖的"八贤王"胤禩，定不会浪费这个和父皇交流感情的机会。

但这一次，可能是因为母亲当初系不肯服药而死，胤禩对父亲尚有怨念。他没有亲自迎候，而是派出太监和亲随，带着礼物，代自己前去请安。

玄烨见胤禩没来很不高兴，而当玄烨打开礼物，更是怒不可遏。原来，胤禩送上的礼物，是一对满洲人称为海东青的猎鹰。对从完颜到建州的女真各部族来说，海东青不仅是打猎的好帮手，更是具有神圣意义的图腾。但玄烨看到的猎鹰，已经气息奄奄，命悬一线。

要知道，自从康熙四十七年（1708年）九月废太子之后，玄烨就感觉身体急转直下，动辄卧病不起，而胤禩送来将死之鹰，在他看来，无疑是最恶毒的诅咒，按他自己的说法，"心悸几危"。

震怒之下，玄烨对胤禩派来的太监、亲随施以严刑，追查幕后阴谋，并再一次给众皇子宣谕，对胤禩严厉谴责。折腾好一阵子，方才不了了之。

在波谲云诡的"九王夺嫡"大剧中，"毙鹰案"历来众说纷纭，莫衷一是。暂不考虑彻底的怀疑论，即认为此案事实上并不存在，系胤禛即位后篡改文件档案时捏造的这种说法，我们来推测一下可能的真相。

首先，八阿哥胤禩自己准备死鹰，可能性微乎其微。即便是对父皇心怀怨念，他也不会采取这种纯属发泄、毫无实际意义的做法，更何况他的争储之心远未完全冷却。

其次，"九王夺嫡"的其他选手，三阿哥胤祉、四阿哥胤禛等，他们有作案动机，但仔细推敲一下，几乎都没有作案的条件。近来有一种说法，认为有可能是"八爷党"自己人，特别是继胤禩成为争储选手的十四阿哥胤禵，通过串通太监、亲随等人做了手脚。这种推测很吸引眼球，动机和可行性方面也都有一些道理，主要问题是与胤禵相对直率的个性特点不符。当然，可能性无法完全排除。

再次，可能是玄烨自己做局表演，找一个理由彻底收拾在朝野尚有相当威望和势力的八阿哥胤禩，这种说法支持者不少。只不过，堂堂一代雄主，被迫用这样的手段收拾儿子，也真是可叹可悲。

最后，还有一种可能，事情背后其实并没有什么大阴谋，海东青毕竟是活物，路途颠簸，饮食不当，受伤染病，也是有可能出问题的。一切都只是偶然而已。

这种可能性并不小。很多更加重要、更加富有戏剧性的历史转折事件，背后也无非就是一个偶然事件而已。

"毙鹰案"的真相究竟如何，可能永远都没有确凿的答案。毫无疑问的是，玄烨和胤禩之间的父子之情，胤禩的储君之梦，在此之后，确凿无疑地走到了无可挽回的境地。

在给众皇子的宣谕中，玄烨说："自此朕与胤禩父子之恩绝矣……二阿哥悖逆、屡失人心。胤禩则屡结人心。此人之险实百倍于二阿哥也。"至此可谓再无转圜余地。

在康熙一朝余下的岁月里，玄烨虽然对胤禩芥蒂极深，甚至咬牙切齿，却没有像对待废太子胤礽、大阿哥胤禔一样，将他置于高墙之内。对于"八爷党"的众多成员，虽然也进行了一番敲打，却也没有采取类似于对待索额图一族等太子党羽的雷霆手段。

此时的玄烨已经累了，对于已然树大根深、遍及朝野的"八爷党"，他已没有当初那种杀伐决断、穷追猛打的心气了。

不过，"八爷党"自身也发生了巨大变化。在八阿哥胤禩已确定接班无望的情况下，十四阿哥胤祯脱颖而出，成为代表整个集团争储的前台人物。胤祯为什么能够在"八爷党"中超越齿序在前且各有优势的九阿哥胤禟、十阿哥胤䄉呢？

这里面主要有两个原因。

第一，胤祯本身的能力在皇子之中还是比较强的，而他直率爽朗的个性，尤其贴合晚年玄烨的口味。

玄烨的本性本来就属于这个路数，血液里的"草原因子"甚多。更何况玄烨被几个年长皇子的心机争斗弄得疲惫不堪，看见年轻而率真的胤祯，就更容易心生偏爱。这也是胤祯在康熙四十七年（1708年）九月二十九日，硬着头皮为八哥胤禩出头，几乎被玄烨在盛怒之下拔刀砍去，事后却很快被玄烨宽宥的原因所在。

第二，胤祯的军事素养，加上他血气方刚的年龄优势，让他在康熙五十七年（1718年）抵御准噶尔再度进犯的战事中，获得了统率大军出征的机会。

在遥远而荒凉的帝国西部边陲，胤祯不负玄烨所托，指挥若定，取得了重挫准噶尔、收复西藏全境、安定万里边疆的巨大胜利，让他在康熙王朝最后的日子里，成为最有实力也最被看好的储君候选人之一。

其间种种扣人心弦之处，我们容后细说。

第四章 争储(下)

一

说完此起彼伏的"太子党""大爷党"和"八爷党",再来说说长期以来不为人所熟知,但真实实力不容小觑的另外一位重磅争储选手——三阿哥胤祉。

三阿哥胤祉生于康熙十六年（1677年）,比太子胤礽小三岁,比四阿哥胤禛大一岁。他的生母荣妃马佳氏,出身正黄旗包衣,是内务府员外郎盖山之女。

胤祉的母族势力一般,不过,马佳氏一度是康熙最为宠爱的嫔妃,从康熙十二年（1673年）到十六年（1677年）,每年都有诞下子女。

胤祉的个人能力非常全面,长于文才,精于骑射,在西学方面也有相当造诣,一直都比较得宠。加上玄烨对于皇子的年龄次序向来比较在意,胤祉排行第三,年龄较长,本身也是一个巨大的竞争优势。

在很多人看来,嫡长子继承制的完整表述,是有嫡立嫡,无嫡立长。虽然在标准规范的嫡长子继承制设计中,嫡长孙,也就是太子胤礽在世的嫡长子弘晳,作为玄烨的嫡长孙,比胤礽之外其他皇子的继承顺位更加靠前,但在清朝这个特殊的制度安排下,一切皆有可能,胤祉的顺位也是很有杀伤力的。

康熙三十七年（1698年）,玄烨第一次给成年皇子封爵的时候,胤祉被封为诚郡王。他和被封为直郡王的大阿哥胤禔，是仅有两个被封王的皇子。

乐极生悲，胤祉很快掉了一次坑。封王仅仅一年后，胤祉在十三阿哥胤祥的生母敏妃章佳氏的丧期内，因为私自剃头，违背礼法，爵位从郡王降到贝勒，和胤祥也结下了不小的梁子。

这件事也颇能反映玄烨的心机。在有些皇帝看来，这种事情算不了大事，出了问题也就是"罚酒三杯"。毕竟，在后妃子嗣众多的后宫，年长皇子和年轻庶母之间，就是个名分上的联系，可能一辈子也没见过几次。让人内心由衷悲恸，未免有些过于苛责。但在玄烨看来，在礼法方面，皇室子弟的一举一动均不可造次轻慢，否则就起不了表率天下的作用。

不过，到康熙四十七年（1708年）"九王夺嫡"大幕正式拉开的时候，这桩风波的影响早已消退。这当口，三阿哥胤祉突然发现，自己处于一个非常有利的地位。太子被废、大阿哥被囚之后，胤祉成了事实上的"长子"。

这一切并不完全是胤祉无为而治、静待好事发生的结果，他自己也做了很多努力。

其中特别关键的一环，是他在康熙四十七年（1708年）十月十五日的雷霆一击，检举揭发大阿哥胤禔指使蒙古僧人巴汉格隆诅咒太子。这一击不仅彻底"拍死"了胤禔，间接打击了胤禔强烈推荐的八阿哥胤禩，还为当时正犯愁如何给复立太子找由头的玄烨，提供了最好的台阶，赢得了父皇的欢心。

由此可见，胤祉有手段果决狠辣的一面，绝非影视、文学作品中描绘的书呆子，或是闲笔一带而过的边缘人物。

二

几年剑拔弩张的明争暗斗之后,"太子党""大爷党""八爷党"等纷纷败下阵来,玄烨也被折磨得烦乱不堪。这种情况下,三阿哥胤祉开始持续发力。

他在第二次皇子封爵中,获得了和硕诚亲王的顶级爵位,填上了当年犯事削爵的深坑。

胤祉频繁邀请玄烨临幸他的府邸、花园,在儿孙同堂、其乐融融的天伦之乐中,拉近与父皇的关系。康熙五十一年(1712年)之后,档案中记载玄烨临幸诚亲王花园的次数,多达十八次,远远超出其他皇子。玄烨每年亲临胤祉的王府家宴,几乎成了定制。

玄烨晚年对于整理典故、编修书籍的文事颇为看重,将此作为修复帝国盛世光辉形象、展现满汉融合伟大成就、彰显正统在兹的重大政治工程,而胤祉在其中出力甚多,为自己加了不少分。

康熙五十三年(1714年),胤祉领衔组织编撰的《律历渊源》一百卷修成。此书分历象、律吕、数理三部,内容涵盖天文、乐理、数学等诸多学科,兼有系统整理中国传统科技知识和介绍西方科技成果的优点,是科技史上的重要著作。

早在康熙四十年(1701年),胤祉的侍读,著名学者陈梦雷,就开始在胤祉的支持下,编撰囊括古今各类典籍的大型百科全书,初名《文献汇编》,后由玄烨赐名《古今图书集成》。

编撰、刊印此书历经数十年,最后成书共一万卷一亿六千万字,规模宏大,结构谨严,内容广博,无所不包,堪称清代以前中国图书之集大成者。

在《永乐大典》散佚之后，胤祉领衔、陈梦雷主持编纂的这部《古今图书集成》，就成了目前我们能够看到的，最为完整的一部中国古代百科全书，是传承文脉、恩泽后世的无上宝库。

尤为可贵的是，不同于数十年后乾隆组织编撰的《四库全书》，《古今图书集成》基本忠实于摘引的古籍原貌，并未打着消灭"违碍悖逆"、维护帝国正统的旗号，进行大规模的销毁、篡改。而且，对于《四库全书》等其他很多古代丛书、类书不甚看重的自然科学内容，《古今图书集成》大量辑录保存。

这里面很难说没有三阿哥胤祉的个人烙印。

虽然他和陈梦雷，最后沦为了政治斗争的失败者，连在自己呕心沥血所编之书上署名的权利，都被胜利者无情剥夺了，但被权力一时蒙蔽扭曲的历史，终究会回归它的本来面目。当年的宫闱死斗、政治撕咬，已成过眼云烟，但总有一些东西会历经沧海，留下长久的印记。

不过，对于当时"九王夺嫡"日趋白热化的局面来说，胤祉虽然看似行情稳中有涨，一路顺遂，却也逐渐暴露出自己的短板。

胤祉最明显的短板只有一个，但相当致命，那就是他缺乏拉拢人心、培植党羽的能力。除了陈梦雷等少数既无关键权力又缺乏实际政治经验的文人骚客，胤祉在朝堂内外几乎没有可用之人，基本处于单打独斗状态。所以说，"三爷党"的队伍，事实上并未成形。

这种情况固然有利于打消玄烨的疑虑，保持良好形象，玄烨喜欢去胤祉家寻找天伦之乐，恐怕也是这个原因，但在其他强力对手纷纷发力的情况下，很容易陷入被动。

这个短板还有个额外的问题。因为长期势单力薄、无人可用，实在需要用人的时候，情急之下往往容易陷入所托非人、举止失当的混乱局面。

康熙五十五年（1716年），震动朝野的"孟光祖案"爆发。此案说来很有些趣味，一个叫孟光祖的人，自称受诚亲王胤祉差遣出外，在山西、陕西、四川、湖南、湖北、江西、直隶各省巡游，以安排诚亲王出巡的接待事宜为名，频繁会见各地封疆大吏。

按照清朝制度，皇子及属人离开京师，需经正式审批，有公文为证。即便是孟光祖这样的情况，单独在地方上行走，也应该携带相当于介绍信的堪合为证。

但是，两手空空的孟光祖，在各省督抚部院畅行无阻。连当时早已身属四阿哥胤禛阵营的四川巡抚年羹尧，都与他相谈甚欢，互相馈赠。一直到直隶巡抚赵弘燮上奏报告此事，才算是揭开了盖子。

此案涉及皇子与地方官员勾勾搭搭，是非常敏感的政治性事件。事发后，玄烨下令捉拿孟光祖，严令刑部追查。孟光祖被定罪处死，但玄烨出于种种考虑，刻意控制了案件的牵连范围。一众卷入的官员人等，仅有江西巡抚佟国勷被革职，四川巡抚年羹尧被从宽发落，戴罪留任。

玄烨特别叮嘱有关人员，注意保护三阿哥的名誉。孟光祖被处死后，与案件相关的档案记录被一改再改，其中的核心内情，今天已无从知晓。到底是三阿哥胤祉用人不当，指派属下联络地方官员，行迹过于招摇，还是专业骗子胆大包天，假借旗号招摇撞骗，至今仍是众说纷纭。

虽然玄烨在查案中竭力保全这个一直看着还比较顺眼，名声也比较好的老三，但这件事多少还是会影响胤祉他心中的分数。即便只是被盗用名义，但考虑到骗子招摇数年，老三却浑然不觉，也难免要担一个"缺乏政治敏感性"的罪名。

不过，终康熙一朝，胤祉还是保持住了玄烨的信任。

康熙五十八年（1719年），玄烨祭天，在亲自祭拜之后，命胤祉行礼。第二年，玄烨封其子弘晟为世子，俸禄与贝子相当。对皇子而言，这些都是令人瞩目的特殊待遇。

可以说，直到最终答案揭晓之前的一刻，胤祉都是一个有竞争力的选手。

三

最后说说四阿哥胤禛，也就是"九王夺嫡"的胜利者，继玄烨登上皇帝宝座的清世宗雍正皇帝。

把胤禛放在最后，一方面因为他是赢家；另一方面是因为在参与争储的各派力量中，他这一派长期韬光养晦，处于低调的蛰伏状态，几乎是最晚上场的选手。

胤禛生于康熙十七年（1678年），比太子胤礽小四岁，是十四阿哥胤祯的同母兄弟，比胤祯年长十岁。生母德妃乌雅氏，出身正黄旗包衣，是护军参领威武之女，其母家属于内务府的中层官员世家。

胤禛生母的家世门第，与大阿哥胤禔之母惠妃、三阿哥胤祉之母荣妃等人基本相当，在玄烨的后宫中处于一个比上不足、比下有余的位置。

不过，胤禛出生时，母亲乌雅氏位份尚低，在生下皇子后才进位为嫔。因此他满月后就被玄烨的第三任皇后、一直没有诞下皇子的孝懿仁皇后佟佳氏带到景仁宫中抚养长大。当时被养在景仁宫中的幼年皇子还有数位，其中和胤禛相处时间最长的，是八阿哥胤禩。

因为有了这段曲折，胤禛和自己的生母乌雅氏，以及由生母亲自抚育长大的十四弟胤禵，关系相对要疏淡一些，和胤禩则维持了相当长久的交谊。

此外，胤禛借机建立了与朝中两大顶级勋贵家族之一的佟佳家族的联系。佟佳家族中的一位重要人物，日后将在争储夺位白热化阶段发挥不可替代的关键作用，这便是孝懿仁皇后佟佳氏的亲弟弟、玄烨驾崩时的步军统领隆科多。

在这异常激烈的"九王夺嫡"中，胤禛究竟何德何能，能够脱颖而出，成为最后的胜利者？

这个问题历来是大家关注和讨论的焦点。不仅在影视、文学作品中，在街头巷尾的闲谈中，一直为人津津乐道。即便在学术圈，学者们也是始终聚讼不休、众说纷纭，长期以来并无定论。

雍正即位，与太后下嫁、顺治出家一起，并称"清初三大疑案"。目前，孝庄下嫁多尔衮的"太后下嫁说"基本已被证伪，顺治也并没有躲到五台山当和尚，唯剩雍正即位这个疑案，还远谈不上水落石出。

这和争储斗争本身的复杂性、隐秘性有关，也因为斗争的胜利者，对有关的谕旨、书信、起居注等档案资料，进行了大规模的销毁与篡改，所以真相扑朔迷离，始终难以拨云见日。

要说起来，很多人之所以觉得雍正即位是一件难以解释的蹊跷之事，主要是因为胤禛在"九王夺嫡"的竞争中，并没有展现出什么优势，人们怀疑他最后胜出，是采取了不正当手段的结果，甚至是矫诏、弑父这样的极端手段。

这样的看法并不稀奇，在雍正皇帝尚在人世时便已经出现了。坊间流传甚广的参汤毒杀康熙、遗诏的"传位十四子"被改为"传位于四子"等，便是这样衍生出来的。即便研究者一再证明，玄烨个人极其反感服用参汤，遗诏用满文书写也不是那么个改法，但诸如此类的说法，总是不能全然平息下去。

其实，如果我们回过头来看一看"九王夺嫡"中的胤禛，就会发现，他的很多特质，放在虎视眈眈、各擅胜场的众多优秀兄弟之中，也还是很有竞争力的。

胤禛的胜出，并非没有必然性。

第一，胤禛的个人素质比较均衡。他在儒学、诗文、满文、书法方面，都有很高的造诣。他还精通佛学，参禅悟道。他的审美意趣尤高，将雍正朝和乾隆朝的艺术作品放在一起比较，就能强烈感受到。

第二，玄烨多次指派他跟随巡幸各地，或是外出办事，使他获得了很多积累行政经验的机会。他的骑射功夫不算突出，但也有在康熙三十五年（1696年）跟随父皇出征噶尔丹、掌管正红旗大营的经历。

第三，胤禛为人心机凝重，城府很深，办事常深思熟虑，孟浪唐突的时候不多，很少有错棋败笔。这在玄烨养出的一帮鲜衣怒马的天之骄子中间，是非常少见的特质，也让他在竞争中获得了不少谋定而后动的优势。

值得一提的是，胤禛在年轻时并非如此。

康熙三十七年（1698年），玄烨在第一次大封皇子时，对部分皇子有过评论，其中给胤禛的评语，是"四阿哥为人轻率"。

玄烨作此评价的具体原因不得而知。料想起来，多半是胤禛年轻气盛，显得冲动了些，或是性子清高孤傲的一面过于外露，有些看不起人之类。可能也是因为这个问题，在这一年，三阿哥胤祉获封郡王，仅小一岁的胤禛却正好被卡在王爵的分数线之下，只能屈居贝勒。

不过，胤禛在听到父皇的评价后，对自己的心性进行了一番艰苦磨砺，以显沉稳，其效果应该说是不错的。

康熙四十七年（1708年）九月，在"一废太子"的多事之秋，玄烨把留京办事的重任交给了八阿哥胤禩和胤禛。在延续好几年的反复折腾中，胤禛一直表现沉稳，既不像大阿哥胤禔喊打喊杀上蹿下跳，也不像八阿哥胤禩一党过早暴露强大实力与威望，引起玄烨恐惧，更没有像三阿哥胤祉那样去找个机会突施冷箭。他在玄烨心中的印象大有改观。

到康熙四十八年（1709年）第二次大封皇子时，胤禛和三阿哥胤祉、五阿哥胤祺一起被封为亲王。他拉平了和三哥在爵位的差距，拉开了和五弟之下的其他弟弟的距离，稳稳地站在了皇子封爵的第一阵营。

心机过重，城府过深，一般来说，是容易让人心生警觉的，玄烨并不喜欢这种个性。而胤禛并没有让自己的心机城府过分外露。因此，他能和胤禩等实质上已然针锋相对的竞争对手，长期维持不错的关系，也没有引起玄烨的警觉和厌恶。

第四章 争储(下)

也许胤禛正是这样一种人,心机深重到一定程度,反倒看上去没有心机了。

第四,胤禛善于识人用人,对自己阵营的掌握非常有力。应该说,"四爷党"的人数不多,并不显山露水、旌旗招展,但组织严密,人员精干。胤禛能做到如臂使指,远非其他阵营可比。

其中,十三阿哥胤祥原本是"太子党"的骨干成员,在太子胤礽两次被废以后,始终处于边缘地带,甚至长期没有获得任何封爵。在这种情况下,胤禛寻找机会,慢慢与之接近,最终打破了原有的阵营分野,将这位文才武略均不错的弟弟,收入己方阵营,并顺势接收了"太子党"的残留力量。

隆科多是孝懿仁皇后佟佳氏的三弟,继托合齐担任步军统领。这个相当关键的职位,民间又称九门提督,执掌京师兵权,同时担负着为皇帝监督官民、收集情报的任务。隆科多是玄烨晚年着力栽培的亲贵重臣,他的前任托合齐因为党附太子胤礽获罪论死。他接任的时节,又恰逢玄烨极力打压胤禩势力。因此,出于各种考虑,隆科多没有附和佟佳家族中的大多数人,投入"八爷党"阵营,而是最终投靠了更加低调、城府深重的四阿哥胤禛,并发挥了关键作用。

年羹尧是康熙晚年的另一颗政治新星,他是汉军镶白旗出身,曾中进士、选翰林,后又担任封疆大吏,以大将军身份带兵勘定西陲,是文武兼备的人物。

从旗籍身份上看,年羹尧是胤禛旗下的属人,亲妹妹又被胤禛纳为侧福晋。不过,一开始他和胤禛的关系并不亲密。胤禛通过一番恩威并施才将年羹尧收服。十四阿哥胤祯统率大军出征时,年羹尧负责后勤，成为胤禛牵制胤禵的重要后手，导致胤禵无法凭借手中兵权，在争储大战的最后关头有所作为。

除此之外，"四爷党"的重要人物，还有湖广提督魏经国、副都统常赉、四川布政使戴铎等人。相比之下，"太子党"的人数不少，还有索额图这样的大号权臣，但太子胤礽对这支力量的掌握并不牢，还出现了皇帝收拾权臣索额图太子被反过来拖累的情况。"八爷党"的人数更多，力量更大，可以说遍布朝堂，但是人员过多过滥，良莠不齐，而且组织非常松散。与其说胤禩是这些人的主子，还不如说胤禩是他们推举出来顶在前头的代言人，这些人根本做不到听指挥。"大爷党""三爷党"则人数过少，力量过弱，基本上是单打独斗。

此时此刻，我们眼前仿佛出现这样一幅画面：

太子和八阿哥各领一支人喧马嘶、旌旗招展的大军，其中有声名煊赫、饱经战阵的有名大将，更多的却是一拥而上、一哄而散的乌合之众。大阿哥、三阿哥两人浑身披挂，弓马娴熟，身后却亲随寥寥，浑似独行侠客。唯有四阿哥的队伍，人马精干，战阵严密，黑衣黑甲，眼中寒光闪烁，好似一支伺机而动、一击必杀的特种部队。

这也难怪，从古到今，四阿哥胤禛在各类小说家眼里、笔下，身边总少不了血滴子、粘杆处这类令人望而生畏的古代"特种兵"。故事当然以演绎的成分居多，可气质还真就是那个气质。

胤禛在识人用人上的长处，在团队力量上的优势，是他和其他竞争者缠斗的一个重要得分点。

某种意义上说，当时的形势，有一点类似玄武门之变前，秦王李世民和太子李建成的争斗情形。

在唐高祖李渊晚年那场同样激烈血腥的争储斗争中，除了军功卓越之外，秦王李世民在名分、实权、兵力、父皇宠信程度等很多方面，都不及太子李建成，处于非常被动的处境。唯独在人的方面，李世民稳住了自己的核心团队，而且在皇宫大内的玄武门，布下了将军常何这颗重要棋子。最后李世民趁常何当值的机会，先发制人，发动玄武门之变，一举翻盘成功。

这就是善于用人的力量所在。瞄准要害位置提前布子，待电光石火的时刻来临，这颗棋子往往就是胜负手，不仅会改变很多人的命运，也会改变历史长河的流向。

四

我们来看看，富有心机、低调行事的四阿哥胤禛，在玄烨一废太子之后一浪高过一浪的明争暗斗中，是如何一步步积累自己的政治得分的。

康熙四十七年（1708年）九月中旬，玄烨宣布废黜并囚禁太子胤礽之后，安排负责看守胤礽的人是大阿哥胤禔和四阿哥胤禛。

安排大阿哥胤禔，是因为胤禔有统率兵丁、执行此类任务的丰富经验。而且此次胤礽"殿帐夜警"的图谋不轨行为，是由胤禔告发的，足见其忠心耿耿，绝不可能包庇胤礽。

但是，当时的胤禔，表现过分咄咄逼人，动辄喊打喊杀，已经开始让玄烨怀疑，如果单独由胤禔看管，会不会导致胤礽莫名其妙死在囚所。因此，他安排四阿哥胤禛共同看守，这自有制衡胤褆，避免发生极端情况的考虑。

玄烨把这个任务交给胤禛而非别人，也足以看出对他的认可。至少，十年以前那个"四阿哥为人轻率"的令人难堪的评价，肯定已经有所改观了。

玄烨的担心很快得到了印证。与太子胤礽已成水火不容之势的胤褆，抓住奉旨看守的机会，对胤礽大加虐待羞辱，并对胤礽身边的下人施以酷刑。

身陷囹圄的胤礽剖白自己心迹，表明绝无谋逆弑父之心，央求皇兄弟向父皇上奏，胤褆断然拒绝。胤禛则不顾胤褆反对，将这番话转达到了玄烨那里。结果，玄烨和胤礽之间的关系有所缓和，胤礽面临的管束手段降级，脖颈之上的锁链也被除去，事情开始有了转圜余地。

说起来，在玄烨的骄纵下，太子胤礽从小任性蛮横，和大多数兄弟的关系都不好，和胤禛的关系尤其恶劣。不知什么原因，早年间还出现过两人当众争吵，胤礽对胤禛拳打脚踢，一脚将他踢下台阶的风波。

但是，在奉命看守胤礽的时候，胤禛并没有抓住机会报复出气，而是冷静沉稳地充当了胤礽和玄烨之间的调和者。

这说明胤禛心智成熟，懂得自我克制，能够压抑那种小白打脸式的人性冲动。也说明胤禛善于审时度势，对玄烨怒气渐消、对太子旧情复萌的微妙变化有所察觉，所以不顾胤褆反对，为废太子代奏，恰到好处地迎合了玄烨的心理变化、政策转向，为日后太子平反与复立，做了不动声色的铺垫。

第四章 争储（下）

与朝堂上那几场面红耳赤的闹剧相比，这件事看似不大，但足以管中窥豹，得见胤禛政治手腕的高明。其内心之隐忍，体察之敏锐，行事之果决，分寸之精妙，可见一斑。

对比一下，就在这段时间，大阿哥胤禔在舞刀弄棒上蹿下跳，八阿哥一党在和父皇拉拉扯扯，三阿哥胤祉通过告发胤禔诅咒太子捞取了不少政治分数，却也使得自己的争储意图暴露得太过直白，也给自己贴上了在兄弟之间打小报告的标签。

唯有胤禛，收益稳健，成本极低，稳稳地立住了自己平和公正的人设，成为一废太子前后诸皇子中最大的赢家。

从康熙四十七年（1708年）年底开始，玄烨和八阿哥胤禩之间的争斗愈演愈烈。此时尚未暴露独立争储之心、还被很多人视为"八爷党"外围成员的胤禛，展现了极为出色的政治平衡能力。

一方面，他和"八爷党"声势浩大的"民主运动"保持了一定距离，在玄烨清算串联逼宫行为时，成功置身事外；也在玄烨对老八一党日益厌恶甚至心生恐惧的过程中，逐步洗脱了自己身上的"八爷党"色彩。

另一方面，凭借和八阿哥胤禩当年在佟佳氏皇后景仁宫中一同长大的童年旧谊，以及生母乌雅氏与胤禩生母卫氏在康熙十四年（1675年）十二月十三日同日入宫的"同年"之交，加上自己在人际交往上的经验手腕，胤禛与"八爷党"的各位皇子，一直还维持着颇为和睦的关系。

康熙五十年（1711年）年底，良妃卫氏去世，胤禩大为悲恸，为母守孝百日。当时轮流为胤禩送饭的皇子，除了九阿哥胤禟、十阿哥胤䄉、十四阿哥胤祯这三位"八爷党"的铁杆成员，还有胤禛。

胤禛还充分利用了和胤禩、胤禟府邸与别墅毗邻的条件，同他们宴饮酬唱不断，既联络了感情，又掌握了不少"八爷党"人的动向，可谓一箭双雕。与此同时，在不为时人所知的隐秘战场，胤禛厉兵秣马，一面在父皇面前维持人设，一面不动声色地培植骨干，积累力量。

五

康熙五十二年（1713年），太子胤礽已经第二次被废，八阿哥胤禩与玄烨即将最后决裂，"九王夺嫡"的斗争形势处于极为复杂微妙的关口。胤禛的心腹门人戴铎，给他呈上一封密信，对"四爷党"的争储策略，做了一番系统和详细的梳理。

这封著名密信，内容主要有这么几条（原文参见附录《戴铎密信》）：

第一，目前的形势已经白热化。主子您的资格、才智、德行都摆在这里，即便自己不想当皇帝，也没法置身事外了。这就是所谓的"势难中立"，所以就应该积极面对，采取有效策略，争取最后胜利。

第二，面对皇上，要千方百计赢得宠爱和信任，维持自己的人设。皇上是个重视亲情的人，这几年已经被兄弟相残的戏码折磨得精疲力尽，所以一定要处理好兄弟关系，千万不要重蹈废太子霸凌兄弟的覆辙，要大度包容，"使有才者不为忌，无才者以为靠"。

第三，要做好皇上身边人的工作，不光是亲信的满洲大臣，也包括汉族官员和内侍下人，要不动声色地联络结交，为自己积累名声和实力。而各个衙门、各个地方的具体事务，也就是所谓的"各部各处之闲事"，倒不需要过多参与，一来分散精力，二来牵涉得多了，反倒容易遭忌。

第四，对于自己阵营的人才，要着意栽培提拔他们，提供银两帮助他们捐纳求官，鼓励和支持他们在帝国的不同岗位不断成长壮大，以求"在外者为督抚、提镇"，"在内者为阁部、九卿"。即便不是人人都用得上，但关键时候有人才站出来，就可以一举改变形势。

这是一个计划周密、张弛有度、深谋远虑的长期主义战略，基本划定了康熙晚年，四阿哥胤禛争储夺位的行动方向。

在父皇这头，胤禛认真完成玄烨指派的各项工作任务，但并不过多表露自己积极上进、要求进步的愿望。玄烨晚年雄心渐失，疾病缠身，诸多被盛世景象掩盖的沉疴顽疾，逐渐冒出头来，诸子相争相残带来的精神打击又始终没有完全消散。胤禛则顺势大打亲情牌，多次盛邀父皇乘暇临幸自己的府邸，共叙天伦。父皇驾临的次数，虽然不及去三哥胤祉府的次数，却也远远胜过其他皇子。

康熙六十一年（1722年）春，在玄烨一生的最后一个春天，一个春光明媚的日子里，圆明园牡丹台鲜花盛开，争芳吐艳。这座日后以"万园之园"闻名于世的名园，当时尚是雍亲王胤禛的藩邸赐园。园主人胤禛恭请父皇来园赏花宴饮。

此日玄烨兴致甚好，连久病未愈的身体都显得不那么沉重了。胤禛察言观色，瞅准机会，向父皇奏上了自己第四个儿子的名字——弘历。

玄烨对"弘历"这个名字感到陌生。毕竟他是子孙满堂的万乘之主，三十五个儿子给他诞下的皇孙，年幼夭折的不算，光留下名字的就有九十七人之多。不过，当他命令召见时，这个叫作弘历的十二岁孩子，还是给他留下了极为深刻的印象。

弘历容貌俊美，举止雍容，诗文精熟，对祖父的询问应对如流，如一片饱含春天气息的花瓣，轻轻落在玄烨如古井一般苍老寂静的水面，悄然无声地激起圈圈涟漪。玄烨当即大加奖掖，在欢宴结束后，便将弘历带回宫中亲自养育。

这是康熙、雍正、乾隆祖孙三代帝王，史上唯一一次同框。

在之后的半年时间里，弘历和玄烨几乎朝夕相处。玄烨观书临帖、传膳宴饮，乃至接见臣僚、处理机要，都会将这个心爱的孙子带在身边，还亲自考校他诗文诵读，教他挽弓射箭、使用火枪。祖孙水滨垂钓，钓得大鱼，祖父便让孙子将鱼送给父亲。这段难得的温情时光，给玄烨生命的最后一段旅程，带来了不少慰藉，也在弘历幼小的心中，一笔笔刻下了祖父仁慈宽厚的面容，对他多年后的执政风格，产生了深远影响。

这一段堪称佳话的祖孙深情，并不至于像胤禛即位后着力渲染的官方说辞所言，是玄烨属意于胤禛并让其即位的明证；更不至于被夸张为，玄烨因为喜爱孙子弘历，才最终决定册立其父胤禛。

人在年老之后，钟爱幼子童孙，属于世间常情。对于幼年失去父母、对亲情尤其看重的玄烨来说，就更是如此了。最关键的一点是，玄烨晚年所钟爱亲厚的小辈，并非只有弘历一人。

皇二十一子胤禧比弘历大不到一岁。皇二十四子，也就是玄烨的老幺儿子胤祕，比弘历还小五岁。他们都得到过这种被玄烨养在身边、朝夕教诲的待遇。

玄烨对孙辈就更是如此,废太子、大阿哥、三阿哥、五阿哥、八阿哥、九阿哥等房的诸多皇孙,都曾随侍祖父左右,有的时间比弘历更为长久。尤其是废太子胤礽的长子弘晳,颇得玄烨钟爱,被长期养在宫中,其父两度被废,也没有影响他的待遇。甚至坊间因此议论纷纷,认为玄烨此后再未册立太子,是在等待嫡长孙弘晳长大成人。这远非弘历所能相比。

即便如此,玄烨对胤禛之子弘历这一番真情流露的舐犊厚爱,至少能够说明,胤禛在打亲情牌、营造人设方面,达到了预期目标。

胤禛的府邸花园,亭台水榭,佳儿佳妇,乳燕呢喃,对于玄烨来说,始终是一个令人放松的所在。胤禛的心机城府,在水面之下的紧锣密鼓,也从未招致父皇的反感警觉。如此,足以让他在父皇心中那个秘不示人的考察名单上,牢牢卡住一个位置。

六

为了配合在父皇面前的形象展示,胤禛在面向天下官民的公开舆论舞台,给自己设计了一个人畜无害的形象,这就是所谓的"天下第一闲人"。

胤禛发挥自己佛道兼通,富于文化修养和审美意趣的特点,和高僧大德、文人骚客多有来往。他拜章嘉活佛为证道恩师,频频邀请府邸附近的柏林寺高僧入府讲论心性,引导自己参究人生因缘。

这一时期,他留下许多诗作,字里行间皆是超然物外、与世无争的冲淡意趣，仿佛"九王夺嫡"的波谲云诡，于他毫不相干。如这首《一日闲》：

> 闭门一日隔尘嚣，深许渊明懒折腰。
> 观弈偶将傍著悟，横琴只按古音调。
> 新情都向杯中尽，旧虑皆从枕上销。
> 信得浮生俱是幻，此身何处不逍遥。

胤祯还编了一本集子，叫作《悦心集》，精心辑录了自己历年读书时抄录的前代人物的诗赋、短文，以及民间流传的格言、歌诀，等等。大多是淡泊宁静、潇洒飘逸的出世文字，如陶渊明的《桃花源记》《归去来辞》等。其中明代才子唐伯虎的《一世歌》，读来颇有意趣：

> 人生七十古来稀，前除幼年后除老。
> 中间光景不多时，又有闲愁和烦恼。
> 过了中秋月不明，过了清明花不好。
> 花前月下且高歌，急需满把金樽倒。
> 世人钱多赚不尽，朝里官多做不了。
> 官大钱多心转忧，落得自家头白早。
> 春夏秋冬捻指间，钟送黄昏鸡报晓。
> 请君细点眼前人，一年一度埋荒草。
> 草里高低多少坟，一年一半无人扫。

红楼梦《好了歌》中的"古今将相在何方，荒冢一堆草没了"，与这《一世歌》中的"草里高低多少坟，一年一半无人扫"，分明是词义相连，心境相通。

这样的文字，出自方外高士跛足道人，或是风流才子唐伯虎，自然不足为奇。但它们却是被一个暗地里参与争储夺权的心机皇子反复吟咏把玩，则不得不令人感叹，人类为了争权夺利，可以努力到何等地步。

一直以来也有人认为，胤禛这个"天下第一闲人"的人设营造，他展现出来的对于恬淡隐逸人生的向往，倒不完全是虚饰作伪。这里面也有他真实人性的自然流露，也是在复杂残酷、刺刀见红的政治斗争中，为自己寻得的安慰与平衡。

真相究竟如何，永远不会有第二个人知道。你我只需要知道一件事就行了——这位参悟佛法、勘破重关的"天下第一闲人"，在如愿以偿登上宝座之后，凡事亲历亲为，天天劳碌，基本上算是累死的。

胤禛笔下渴望的那种"一日闲"的悠游意境，他自己又何尝有过一日？

七

玄烨面前，胤禛是温情恬淡的知心儿臣。世人面前，胤禛是飘逸高卓的富贵闲人。部属和党羽面前，胤禛则是一个恩威并施、铁腕雄心的强悍主子。

曾为他统筹谋划争储全局的心腹谋士戴铎，虽然当初下笔洋洋洒洒，力劝胤禛戒骄戒躁，步步为营，采取长期战略，可一到实操层面，他自己反倒先焦躁了起来。

康熙五十六年（1717年）前后，因准噶尔进犯西藏，玄烨急于挑选主将，统率大军西征平叛。众多皇子皆摩拳擦掌跃跃欲试，想抓住取得不世功勋、在储君争夺战中拔得头筹的难得机会。连被圈禁高墙之中的废太子胤礽，也动了心思，用矾水写成密信联络大臣，希望再度得到启用。

在这场主将竞争中，英武雄健、血气方刚的十四阿哥胤禵行情一路看涨。而胤禛因为武事非其所长，加上年龄偏大，身体一般，各方均不看好，自己也没有做多大指望。这样一来，前几年连连吃瘪的"八爷党"，似乎要在新代言人胤禵的带领下，实现咸鱼翻身。

见此情景，正在福建担任知府的戴铎坐不住了，他建议胤禛设法将其调任台湾，做好万事休矣去打游击的准备。

胤禛眼看戴铎就要坏事，赶忙用一阵狠话压住："你在京若此做人，我断不如此待你，你这样人，我以国士待你，你比骂我还厉害，你若如此存心，不有非灾，必遭天谴。"

敲打之后，胤禛怕戴铎恼羞成怒，叛离而去，便又来拉拢安慰一番。很快他找了个机会，通过吏部一番暗箱操作，将戴铎的哥哥戴锦提拔为河南开归道道台。戴铎致信谢恩，胤禛一阵宽慰："你哥哥大不如你，不过是一员俗宦罢了。目前有你哥哥效力，你宽心保养，身子要紧。"

康熙五十七年（1718年），西征主将之争尘埃落定，胤禵被玄烨封为大将军王。戴铎"旧病复发"，自作主张替胤禛胡乱拉票，上蹿下跳打听各路小道消息。胤禛闻讯十分气恼，再次严厉斥责：

第四章 争储（下）

"你在外如此小任，骤敢如此大胆。你之生死，轻若鸿毛；我之名节，关乎千古。我作你的主子，正正是前世了。"

恩威并施加几番重锤后，戴铎终于消停下来。而这也埋下了雍正即位以后，他被胤禛以贪腐为名处死的伏笔。

再来看看，胤禛收服年羹尧的霹雳手段。

前面我们说过，年羹尧少年得志，文武双全，既能在翰林院里精研义理、考据辞章，又能统率大军踏破关山、金戈铁马，三十岁时即成为封疆大吏，是康熙晚年受各方瞩目的政治新星。要收服驾驭这等人物，是不容易的。

年羹尧属汉军镶白旗，本是肃亲王豪格一门，贝勒延寿的属人。康熙四十八年（1709年），胤禛被封为雍亲王，担任镶白旗的小旗主，年羹尧才从延寿转移到胤禛属下。

清朝初年，八旗大小旗主和属人之间，存在比较严格的主仆关系。但在康熙年间，一系列打破八旗传统权力结构的政策陆续推行，这种关系已大为弱化。因此，年羹尧和他名义上的旗主胤禛之间，起初关系并不密切。

康熙五十年（1711年），年羹尧的妹妹被玄烨指婚，成为胤禛的侧福晋。年羹尧和胤禛之间又多了一层郎舅之亲。但是，他们的关系依然比较泛泛，年羹尧也谈不上对胤禛有多么恭敬。

从当时的局势来看，年羹尧颇得皇帝赏识，身为封疆大吏，政治前途一片光明，肯定是各方竞相拉拢的对象。他早年就和"八爷党"的诸多成员来往甚密，在康熙五十七年（1718年）十四阿哥胤禵率军西征后，又承担了配合胤禵筹划管理后勤粮草的大任，无论是顺势投入胤禩、胤禵一党，还是勾搭其他皇子待价而沽，都有充分的选择自由，并不一定要依附于名义上的旗主胤禛。

不过，胤禛似乎看透了年羹尧强悍桀骜背后的另外一面，他把自己这个名义上的旗主身份用到了极致。不同于其他皇子热衷结交拉拢这类软性手法，他反其道而行之，采取了一通以强硬威压为主的霹雳手段。

大约在康熙五十七年（1718 年），胤禛给年羹尧写了一封措词严厉的信，写得夹枪带棒，语气极重，大有对年羹尧此前种种不够恭敬之事——兴师问罪的势头。

这封《雍亲王致年羹尧书》（全文参见附录），数落了年羹尧这么几个罪状：

第一，你小子本来是个恶少，侥幸得志就翘尾巴，不是个好东西，从来就不知道君臣大义，在我面前不自称"奴才"，跟你爹说，也不听话，可谓是"无父无君，莫此为甚"。

第二，你家主子母亲（德妃）千秋大寿，阿哥（弘时）完婚大喜，你连一个道贺的字都没有，六七个月也不请一次安，"视本门之主已成陌路人矣"。

第三，你在四川骄横不法，做的那些事，别以为皇上看不见。而且你还敢说"今日之不负皇上，即异日之不负我者"，光是"异日"两个字，就够得上大不敬的罪名，足够诛杀你全家了。

第四，你和打着三阿哥胤祉旗号的那个孟光祖，眉来眼去，馈赠往来，尽人皆知，分明是图谋不轨，还敢欺骗皇上。你现在有负于我，将来必定有负于皇上！

一通劈头盖脸的打击警告之后，胤禛直接摊牌，命令年羹尧，将年龄在十岁以上的儿子、侄子、弟弟，通通送回京城，不许留在

第四章 争储（下）

自己身边。末了还不忘再恐吓一下，"汝父在京，我之待他恩典甚重"——你爹已经在我手里了，你自己看着办吧！

由于年羹尧在雍正继位后获罪被诛，相关文书销毁破坏的情况尤为严重，今天我们已经不知道在这封言辞强硬的信之前，胤禛和年羹尧是否有其他的书信往来。不知胤禛在一味刚猛恐吓之外，是否还有其他软性的招数。

能够确认的是，胤禛的一通霹雳手段，还真就发挥了奇效。年羹尧低下了高傲的头，放弃了长期以来首鼠两端的做法，老老实实向胤禛送去了"人质"。

两人迅速进入了"蜜月期"。年羹尧在遥远的边疆战场，源源不断地向胤禛报告十四阿哥胤禵的一举一动，一丝不苟地忠实执行胤禛的每一条指令。胤禛则在帝国京师，不露行迹地施加影响，帮助年羹尧一步步加官晋爵，由四川巡抚而四川总督，由四川总督而定西将军、川陕总督。如同"四爷党"那个周密的争储计划一样，一步步有条不紊，严丝合缝。

就这样，在"九王夺嫡"中几乎最晚下场的四阿哥胤禛，一步步完成了形象塑造、人设营造和团队打造，不断积累实力，在帝国军政体系运转的几个关键节点周密布置，再加上与生俱来的序齿优势，他把自己牢牢钉在了储君名单的第一行，并为可能出现的极端情况做了不少准备。

但是，在父皇永不公开游戏规则的情况下，考虑到其他兄弟的强劲实力，尤其是十四阿哥胤禵携战场大胜之威、咄咄逼人的上升势头，所有这些，仍然无法保证他能稳操胜券。

最后的了局，依然需要等到最后的时刻。

第五章 遗诏

一

在诸皇子八仙过海各显神通，围绕储君之位明争暗斗的这个时期，也就是康熙一朝最后的十余年岁月中，一世英明的雄主玄烨，又在做什么呢？

时间如长河般，在玄烨的心头流淌。但是，河水已不再是他年轻时那般飞流直下、奔流激荡的模样，而是在一个个险滩、暗礁间徘徊迷乱，逡巡不前。

康熙四十七年（1708年），玄烨一废太子，潜藏于平静水面之下的储君之争、父子之争、兄弟之争、君臣之争、臣臣之争相继涌上台面。

作为大清正统象征的国本陡然动摇。皇上亲自抚育、万民倾慕、德才兼备的堪为典范的帝国嗣君，原来是不忠不孝的乱臣贼子。玄烨几十年如一日殚精竭虑打造的盛世，为人丁稀薄、杀业深重的满洲集团竭力维持的政治合法性，一时间出现了巨大裂缝。

盛世国运，连同盛世开创者的肉体与精神状态，开始从顶峰滑落。

康熙四十八年（1709年），在付出皇长子永远囚禁不见天日、皇八子被视为令人忌惮的危险人物、威严庄重的禁宫殿堂几度沦为不成体统的殴斗场、皇帝金口玉言的信用在群臣面前反复破产等一系列代价之后，废太子被玄烨颤颤巍巍地重新扶到储君宝座之上。

第五章 遗诏

然而，所有人，包括玄烨自己，均不看好胤礽的未来。

康熙五十一年（1712年），玄烨二废太子。他将"满洲旧俗"改造成嫡长子继承制的努力，最终走进了死胡同。不仅储君位置虚悬，连游戏规则的未来走向，都陷入了晦暗不明的境地，终至人心浮动，"九王夺嫡"的血亲相争再度陷入白热化。

从那个时候开始，玄烨再未册立太子，也再未向天下臣民明确说清，帝国究竟将采取什么样的原则确立储君，以平稳完成天下权柄的传递交接。

究竟是继续尝试中原式的嫡长子继承制，还是回到八旗贵族共同推选或候选人自由竞争这样的"满洲旧俗"，抑或开创此前未有的全新制度？

一切未知。

面对这种国本始终悬而不决的情形，很多大臣前赴后继地提出谏言。他们中有的可能怀有政治投机的私心，更多则是单纯出于对国本虚悬的忧虑。毕竟，对于清朝来说，随着老皇帝迟暮，在继承制度、储君安排、政权更替机制上的空白，是一个巨大的几乎不可接受的缺憾。

康熙五十二年（1713年）二月，江苏武进人、左都御史赵申乔上书，提出"皇太子为国本，应行册立"。此时距离玄烨二废太子，仅仅过了几个月。

赵申乔作为汉族大臣，将册立皇太子之事摆到明面上说，是希望玄烨维护嫡长子继承制这个制度本身。对很多汉臣特别是以道统自诩的所谓儒臣而言，这也是清朝体制来之不易的汉化成果。虽然立储是天子家事，从来都是明哲保身者唯恐避之不及的敏感话题，但天子家事也是天下事，是关乎国本之事。

　　作为大清的忠臣、纯臣、净臣，自当挺身而出。不过，赵申乔和胤礽一党关系千丝万缕，说他在其中没有倾向性，没有自己的政治考虑，就有点过于相信这帮人的所谓理想主义了。

　　对于赵申乔的这一番凿凿之言，玄烨颇不以为然，甚至认为赵申乔身为外臣，又是汉人，妄言国本，几乎算得上是僭越了。哪怕玄烨对汉人那套礼义纲常、家国天下的套路，早已熟稔在心，平日也一直强调满汉一体，但他对天子家事的看法，毕竟还是满洲小圈子的路数。

　　在玄烨看来，就算是谏言，这会儿八旗亲贵、满洲重臣都还没有说话，赵申乔算什么？他分明是摆出一副社稷之臣的模样，骨子里却不脱沽名钓誉的习气。不过，考虑到赵申乔对朝廷还算是有几分忠心，玄烨并未对他发难。

　　就在两年前，赵申乔上书弹劾名动天下的江南大学者、翰林院编修戴名世在其文集《南山集》中大发悖逆之言，结果掀起一场牵连数百名文士的"南山集案"。江南读书人闻之战栗，而发动此案的赵申乔，自然得到了玄烨的另眼相待。

　　所以，玄烨耐着性子，跟赵申乔讲了很多道理，比那个迂阔不堪的所谓"国本"更大的道理。

　　玄烨说，宋仁宗在位三十年未立太子，本朝太祖、太宗也没有立太子。——大概这个时候，玄烨还没有从两立两废胤礽的折腾和煎熬中缓过劲来。

　　他的回答乍听上去有些道理，仔细想想，却非常牵强。宋仁宗难道不想立太子吗？他是因为三个儿子全都夭折，不得已，接了个

第五章 遗诏

侄子到宫中抚养。大臣劝他早些定下来，他却还想着能不能等妃子再给自己生个儿子，就一直拖着耗着，到最后耗不过去，才勉强立了侄子。这和玄烨亲儿子多得数不过来，完全是两码事。

至于举出太祖努尔哈赤和太宗皇太极，也非常不合适，他们并非不想立太子，而是满洲贵族势力强大，连把大权集中在君主手里的这一步都没来得及完成，在位的时候，大事也只能大家商量着来，更别说册立储君了。

玄烨说，汉唐以来，凡是立了太子，太子小的时候还算消停，一旦长大，他的身边人结党营私，图谋不轨，很少能不闹出乱子的。这倒是实在话。在他看来，胤礽这个不成器不上道的人，实在是愁人。

又说，登基至今有五十多年了，一直兢兢业业，从不懈怠，爱护天下臣民，这才有了如今四海平靖的盛世。这安定团结的局面着实来之不易。现在非要立皇太子，那一定要坚持一个标准，就是"以朕心为心"。

你看，玄烨没说不立太子，只是说自己把天下经营得如此花团锦簇，并不容易，所以选择继承者一定不能轻率，必须要有一个标准，要和他同心同德，想他之所想，还要有他这样的仁义之心、勤勉之心、无私之心，这样的人才能做太子。

想想看，这个标准是不是高得吓人？最关键的是，到底达不达标，只能康熙按照内心的指引自己判断。

玄烨这洋洋洒洒一大篇道理，概括起来就是这么个意思：兹事体大，标准很高，皇上很难，稍安毋躁。潜台词则是，并不是非要立这么个太子。

跟汉臣掰扯一通道理过后，同年七月，福建巡抚觉罗满保呈上折子，恳请皇上册立太子。

觉罗满保的身份比较特别，他是正经八百的满洲正黄旗出身，但汉化程度颇深，康熙三十三年（1694年）考中进士，入翰林院为庶吉士，还担任过乡试主考官。对他来说，立嫡立长是天经地义的周礼正道，儒家宗法。

玄烨又是一番解释，算是安抚过去。

二

好不容易消停了几年。到康熙五十六年（1717年），臣僚掀起了又一轮请立太子的高潮。

是时，江苏太仓人、文渊阁大学士王掞上书请立太子，玄烨留中不发，不置可否。十一月，又有江苏溧阳人、御史陈嘉猷等八人联名上书请立太子。玄烨生气了，认为这次串联，是王掞在兴风作浪。他想起了一件淹没在故纸堆中的事。

原来，王掞的曾祖父王锡爵，是明神宗朝的首辅。万历皇帝没有嫡子，按宗法制度应立长子朱常洛，但他宠爱郑贵妃，爱屋及乌，更想册立她所生的三子朱常洵，和坚持礼法纲常的群臣发生矛盾。万历皇帝被群臣吵得头昏脑涨，采取消极拖延战术，多年不立太子。

王锡爵担任首辅期间，带领群臣和皇帝正面对线，为迫使万历皇帝立朱常洛为太子，维持国本和礼法纲常的严肃性，发挥了不小的作用。不过，这个明代史书中的守正良臣，在玄烨的眼中，却是

第五章 遗诏

一个沽名钓誉、咆哮朝堂、串联朋党、逼迫君王的奸邪小人。

想到这里,玄烨心头冒火,他把王掞几个月前请立太子的奏疏找出来,和八名御史的奏疏一起转给内阁,让内阁讨论一下,如何治罪。

内阁当中正好有王掞的对头,便给王掞拟定了一个非常严重的罪名,建议严加惩处。听到这消息,正要进宫的王掞吓得战战兢兢,停在宫门之外,连进去都不敢。

玄烨久等不来,非常疑惑,这王掞到底跑哪儿去了。这时候,玄烨宠信的汉人老臣李光地站出来,为王掞转圜了一番。他说:"王掞听说皇上生气了,正跪在宫门口等您降罪呢。"

玄烨动了些许恻隐之心,叹了口气说:"王掞上书说的立储之事,道理是不错的。但不应该和御史拉帮结派,一起串联,弄得气势汹汹。这是前明末年的亡国之风。话虽如此,内阁拟定的罪名还是太重了些,让王掞赶紧进来吧。"

王掞赶忙进宫谢罪。玄烨把他召到御榻之前,屏退左右。按照《清史稿》的说法,"语良久,秘,人不能知"。想来还是那一番道理:立国本当然重要,但时下看来,左右为难,还是先不要轻举妄动的好。

王掞上书的风波就这么平息过去。转年到了康熙五十七年(1718年)正月,翰林院检讨朱天保又上书劝说立储,终于惹得玄烨穷追猛打,酿成了一场大狱。

朱天保是满洲镶白旗人,工部侍郎朱都讷之子。他中进士后入翰林院,也担任过乡试考官。他和康熙五十二年(1713年)上书立储的福建巡抚觉罗满保有些相似,都是汉化程度较深的满人,脑子里也有一套立嫡立长的儒家宗法。但是,朱天保上书的具体内容,

- 125 -

和此前所有人相比，往前大大迈了一步。他不仅请求玄烨立储定国本，而且非常明确地要求，再次册立二阿哥胤礽为皇太子。

按他的说法，胤礽"素性仁厚，学贯古今，行遵圣训，天下皆仰"，哪怕两次被废，又被关了起来，那也是"处之安然，毫无怨容"，甚至"圣而愈圣，贤而愈贤"。如果不能重新册立太子，难免会招致父子嫌隙永难消除，甚至导致当年汉武帝和戾太子举兵相残，汉武帝杀掉儿子之后又追悔莫及的人伦惨剧。

玄烨在看到朱天保的奏书之后，勃然大怒，马上将朱天保召来诘问。在他看来，朱天保身为小臣，耸人听闻，妄言大事，举的例子更是不伦不类。

汉武帝听信小人之言，和儿子互相残杀，自己则是一再容忍，不得已才废掉胤礽。而且即便是将胤礽圈禁，也是有吃有喝，自己还经常派人探望，赏赐关心，这怎么能够混为一谈呢？

另外，朱天保的话里，有一个大大的破绽，不可不深究到底。

原来，朱天保是康熙五十二年（1713年）中进士，然后被选入翰林。胤礽在此前一年已经第二次被废，处于圈禁状态，所以朱天保根本不可能知道也不应该知道，太子的品行为人究竟如何。当时玄烨废黜太子的谕旨早已颁示百官，朝堂上下的主流舆论，是强调太子举止乖戾，狂疾未除，不辨是非，大失人心，乃不可雕之朽木，皇上看清该逆子的真实面目，果断将其废掉囚禁，是在关键时刻挽救大清前途命运的英明之举。在这样的主流舆论下，朱天保一个刚刚进入官场的小年轻，又是凭借什么，将太子描绘成当世圣贤？

看来，这小年轻只是个被推上前台的人物，背后必定有一个盘

第五章 遗诏

根错节的朋党集团，妄行不轨之事。

玄烨一阵追问，声色俱厉，朱天保战战兢兢道："微臣是听父亲说的。"玄烨皱着眉头说："你父亲朱都讷，平时也没有什么机会和废太子直接接触，后来废太子发疯，举止狂悖，朕已宣示满朝文武，他必然也是知道的。废太子后来已被圈禁，高墙深院，外面的大臣谁能看到他在里面什么样子？尔父又是如何知道他'圣而愈圣，贤而愈贤'？到底怎么回事，速速从实招来！"

朱天保双腿发软，他已被逼到绝境，肯定不能承认自己夸大其词，或是没来由胡说八道，那可就直接坐实了欺君之罪。他只有一条路走到黑，说："父亲是听看守太子的守卫说的，但这守卫姓甚名谁……现在也已经记得不太清楚了。"

玄烨看着这个已经前言不搭后语的小年轻，冷笑一声，不再跟他废话，命人将其拿下，下令将朱天保、朱都讷全家成年子侄、女婿，全数收监，亲自审理，严加询问。

在玄烨看来，二废太子、力挫胤禩之后，虽然储君之位悬而未决，皇子争斗暗流涌动，至少朝堂明面上还是维持了和谐稳定，那些大失皇家体面的闹剧也消停了好久。如此大好局面，断不容许"太子党"死灰复燃，一有苗头，就必须深挖到底，连根拔除。

审讯结果，并未挖出其他后台，也没有找到他们与废太子直接取得联系、为其重新上台鼓吹铺路的证据。究其原委，其实就是朱都讷、朱天保妄自揣摩上意，希望借助此事，实现政治投机，乃"希图侥幸，取大富贵"，他们不仅希望猜中玄烨心思，赢得宠信，还想在未来新君面前博取一马当先的拥立之功。

案件处理结果，出头上书的朱天保、参与谋划的朱都讷女婿戴保两人被斩首，卷入此事的其他朱家亲戚、友人，受到革职、鞭笞、囚禁、枷号等程度不一的惩处。

可能是为了维护自己一直以来的仁君形象，玄烨免了朱都讷一死，但是让这位年高体衰的汉化满臣戴枷示众。而且玄烨还给了他一个可能比自己去死更加残忍的惩罚，他被带到刑场，被强令观看亲生儿子被斩首示众的整个过程。

三

"朱天保案"仿佛打开了玄烨心中一个隐秘的阀门。日渐衰老的皇帝，对于臣下册立天子的劝谏，不再有掰开揉碎讲道理的耐心，更多是采取严苛手段。

对奴才臣下之于天子家事不知好歹的喋喋不休，他已经超出了忍耐的极限。

康熙六十年（1721年），是玄烨登基六十年的喜庆年份。他的在位年数，不仅早已超过历朝历代其他皇帝，而且也达到了对中国人的时间观念来说，极有象征意义的一个时间——一个甲子。

二月十七日，大学士王掞借群臣向皇上贺喜的机会，再次劝谏玄烨册立太子，而且把话挑明，将圈禁已久的废太子胤礽，重新扶上储君之位。

王掞的口气非常激切，说"臣愚以为皇上于启后之计，尚不能不仰烦睿虑也"，隐隐约约的意思，是说皇上你都这把年纪了，身后事不能不考虑。如此欢乐祥和的气氛中，说起这样的事，用这样

第五章 遗诏

的口气去说，想来也是有些煞风景。

这一回，玄烨忍了。

不到一个月，三月十三日，御史陶彝等十二人联名上书，还是同一套说辞。这让玄烨想起康熙五十六年（1717年），王掞和八名御史前后上书要求立储的旧事。

这一回，玄烨不忍了。

玄烨将王掞、陶彝等人一通痛骂，骂他们明末亡国习气不改，就知道串联朋党，投机钻营。他把上一次就想骂王掞，忍在心里一直没说的话，在群臣面前完全挑明，说王掞的祖宗王锡爵，在明神宗朝，为了立储的事情上蹿下跳，结果长子得立——后来的泰昌皇帝，即位几个月就死了。再上来是天启朝，皇帝昏庸无能，天下大乱。到崇祯时终于一塌糊涂不可收拾。王锡爵对明朝灭亡，负有不可推卸的责任。难道王掞想学祖宗，把他当成万历皇帝，也对大清朝来这么一出吗？

玄烨的口气越来越重，说："朕没有要诛杀重臣的意思，但是有些人自己找死，朕又有什么办法？"满朝文武，闻之大惊失色。

最后议罪结果，陶彝等十二名御史结党营私，通通赶出京城，发往西部边疆寒冷荒芜之地，在十四阿哥胤禵统率的大军中戴罪效力。王掞屡教不改，本应一并发遣，念其年过七旬，俨然又是朝堂之上的汉人文官领袖，玄烨格外开恩，命令其长子王奕清，代父前往军前。

对此恩典，进士出身，一直在翰林院、詹事府这些清贵之地任职，体弱多病，手无缚鸡之力的王奕清，连忙磕头谢恩，收拾行装出京，随军戍边。他的足迹遍布西陲荒原，直抵阿尔泰山。待他遇赦回京，已是十五年之后的乾隆元年（1736年）。

在玄烨的强力高压之下，自此往后，不再有大臣胆敢触龙之逆鳞，在皇帝面前妄言立储。玄烨将这个悬而未决的谜题的答案，一直保留到驾崩之时。

回头来看，这些前赴后继谏言立储，不惜触怒君上，甚至惹得仁君撕破脸皮、大开杀戒的大臣，除了汉臣之外，就是汉化较深、有能力获取科场功名的满臣。而汉臣之中，赵申乔、王掞、陈嘉猷等，皆出身江南的诗礼世家，礼法观念尤重。

即便是那些直接提出复立胤礽的，哪怕是在严审追拷之下，也找不到他们和废太子沆瀣一气的过硬证据，侥幸投机之心或难免，但将他们算成"太子党"或是别的什么党，还是有点冤枉的。

群臣所争之事，与其说是一个具体的人选，不如说是一个确切的正统原则。对他们来说，敦促君主按照周礼宗法，儒家名教，根据嫡长子继承制的万世不易之法，册立太子，稳定国本，不仅是忠臣之本分，也是践行大道——变革白山黑水间生猛粗犷的"满洲旧俗"，融入斯文冠冕的中原正统。

相比催促宋仁宗早立太子的名臣范镇、包拯，劝谏明神宗早安国本的辅臣王锡爵、叶向高，康熙群臣心中，更多了一分"以夏变夷"的理想主义情怀。这种情怀虽然微弱，且不敢为外人道，却也实实在在宽慰着在八旗入关的尸山血海中，在剃发严令的衣冠沉沦中，被摧残、被幻灭者的心灵。

反观玄烨，他对重新立储一拖再拖、拖延到死，所暴露出来的是，除了他面对诸子相争不休的茫然无措之外，更有他折中满汉、努力建构的帝国政治合法性根基所无法掩饰的巨大裂痕。

第五章 遗诏

四

日渐老去的皇帝，对于立储这件关乎政局人心，对政治合法性建构来说至关重要的大事，为何会采取敷衍逃避、一拖到底的态度？这是很值得玩味的。

从玄烨的个性来说，这种拖延并不符合他惯常的行事风格。他大体上算个行事果决、不喜拖泥带水的君主，甚至不免有过于冲动的嫌疑。例如关于"三藩"之乱缘起的往事。

康熙十二年（1673年），镇守广东的平南王尚可喜上书，请求回辽东养老。平西王吴三桂、靖南王耿精忠顺势上书，自请撤藩，以此试探清廷态度。

在朝堂上下绝大多数大臣均不支持操之过急的情况下，玄烨力排众议，扔下一句硬邦邦的"撤亦反，不撤亦反。不若及今先发，犹可制也"，同意撤藩。这导致吴三桂等在清廷实际并未做好准备的情况下举兵造反，迅速席卷南方半壁江山。战事延绵八年，无数城郭化为丘墟，刚刚从清军入关烧杀抢掠和剪灭南明政权中喘过一口气来的亿万黎民，再次遭到荼毒。

玄烨的撤藩决策和豪言壮语，在很多论述中被渲染为消灭割据、维护统一的高瞻远瞩。但从当时的实际情况看，吴三桂已是六旬老人，"三藩"也并非铁板一块，如果玄烨对他们的试探，采取更加缓和的应对策略，或者用一些区别对待、分化瓦解的办法，很有可能极大减少国家和人民承受的代价。但玄烨却采取了最为直接、刚猛的应对策略，这难免遭人诟病。

又如玄烨在废黜太子胤礽前后，一系列令人目不暇接的迅猛操作：

康熙四十七年（1708年）九月初四，因"殿帐夜警"，在由木兰围场回京途中，当众宣布废黜太子胤礽，将其拘禁，大肆捕杀其党羽。

九月十六日，回京当天，召集大臣，正式宣布拘捕胤礽。

九月十八日，将废太子事祭天、告庙，六日后正式颁诏天下。

九月十九日，痛斥大阿哥胤禔，下令追查张明德等人。

九月二十二日，痛斥八阿哥胤禩，责备其收买人心图谋不轨。

九月二十九日，在朝堂之上下令锁拿八阿哥胤禩，遭十四阿哥胤禵顶撞，欲诛胤禵，被众皇子拉住，酿成一场闹剧。

十月十五日，三阿哥胤祉检举大阿哥胤禔勾结僧人，施妖法诅咒太子。在胤禔府上查获证据。胤禔被终身圈禁。

十一月十四日，召集群臣公推新太子人选，两次均推出八阿哥胤禩，翻脸不认，酿成第二场闹剧。

十一月十五日，直接摊牌，催促群臣同意平反废太子胤礽。

康熙四十八年（1709年）三月初十，祭天、告庙、颁诏天下，再次册立胤礽为太子。

…………

短短几个月，如走马灯一般的生猛操作，无论是废黜太子、复立太子，还是收拾上蹿下跳、明争暗斗的其他皇子，软硬兼施压服群臣，玄烨的决策马不停蹄，看不出半点拖泥带水，大有一副"宁可开错了路再倒回来"的气势。

为什么在二废太子和重锤胤禩之后，玄烨在立储这件事上，突然变得不那么积极果断了呢？

第五章　遗诏

实际上，康熙四十七年（1708年）一废太子，数十年朝廷局面突变，朝局内外既定秩序出现转圜，也成为玄烨毕生功业的一个重要转折点。从那之后，他殚精竭虑缔造的帝国盛世，他倾尽心力维持的满洲集团政治合法性，包括他自己的身体和精神状态，都开始走下坡路。

这里面有多方面的原因，包括财政亏空的逐步暴露，盛世之下数十年储位秩序惯性的突变，满洲本位主义加上满汉调和路线的内在矛盾日益显现，蛰伏已久的准噶尔再度威胁帝国边疆，等等，是康熙前期盛世光环下掩盖和隐藏的问题在康熙最后十余年间陆续暴雷的结果。

恍如无可奈何的盛世黄昏，圣人迟暮。

当然，其中最直接的原因，还是围绕废嫡、争储而起的疾风骤雨，父子、兄弟、君臣之间排列组合穷举式的矛盾冲突，在不长时间之内一浪高过一浪地袭来。它们将玄烨从四海平靖、臣民景仰、金瓯永固、正统万年的美梦中猛然踹醒，给他的信心、信念乃至肉体以沉重打击，也让他对立储这件事产生了深深的迷惑，仿佛陷入一个完全无法走出的迷宫。

这位年事渐长的一代雄主，在漫长和曲折的执政生涯中，对于帝国内外诸多大事，向来都是得心应手。曾经敢于和他叫板的敌人，也纷纷被扫进历史的垃圾堆。

但这些经验对于应对复杂拉扯的帝王家事来说，可以说毫无用处，反倒让他陷入断崖式的落差之中。时间稍长，问题的迷惑，人生的落差，逐渐交织成一种深沉的颓然无力感，甚至让他陷入主动逃避的情绪之中。这种情况下，那些喋喋不休的谏言会在玄烨的心中投射下什么，就可想而知了。

设身处地想一想，玄烨在面对这个问题时，面对的究竟是什么？

康熙五十二年（1713年）前后，太子胤礽二次被废、大阿哥胤禔永远圈禁、八阿哥胤禩彻底失宠、十三阿哥胤祥被彻底边缘化，"九王夺嫡"前期风头强劲的几位出场角色，已经悉数败下阵来，局势表面上恢复了平静。

可见，"九王夺嫡"不只是诸阿哥党的彼此绞杀，实际上也是父子间一对多的角力。此时此刻，诸皇子各自立人设、博恩宠、植势力、窥储位的基本格局已经无从逆转，只是由海面的疾风骤雨，转为水底的暗流涌动。

这种情况下，玄烨面临的难题，首先是他并不知道应该立谁为储君。可供选择的皇子依然很多，每人都有优势和亮点，但每一个皇子的优势，都不足以在玄烨心里的天平中，赢得压倒性的胜利。

除胤禔、胤礽外，三阿哥胤祉年岁最长，富有才情，在文化事业上表现突出，但缺乏实际政务经验。十四阿哥资质优越，性格真诚质朴，甚得玄烨欢心，但顺位过于靠后，行事也欠缺历练，哪怕后来获得统率西征大军的机会，也仍然是稍显火候不足。四阿哥处于两人之间，各项条件相对比较平衡，但他没有哥哥文才优越、弟弟武功卓著的突出亮点。此外，"八爷党"还有颇具智识的九阿哥胤禟等，身处圈禁的胤礽，在两次被废之后也并未完全死心，还有甚得玄烨钟爱、被养于宫中多年的胤礽之子、拥有皇长孙名分的弘晳，他们未尝没有在某一个瞬间，进入玄烨内心深处的那个考察名单。这种局面之下，显然是很难果断决策的。

第五章 遗诏

那么，不明确册立某个具体人选为太子，而是先公布一个确立储君的标准，先把游戏规则定下来，先把政治合法性的大窟窿给补上一部分，以安天下臣民之心，让大家对国本有个盼头，可不可以呢？

还是不行。

如果公布的规则太过明确，譬如，明确地说帝国将坚持嫡长子继承制不动摇，本身就意味着已经把人选定了下来。因为按照严格的嫡长子继承制，储君只能是皇太孙弘晳。如果考虑到弘晳的年龄、辈分，折中处理，那储君就应该是三阿哥胤祉。而这明显定不下来。

除了嫡长子继承制之外还有什么规则？如果明示天下恢复王公贵族推选这样的"满洲旧俗"，那无疑是与玄烨承袭祖、父数代，几十年来孜孜以求的中央集权的努力，公然背道而驰。

如果是"择贤而立"呢？那其实就相当于没有规则，因为到底谁是"贤者"并没有标准。更何况，玄烨一直以来面对的问题，就是文武双全、浑身本事的"贤"儿子太多，甚至有点显得过于"贤"了。

其实，玄烨也不能算是没有公布标准。康熙五十二年（1713年）二月，在第一次面对赵申乔速立储君的劝谏时，他掰开揉碎翻来覆去讲的一个道理，就是朕并非不立储君，而是要坚持一个标准——"以朕心为心"。

你看看，这比"择贤而立"更加飘忽，基本上等于没说。

玄烨的虚无缥缈、犹豫不决，不只来自对于立储规则和储君人选的茫然无计，更来自他在"九王夺嫡"一浪高过一浪的争斗撕咬中，不断积累的犹疑与恐惧。

他害怕的事情太多了。

他怕择储不得人，看上去温良恭俭让的好儿子，登上储君宝座之后马上暴露本来面目。

他怕择储得人"得"有点儿过头，围绕新太子又一次形成君权之外的权力核心，使他食不甘味，夜不能寐。

他怕再次从"八爷党"中遴选继任者，会使这个尾大不掉的利益集团更难制衡，形成亲贵重臣裹挟代言人妨害皇权的局面，让好不容易推动的集权之路再生波折。

他也怕选出的继任者不是"八爷党"的对手，再次导致众口铄金、积毁销骨的局面，让他的好儿子一个都保不住。

总而言之，怎么都是怕，左右都为难。

此外，我们也不能忽视，这个阶段玄烨频繁为疾病所累，身体每况愈下，这对他面对问题、操控局面的心气与信心，产生了不小影响。

一个专制君主，再天资聪颖、英明神武、乾纲独断、功业彪炳，他也是个食五谷杂粮的血肉之躯。体能、精力和意志上的局限，在意气风发时往往不那么明显，让身边人，甚至自己，都产生某种天地尽在一握之中的幻觉。待到衰老和疾病袭来，光环逐渐褪色，一切就会恢复它本来的面目。原来他并非无所不能。

康熙四十七年（1708年），玄烨第一次废黜太子胤礽的时候，就曾"愤懑不已，六夕不能安寝"。这一波打击，让他连续几个月疾病缠身，显现出种种衰老之象。他在年龄不满六十时，已然须发皆白。

康熙五十年（1711年）初，玄烨与胤礽、八阿哥和朝臣反复

第五章 遗诏

争斗,朝堂之上的荒唐场景反复出现,他也接连出现头晕、上肢失灵、下肢浮肿等诸多症状。康熙五十年(1711年)五月,玄烨北巡塞外离京时,已出现了"令人扶掖而行"的状况,对比早年间纵马驰骋的英武之姿,已恍如隔世了。

到康熙五十三年(1714年),玄烨和八阿哥胤禩因为离奇古怪的"毙鹰案"彻底决裂的时候,他已经出现了"心悸几危"的危重症状。

考虑到玄烨的年龄,草原民族风格的饮食习惯,"专制皇帝"这个职业的巨大身心压力,将这些症状联系起来看,非常像心血管疾病的表现。

次年,玄烨又出现了右手不能写字、只能用左手批阅奏折的情况,疾病征候愈发明显。

康熙五十六年(1717年)秋冬之际,玄烨先是陷入了精神萎靡、眩晕健忘的苦恼之中,随后又遭受了腿脚膝盖疼痛、下肢活动不灵、咳嗽不止、声音嘶哑等诸多病痛。年底,皇太后博尔济吉特氏病逝,她是顺治帝福临的第二任皇后,玄烨的嫡母。她在玄烨生父生母接连去世之后,和孝庄太皇太后一起,将玄烨养育成人。玄烨和这位嫡母感情深厚,在她去世之后非常悲恸,身体状况更加糟糕,竟有七十余日卧病在床,无法正常处理国事,直到第二年春天方才好转。

在已然不太长的余生之中,玄烨的身体仍是时好时坏,动辄在清晨起床时出现头颤手摇的症状,或是手臂颤抖,写字困难。玄烨的气血日渐衰竭,面容呈现枯槁之态,处理复杂事务往往难以凝神聚气,精力也大不如前。唯有塞外出巡、木兰秋狝,在远离禁宫内

- 137 -

苑的苍茫旷野中，方可稍微振作他那垂垂老矣的身体与心灵。

晚年，玄烨频频陷入疾病缠身、精神不振的状态，由此，他对一团乱麻、令人挠头的立储困局，能躲就躲，能拖就拖，也多了几分情有可原，令人生出不少的同理心。很多时候，我们面对一件非常重要且根本无法躲过但确实极难取舍决策的事情，也会陷入类似的逃避旋涡之中。越逃避就越焦虑，越焦虑就越逃避，直到避无可避。

不过，一直也有另外一种猜测，认为玄烨拖延立储，并非完全消极以对或是逃避，他只是在一面与群臣虚与委蛇，一面默默等待心目之中最有分量的潜在选手，达到他在内心深处设定的标准线。

譬如说，康熙末年上升势头最为迅猛的十四阿哥胤禵，在经过统率大军、沙场杀敌的实战锤炼之后，在治政理事方面再成熟一些后，便可以被父皇祭天、告庙，宣布为天授神佑的帝国储君，父皇甚至会学习宋高宗等高寿帝王举行禅让之礼，安然以太上皇身份颐养天年。

或者，玄烨正在筹划一种全新的立储安排，避免过早宣布太子可能导致的储君相争、结党营私等，规避太子不安其位或者成为众矢之的。同时又为可能出现的不测做好准备，避免极端情况下君位虚悬。

有人大胆猜测，雍正在即位后迅速推行的，把储君名讳放在"正大光明"牌匾之后的所谓秘密建储制度，在玄烨晚年已有端倪。

甚至玄烨可能已经提前做了安排，只不过因为某些特殊原因，该制度安排未能如愿发挥作用，如同这位雄主圣君晚年的很多事物一样，终究是脱离了他精心筹划的轨道。

第五章　遗诏

五

公允而论,也不能说玄烨一直都在立储的问题上消极回避拖延,无所作为。

就在康熙五十六年(1717年)末,在玄烨身患重病、沉疴难起,加之嫡母博尔济吉特氏病重,身心多重压力汹涌袭来的当口,面对大学士王掞与八位御史接连上书谏言立储掀起的声浪,他召集皇子、群臣,向他们郑重其事地征求关于立储的意见。

然而,如同近十年之前的那次,玄烨召集文武重臣"民主推荐"新太子人选的情形一样,皇子和群臣的意见,并没有什么实际的影响。

最后的结果,虽然身心衰颓却依然乾纲独断的君主,借此机会,向所有人传达贯彻了自己的想法。

这是十一月二十一日之事。

这一日,玄烨先是向病体日渐沉重的皇太后请安,然后来到乾清宫东暖阁。他在此处召集诸位皇子,满汉大学士、九卿、詹事、科道等众多官员,向他们传达了一份至关重要的面谕。

这份面谕堪称玄烨晚年的一份全面的自我总结陈述。它的全文最终并未颁布天下,在帝国官方的档案中也没有完整留存。但是,它在《清圣祖实录》中保留了部分语句。更重要的是,这份面谕的主体内容,日后变成了玄烨去世之后遗诏的重要组成部分,由继位的雍正皇帝昭告天下臣民。

虽然面谕经历了一定的删改和润饰,但作为一部玄烨提前写就、自行公开的"遗诏",仍不失为后人剖析康熙晚期帝国政局变迁、揭秘暮年玄烨心绪的重要证据。

按照《清圣祖实录》，这份面谕全文洋洋洒洒有二千余字。我们一起来看看其中最核心、最要命的三层意思。（原文参见附录《康熙面谕》）

一是，阐述大清乃天下正统，政治合法性无可动摇。

开篇，玄烨在简单交代了将大家召集起来的原委之后，便开宗明义，斩钉截铁地说："自古得天下之正，莫如我朝。"

玄烨说，太祖、太宗一开始并没有取得天下之心，是流贼李自成攻破北京，明朝崇祯皇帝在煤山上吊，天下臣民纷纷前来迎接我朝入关，我朝不得已，才发大兵，灭流贼，入主中原。

我朝得天下之正，正统性之强，要远远胜过中原人历来称颂的汉朝和明朝。建立汉朝的刘邦，最初不过是泗上的一个亭长。建立明朝的朱元璋，不过是皇觉寺里的一个和尚。都比不过大清，上有天命所归，有列祖列宗福荫保佑，下有天下万民的竭诚拥戴。

二是，追忆几十年的兢兢业业与文治武功，自己实乃大清天命的代言人，进一步说明大清政治合法性之牢固坚强。

玄烨说，我已年近七十，在位也有五十余年。这不是我自己的德行，而是上天和祖宗的护佑。帝王能不能得到高寿，能不能安享太平，其实都是天命的安排。正所谓"凡帝王自有天命应享寿考者，不能使之不享寿考；应享太平者，不能使之不享太平"。从秦始皇到现在一千九百六十多年，称帝有年号的就有二百一十一人，我在其中在位时间最长。这就是天命，是上天对大清的护佑。

我在位五十七年了，儿子、孙子、曾孙总共有一百多个。在我的治下，大体上天下安定，四海承平。我几十年来兢兢业业，从未

第五章 遗诏

松懈,数十年如一日。大臣们累了还可以退休,不愿意做官可以回家,但国君勤苦一生,是没有机会休息的。而且,我事无巨细,都会小心谨慎,事情无论大小都要亲力亲为,所谓"昔人每云帝王当举大纲,不必兼总纲务,朕心窃不谓然",并不搞什么抓大放小。天下百姓对我普遍感恩戴德。

我武艺高强,善于领兵打仗,为人仁爱宽厚,"平生未尝安杀一人"。除了赈济灾民,我用钱非常节俭谨慎,自己也非常简朴,出巡也好,修建行宫也罢,每处花的钱不过一两万两,比起每年修整黄河花费的三百万两,还不到百分之一。

这是天下百姓的福分,也是大清天命所归、正统所在的绝好证明。

三是,回到群臣关切的立储话题,对于自己在这件事情上的拖延不决,再做一番解释说明。

玄烨说,康熙四十七年(1708年),我生了一场大病,心神也受伤严重,之后就觉得身体和精气神一天不如一天。如果有个万一,自己想说的话却还没说出来,岂不是很遗憾。所以赶紧来说道说道。

凡人有生就有死,没有什么害怕的。不过,对君主来说,晚年的事情没有处理好,就会出乱子。梁武帝是个创业英雄,晚年却被叛将侯景逼迫,凄凄惨惨死在台城。隋文帝是个有作为的开国之君,但他不知道儿子杨广的真实品行,被杨广蒙蔽,立杨广为太子,最后竟被杨广弑杀。还有一世英名的汉高祖,将权柄传给了吕后,英武过人的唐太宗,在立储时对长孙无忌言听计从。如此大事,君主怎么能不自己做主,乾纲独断,而是听别人的呢?我一看到这些,就为他们感到耻辱。

如果有阴谋分子，想钻我的空子，趁我身体不好的时候操纵皇位继承的大事，以求获得什么拥立之功，只要我一息尚存，就绝不会放过这种人！

最近有些大臣上奏请求册立储君，帮我分担国事，是怕我突然死了，国家陷入混乱。生死是人之常情，对于死我是不忌讳的，但是，天下大权终究还是应该握于一人之手。立储这样的大事，我是不会忘记的。而且，如果我把肩上担子放下，好好休息，一定能够增加不少年寿。我当了这么久的皇帝，该吃的都吃过，该见过的都见过，也没有什么不知足的，所谓"视弃天下犹敝屣，视富贵如泥沙也"。可是，我内心深处的愿望，还是希望有生之年天下太平无事。希望你们这些大小臣子，都能体谅我的苦衷。

在面谕的最后，玄烨说，这些话已经准备了十年，以后如果还有遗诏，无非也是这些话。这些都是"披肝露胆，罄尽五内"的心里话。这次说了，以后不会再说了。

六

来看看这份玄烨历经十年，提前为自己准备好的"遗诏"。

他向皇子、臣僚展示这份言辞恳切、富有个人感情色彩的"遗诏"，直接缘起，是回应大臣关于早日册立储君的劝谏。从"遗诏"本身的内容来看，有很多是直接沿袭了康熙四十七年（1708年）以来，玄烨在几度废立太子、应对诸子纷争的过程中，所陆续颁布

第五章　遗诏

的一系列谕旨。

例如，"遗诏"里说："朕何人斯，自秦汉以下，在位久者朕为之首。"在玄烨第二次废黜太子胤礽之后，他曾经在谕旨里说："览自秦汉以下、称帝者一百九十有三，享祚绵长无如朕之久者。"

又如，玄烨在"遗诏"里，不厌其烦地陈述自己殚精竭虑为天下谋幸福之不易，即所谓"孜孜汲汲，小心谨慎，夙夜不遑，未尝少懈。数十年来，殚心竭力有如一日"。这一番表白，此前出现不止一次，意思也大致相同。

康熙四十七年（1708年）九月，玄烨在第一次废黜胤礽的时候，说："兢兢业业，轸恤臣工，惠养百姓，惟以治安天下为务。"康熙五十一年（1712年）十月，他在二废胤礽时，又说了一遍："朝乾夕惕耗尽心血、竭蹶从事尚不能详尽。"可谓一脉相承，其来有自。

由此，完全可以将"遗诏"看作康熙四十七年（1708年）以来，玄烨心路历程的一个写照。从这个具有转折意义的年份算起，到"遗诏"公之于众的康熙五十六年（1717年），不多不少，正好是十个年头。

不过，如果只是这样来读"遗诏"，其实还是有点窄了。它其实不只是玄烨十年心路、十年困顿、十年挣扎的总结，在某种程度上，它是叱咤风云一世、逐渐走入黄昏的玄烨，对自己毕生功业、毕生所求的观照和回望。

玄烨在"遗诏"开头喊出的那一句"自古得天下之正，莫如我朝"，是康熙一朝提纲挈领的灵魂所在。

前面说过，作为建政第四位、入关第二位君主，玄烨几十年费尽心血，倾力打造这个花团锦簇的盛世，究其根本，是要为天生存在严重缺陷、手中沾满鲜血、心中被不安全感充盈的统治集团，积累足够的政治合法性；让所谓天命、正统得到足够的认同；使满洲集团以极少人数君临亿万生民的统治，能够长久维持。

玄烨劝农治河、开疆拓土、拉拢蒙古、尊孔讲经，将道统纳入君王治统，坚定守护满洲本色，都是为了这个核心目标。

在玄烨宏大而精密的工程中，对于储君的安排，也是其中重要一环。他部分采用了中原王朝源远流长的嫡长子继承制，早早册立储君，倾心培养太子；同时保留了满洲君主面对人才匮乏的实际情况，让诸子全面开花、各担大任的传统操作。

他要让太子受天下景仰，让皇子令万民心折，让大清不仅彰显制度优势，更彰显人才优势，证明大清实乃天命所归，正统所在，千秋万世不可改易。

可问题就偏偏出在储君这一环。

玄烨折中而成的半吊子嫡长子继承制，本身存在不可调和的内在矛盾，导致储君和君主两权相抗，太子和强悍的兄弟们纷争不已，加之父子各方的个性因素，玄烨在教育培养上的偏颇失当，终于导致"九王夺嫡"祸起萧墙，纷争一浪高过一浪，朝堂闹剧层出不穷。

帝国天命正统的一面大旗，政治合法性的一块基石，竟落得千疮百孔，沦为天下笑柄。

正是因为立储问题不只关乎立储本身，玄烨在这份因立储问题诱发的"遗诏"中，把论述焦点对准了更加宏大的政治合法性问题。

玄烨用尽全身气力反复论证：大清的政治合法性，并没有因为立储问题上的这一点点前进过程中的曲折，就出现根本性动摇，它

第五章 遗诏

仍是固如磐石，不容置疑。

具体地说，在"遗诏"第一部分，玄烨大讲开国创业的光辉历史，论证大清取得天下无比正当，是民心所向，也是天命所归。

为此，玄烨不惜对历史进行改头换面式的精心打扮。清军入关后的残酷镇压一概不提，只剩下"臣民相率来迎"，"承袭先烈，应天顺人，抚有区宇"。如果不这样打扮修饰，如何论证大清正统，远超汉、唐、宋、明呢？

在"遗诏"第二部分，玄烨大讲自己几十年来兢兢业业，论证大清真能为天下谋安宁，为百姓谋幸福。大清的统治者，德才兼备，大公无私。能够得到这种统治，既是天命，也是万民之福。

在"遗诏"第三部分，玄烨在绕了很多圈子、铺陈了很多宏大叙事之后，还是回到了最令人挠头的立储问题本身。

这部分所占的篇幅，在"遗诏"中是最长的，字里行间也有很多暮年玄烨的真情流露。遗憾的是，正如很多情感充沛的文字并不以逻辑严密见长，玄烨这一番絮絮叨叨的陈说，并未能自圆其说，更遑论弥补十年之失，对政治合法性裂缝完成修补，反倒将他在立储问题上的内心矛盾，淋漓尽致地暴露无遗。

玄烨一面说，生死人之常情，作为君主，要提前处理好储君安排这样的大事，要防止事起仓促，被坏人利用；一面又说，不应该在自己还健在时，就册立储君，分散君主的权力，破坏天下大权的统一。

他一面说，自己非常辛苦，永远没有休息的时候，如果能够退下来休养几年，一定能多活些日子；一面又说，自己不能就这么退下来，要看着有生之年，天下安宁，如此才算是得遂所愿。

至于玄烨拿来做反例的那些历史故事，梁武帝、隋文帝有主见，结果识人不明，被坏人蒙蔽，害死了自己；汉高祖、唐太宗没有主见，结果导致选择储君、安排政权交接的权柄，落到了别人手里。

左也不是，右也不是，那究竟应该如何做呢？仔细一想，似乎只有一个办法，可以在这层层叠叠的自相矛盾和左右为难之中，勉强杀出一条血路来。

那就是，在没有适当人选的时候，绝不轻易册立太子，避免看人不准，也避免形成又一个权力中心，破坏皇上集天下大权于一身的政治格局。至于什么时候立储，皇上自己说了算，没有义务向臣民解释和交代。即使皇上年纪大了，身体也不好，臣民也不要催——这不是你们的事，皇上自有安排。

这，不就是玄烨将立储难题一拖到死的路线方针吗？

于是，看似匪夷所思的拖延与逃避，反倒成了合情合理的必然。至于如何解决国本虚悬问题，如何安定天下人心，如何弥合政治合法性的裂缝，暂且就顾不上了。只好当这些问题不存在。

这是玄烨的悲哀，却也不光是他的。古代专制集权政体，尤其是那些先天不足比较明显的专制集权政体，其内在的薄弱，向来容易在政权交接环节暴露。

当然，对玄烨来说，问题还不止这一点。随着太阳走过天中，转头向下，进入黄昏时段，康熙盛世这袭华美锦袍之下，虱子正在一只接一只地跳出。

第六章 亏空

一

钱粮亏空，是康熙中晚期帝国行政与财政体制暴露出来的最大痼疾之一。正是在玄烨的治下，钱粮亏空是藏在盛世表皮下的隐疾，不断侵蚀清朝财政状况，滋生官场贪腐，黎民百姓苦不堪言，给后世留下莫大隐患。

何谓钱粮亏空，从字面意思上讲，是指从朝廷到各级官府，存储于仓库中的银两和粮食出现短缺，和账面上记载的数字对不上。类似于现代财务会计概念中的账实不符。

古今中外，由于制度不可能尽善尽美、监督不可能无微不至，贪污腐败这类的个人犯罪行为也不可能完全杜绝，这类亏空现象肯定是无法完全消灭的。但是，出现大规模的、普遍的甚至制度性的钱粮亏空，导致国家账目一片混乱，财政运行一团乱麻，形成巨大的政治和社会问题，这种情况并不多见。在清朝，它却是一个典型的全局性问题。

具体来说，清朝的国家性钱粮亏空，是在康熙年间逐渐形成的。它在康熙晚年，在老年玄烨一味宽纵、一团和气、但求表面相安无事的政治气氛中，达到第一个高峰，经过雍正即位后刚猛有力的纠治整顿有所好转。然而，它到乾隆时代特别是乾隆晚年再度抬头，至嘉庆、道光以后，终成不可收拾之势。

康熙时期的钱粮亏空问题，严重到了什么程度？按照雍正初年

第六章　亏空

的估计，从康熙十八年到五十三年（1679—1714年），各省累积的钱粮亏空数量，是白银八百万两、米谷一百九十万石。而从康熙五十四年到六十一年（1715—1722年），短短七年时间，亏空又累积了白银九百一十三万两，米谷二百二十四万石。全国基本是省省亏空，无一幸免。有的地方连续亏空二三十年，有的地方账面上该有的钱粮有一大半都是亏空，财政运行状况不良。

据估测，清朝各级官府、各级官仓的钱粮亏空数额加在一起，有三四千万两白银，与康熙年间国家一年的财政收入相当。另外，根据清朝户部档案，雍正元年（1723年）户部银库的实际存银数，也就是玄烨交给儿子胤禛的家底，是两千三百七十一万一千九百二十两，算起来尚不足以弥补各级官仓的亏空。这样看来，玄烨留给胤禛的遗产，其实是一笔负资产，是一个财政上的大窟窿。

制度性的钱粮亏空，危害不言而喻。本应严肃认真对待的国家账目，变成无人当真的数字游戏。白花花的银两，沉甸甸的粮食，有些从头到尾只在纸面存在，有些则在完全失控的状态下被各种挪用，拆东墙补西墙，有的甚至变成老爷大人的私房禁脔，变成官场上的迎来送往，酒桌上的珍馐佳肴，金屋里的扬州瘦马。

如此一来，要是有抗洪治水、救灾赈民这样的开支用度，或是皇帝又要征兵筹粮、开边拓土，又该怎么办呢？要么面对空空如也的仓房无所作为；要么绞尽脑汁辗转腾挪，在国法之外巧立名目盘剥加征，压榨盛世之下的百姓。朝廷法度、天朝尊严、官场风气，恐怕很难在这样的污浊泥潭中持续向好。

乾纲独断，精明强干，素来以不受蒙蔽、耳聪目明自况的玄烨，对钱粮亏空的泛滥程度和恶劣影响，绝不会毫无察觉。为何事情会弄成这个样子？

二

从帝国威严的法令和政策来看，如果钱粮出现亏空，即便是事急从权、挪作其他正当用途，相关官员也必须承担一定的责任，更不用说中饱私囊的贪腐行为了。可钱粮亏空就偏偏在帝国法度和一代雄主的眼皮底下愈演愈烈，乃至于不可收拾，到底其中有何蹊跷？

我们来看看，对于那些暴露出来的钱粮亏空大案要案，玄烨是如何查办的。

先看看康熙三十一年（1692年）的陕西"散给籽粒银案"。这桩案子发生在康熙中期，钱粮亏空尚未达到高峰。但它是现存历史档案中，玄烨亲自指派钦差大臣查办的第一桩钱粮亏空大案，所以具有一定的代表性。

在这一年，陕西省西安府、凤翔府一带，遭遇了严重的旱灾。为了解决赈灾的经费问题，经川陕总督佛伦请示朝廷，陕西一些州县开始实行捐纳，也就是说，允许符合条件的民人，向朝廷捐助钱粮，获得官职。所得钱粮则专款专用，用于救灾。

所谓捐纳，其实就是朝廷公然卖官鬻爵。很多朝代，都曾在财政捉襟见肘的时候，采取这个办法，缓解燃眉之急。但是，因为它对官僚选任的正常秩序破坏太大，且难免会导致买官之人上任之后变本加厉剥削百姓，所以朝廷一般来说都比较克制捐纳。

但在清朝，自康熙十四年（1675年）为筹措平定"三藩"之乱的军费首次开放捐纳官职之后，朝廷就仿佛上了瘾，一发而不可收拾，以赈济、军需、工程建设为名的各类捐纳层出不穷，甚至成为补给财源的主要途径之一。

捐纳所得的钱粮，如果能严格管理、规范使用，倒也罢了。可事实上，这个领域的制度相当粗糙，有效监督付之阙如，从来都是各种挪用、贪污的高发区。譬如陕西的这次赈灾捐纳，在当年十一月，佛伦就发现，很多州县在账册中报了捐纳获得的银两，但实际上只是一个空洞的数字，银子并未入库，更谈不上提取用来救济灾民了。

康熙三十二年（1693年），佛伦上奏，经查，西安府、凤翔府的二十九个州县卫，账面上的捐纳银两总数是二百七十一万两，已经上交省里一百零一万两，州县已经收到但尚未上交一百零八万两，差额是六十二万两，其中有六万两已经确认亏欠。

剩余的五十六万两飞到哪里去了？是州县各自填补了以前其他项目的历史亏欠，挪作了其他用途，还是上下分肥、中饱私囊？直到下一年调离陕西，佛伦都没说清楚。五年之后玄烨指派钦差大臣调查，同样没有说清楚。到几百年后的今天，它依然是个蹊跷的无头谜案。

一波未平，一波又起。这笔捐纳银两的分发使用环节，同样出现了问题。对于已经到位的捐纳银，佛伦拨出了五十三万两，发放陕西各受灾州县，用于次年耕种。这笔对于灾民恢复生计至关重要的银子，就叫作"籽粒银"。

康熙三十七年（1698年），咸阳县民张拱等人向玄烨告御状，检举揭发五年前分发"籽粒银"的过程中,时任陕西巡抚布喀等人,在其中贪污舞弊,侵吞了很多银两。

玄烨非常重视,指派刑部尚书傅拉塔、左都御史张鹏翮彻查此事,包括当年的捐纳银两短少事件。这是两位一品大员,也是康熙朝有名的清官、能员,但是,他们耗时数年反复调查,最后也就是查出了几个贪腐的州县官员。

以贪污罪名,判处一名知州、两名知县斩监候。他们的上级背了失察罪名,挨了点处分。问题究竟出在哪个环节,并没有查清楚。数十万两白银为何去向不明,真相也远未水落石出。

玄烨只是要求陕西的后任官员,将亏空的钱粮想办法慢慢补上,也就不再深究了。

三

再来看看影响更大,牵涉更广的"江南宜思恭亏空案"。

康熙时作为行政区划的江南,大体相当于今天的江苏、安徽、上海三省市,赋税相当于全国总税的三分之一,钱粮亏空问题也尤其严重。

康熙中后期,关于江南官员贪墨钱粮的检举揭发,始终不绝。根据举报,有些官员甚至将玄烨的历次南巡,作为敛财的机会,简直是在糟蹋皇上的清誉,给皇上的脸上抹黑。

玄烨终于忍无可忍了,康熙四十八年(1709年),他指派噶礼担任两江总督,前往江南任职。噶礼,董鄂氏,满洲正红旗人,

第六章 亏空

开国五大臣之一何和礼的四世孙。他的母亲是玄烨的乳母之一。此前，噶礼在山西奉命清理钱粮亏空，颇有成绩，得到了玄烨的看重和信任。

噶礼辞行前，玄烨亲自做了一番交代，说：安徽、江苏两个布政司，藩库亏欠的银两都超过百万两，目前一点都没有补。这些银子到底去哪里了？朕巡行南方的时候，都是自带干粮，由内务府置办一切用度，并没有要求地方上出钱接待，怎么能都算到朕头上呢？你去查清楚，到底是怎么回事。

在玄烨耳提面命下，噶礼一上任就马上开查。当年十一月，噶礼上书参劾江苏布政使宜思恭贪婪无度、亏空藩库。据他后来奏明，江苏藩库在宜思恭任内，出现的亏空高达四十六万一千两白银。

玄烨准奏，下令将宜思恭革职查办，同时将宜思恭的顶头上司江苏巡抚于准解职。他调苏州知府陈鹏年代理江苏布政使，调福建巡抚张伯行担任江苏巡抚，以便彻查到底。

噶礼查案越来越深入，牵涉的范围也越来越广。他指控巡抚于准是宜思恭的同伙，打着皇上南巡的旗号妄自征收钱粮，收到钱之后并不弥补以前的亏空，而是将大量银两侵吞。同时告发代理江苏布政使的陈鹏年，说他在苏州时协助巡抚于准滥用钱粮，在报销环节舞弊，与宜思恭等人一同分赃。

玄烨见案情越来越复杂，便又派出多次参与查办亏空案件的张鹏翮，命他以钦差身份前往查案。

很有意思的是，玄烨一边对张鹏翮当面表示，地方上虽然有不成器的官员趁机贪污，但未必有几十万两这么多，注意打击不要扩大化，避免误伤清官和好人；一边则在噶礼的奏折中批复，"你查这么深入彻底，要注意不要被坏人伤害，张鹏翮现在去审案，陈鹏年就是他的门生，你要谨慎，小心他们搞出什么事端"。

玄烨向两人传递的信息，完全自相矛盾，充分体现了他内心深处的纠结——又想彻查一番，抓出败坏自己名声、侵吞朝廷钱粮的罪魁祸首；又想息事宁人，维持一团和气的安定团结局面，免得大家脸上不好看。

结果，总督噶礼和钦差张鹏翮，各持一把尚方宝剑，龇牙咧嘴，斗得不可开交。

张鹏翮，还有被玄烨从福建调来的新任江苏巡抚张伯行，都被噶礼列入了参奏名单。噶礼指责道，张鹏翮在之前担任河道总督时期，也有纵容亲人、下属、门生侵吞银两的罪行，而且隐瞒不报，欺君罔上；张鹏翮保举的张伯行，在福建任内，也有收受礼金、参与分肥的问题。

案情越闹越大，牵扯其中的高官重臣越来越多，钱粮亏空案也不再是单纯的钱粮亏空案。满汉官员的矛盾，朝廷派系的争斗攻讦，各种因素纵横交织，局面变成了一团乱麻。

当时恰逢太子胤礽一次被废后再次册立，京师上空波谲云诡，"九王夺嫡"正处于一个微妙时期。远在江南的钱粮亏空案，也变成了宫闱争斗的一个隐秘战场。

钱粮亏空案的几个当事人中，噶礼与太子胤礽的往来密切而隐蔽。他曾偷偷收养罪人干泰，干泰是胤礽亲舅舅常泰之子，在索额图倒台时受牵连获罪。噶礼敢于顶着皇上震怒的风险，庇护获罪的太子亲戚，这交情不可谓不深。

而陈鹏年和太子胤礽则有一段公开的过节。康熙四十六年

第六章 亏空

（1707年），胤礽随玄烨南巡至江宁，因为嫌弃当时任江宁知府的陈鹏年行宫修缮得不够华美，竟要以大不敬罪名杀掉他。当时在玄烨面前为陈鹏年开脱的，是玄烨的发小，皇上的另一位乳母之子，江宁织造曹寅。

此外，玄烨第一次废黜胤礽时，历数他任性残暴、凌虐王公重臣的种种劣迹，其中有一项，是鞭笞殴打平郡王纳尔苏。纳尔苏不是别人，正是曹寅的大女婿。

正因为有了这些盘根错节的恩恩怨怨，噶礼在查办亏空案时，始终对陈鹏年猛冲猛打，穷追不舍，大有置之死地而后快的势头。

噶礼甚至把战火烧到曹寅身上。他向玄烨密奏，江宁织造曹寅和大舅兄苏州织造李煦，两人亏空库银达到骇人听闻的三百万两。结果，碰了一个大大的钉子。同样是乳母之子，玄烨对从小一起长大的曹寅，亲近与信任相比噶礼更深一层。他也明白这些亏空银两背后的关窍所在。在噶礼弹劾的奏章上，玄烨批道："皇太子、诸阿哥用曹寅、李煦等银甚多，朕知之甚悉，曹寅、李煦亦没办法。"

特意把皇太子点出来，这话，玄烨已然是说透了。而在曹寅、李煦这头，玄烨只是私下里温言提醒，让他们借助兼管两淮盐政这样的机会，尽早将亏空补上了事。

"江南宜思恭亏空案"搅和成这样，对于此时正被一群生龙活虎的皇子闹得焦头烂额，对于官场诸事秉承"不折腾、不闹大、不要丢体面"这一原则的玄烨来说，显然没法查下去，也不用查下去了。

最后，经过九卿会商，几轮反复权衡斟酌，在被卷入案的诸多官员中，仅有布政使宜思恭因收取钱粮时额外勒索、接受下属馈赠

- 155 -

的罪名，被判处绞监候，顶头上司巡抚于准因失察罪名被革职，其他各色人等一概不究，毫发无伤。

绞监候与绞立决相对，指被判处绞刑但不立即执行，等到秋审、朝审后，再由刑部会同大理寺奏报皇帝，由皇帝裁决是否执行。它有些类似于今天的死缓。在用刑宽仁的康熙一朝，很多被判处绞监候的犯人，最后都能留下一条命。

宜思恭也是如此，他不仅没有被绞死，反而在康熙五十一年（1712年）五月，反过来控告噶礼等数任两江总督和江苏巡抚，向他敲诈银两，这才导致出现亏空。令人百感交集，啼笑皆非。

玄烨又一次派出钦差专业户张鹏翮查办。经半年追查，宜思恭举报的前任两江总督阿山、江苏巡抚宋荦敲诈属实。

宽厚仁爱、不愿多生事端的玄烨又是大笔一挥，皇恩浩荡：两位老臣年事已高，宽免不问。

至于宜思恭反击并重拳爆锤的噶礼，张鹏翮根本没有认真调查，在文书中直接模糊过去了事。玄烨就更不会多问了。谁都不想弄出一个没完没了的死循环。

最后，太子二次被废，彻底倒台。噶礼也在声势更大的"江南科场案"中倒下。宜思恭则默默回到官场，在康熙五十七年（1718年），走上了广西巡抚这个级别更高的岗位。

至于当年偌大一个江苏，到底亏空了多少钱粮，钱粮去向何方，是因公挪作他用还是贪官中饱私囊，究竟如何赔补，何时能够补齐，仍是一笔烂账。

四

下面我们来深究一下，为什么钱粮亏空会在康熙中晚期，成为王朝盛世肌肤之下的毒瘤，而且呈愈演愈烈之势，不可遏制地侵蚀了帝国的财政体系与世道人心。

从制度的设计和变迁来说，此时出现这种状况，具有历史的必然性。这是扭曲的财政分配制度，发展到登峰造极程度的结果。

纵观整个中国古代历史，中央和地方之间的财政资源的分配协调，包括具体的财政收入分成比例，始终是一个引人注目的问题。它的走向取决于朝廷和地方官府的权力与责任分配，也受到双方力量此消彼长的博弈影响。

总的来说，中国古代历史发展的主流趋势，是中央集权不断增强。所以，财政收入分配比例的总体发展形势，是朝廷拿到的越来越多，而地方拿到的越来越少。

据研究者推算，汉代中央和地方的赋税收入比例，大体上是四比六，收入的大头留在地方州郡。唐代，比例变成五比五。宋代，比例在六比四到七比三之间，中央和地方之间的分配比例已经发生了逆转。

按照明清时期的财政制度，各地完成钱粮征收之后，一部分向朝廷户部上交，供中央调配使用，叫作"起运"；一部分存储于地方仓库，供地方支用，叫作"存留"。

除各地征收的田赋（土地税）、丁银（人头税）、杂项税之外，还有关税等，由中央直接征收。不过，因为田赋和丁银是其中的大头，所以这部分收入中的起运和存留比例，可以反映中央和地方之间的收入分配情况。

明弘治十五年（1502年）的档案显示，各地丁赋钱粮，起运户部部分，占比大概是三分之二，存留地方部分则是三分之一。在中央集权程度不断深化的同时，财政资源高度集中的态势已经形成。

清朝早期，钱粮起运和存留比例曾经出现过一个短暂的波动。顺治初年，中央和地方一度呈现各占一半的局面。但是，在朝廷频繁用兵、支出巨大的情况下，中央不断压缩地方存留比例，侵蚀地方财源。从顺治九年（1652年）开始，朝廷以各种名义命令地方将存留钱粮起运中央，地方存留日益吃紧。

玄烨即位之后，这种压缩地方存留的情况愈加严峻。康熙七年（1668年），据户部奏报，各省存银仅三百余万两，存留比例已下降到总额的13.1%。第二年中央再度上收存留，地方存银进一步减少至一百六十四万两，推算出的存留比例已不足7%。地方财力之薄弱，已恶化到空前绝后的程度。

各地战事逐渐平息之后，朝廷并未趁机充实地方财源。地方存留虽有所回升，但在康熙年间，比例始终被压制在20%的水平线下，仍属于历朝历代地方财力的最低水平。

玄烨治下，地方在绝大多数钱粮上解户部、财力极度匮乏的情况下，仍需承担浩繁的支出用项，包括官员俸禄、各级衙署办公的行政经费和公务开支、驿站经费、官学学生及科场经费、河工海塘费用、城郭房屋营造修缮费用、赈灾救荒费用，等等。连理论上应该由朝廷集中统筹的军费与战争费用，事实上也有不少会落到地方官府头上。

第六章 亏空

微薄紧张的财政资源，烦琐沉重的支出负担，平常年景应付过关已属不易，更不用说应对河道决口、水旱灾情、大战爆发这类突发情况了。

与此同时，朝廷在不断提高起运比例、压缩地方财力的情况下，并没有充分运用统筹平衡、转移支付这些手段，帮助地方调节几乎无可避免的收支失衡，反倒还在正常的支出项目之外，不断向地方摊派各种名目的临时性支出。

这种火上浇油的做法，在玄烨当政时期，因为频繁的用兵、工程兴建等，以及某些见不得人的支出用度，也发展到了登峰造极的地步。

例如，玄烨平定"三藩"的战争耗时八年，战火波及十几个省份，仅直接的战争费用，就超过了一亿两白银。其中相当一部分，被玄烨以筹措军饷、转运粮草、打造战具等不同名义，摊派到了地方头上。

地方官员普遍面临两难：如果以挪用或者亏空的方式，先把燃眉之急的军费筹集上缴，按照律例，会因亏空钱粮或者挪用公款的罪名受罚；但如果不这样，则是贻误军机的杀头大罪。两相权衡，绝大多数官员都会选择亏空钱粮。而亏空钱粮的官员多到一定程度，就会形成法不责众之势，更何况它本来就源于制度缺陷。

于是，仅仅是筹集平"三藩"军费这么一个原因，很多省份便陷入了长达数年甚至数十年的钱粮亏空，特别是湖南、湖北这样的主战场。康熙六十一年（1722年），玄烨发现"前荡平三逆，原任湖广布政使徐惺所用兵饷，至四十余年尚不能清完"，可见一斑。

康熙中期，玄烨数次征讨准噶尔，在开疆拓土、安定蒙古的同时,也带来了巨额战争开支。虽然相比平定"三藩",平准战事用兵规模较小,但战争主要发生在自然环境恶劣的西北边陲,负担军需粮草供给的又是陕西、甘肃等相对贫瘠的省份,同样造成了严重而旷日持久的钱粮亏空。以至于玄烨在康熙六十年(1721年)时做了这样的总结:"近见天下钱粮,各省皆有亏空,陕西尤甚。"

玄烨封狼居胥的盛世武功背后,是财政的满目疮痍。而财政的缺口,很大一部分直接砸在了弱不禁风的地方府库上。

除了这些之外,还有一些摊派的开支用项,是不太好说出口的。

作为一位爱惜羽毛的君主,玄烨曾口口声声反复强调,南巡费用由内务府支出,并不增加地方负担。但实际上,南巡途经各地因为整修河道、修筑行宫、接待保卫等,以报效等不同名义实际支出的费用,绝非一个小数目,其中很多成了钱粮亏空持续恶化的原因。

如雍正初年,闽浙总督觉罗满保在调查其前任梁鼐亏空案时,发现"梁鼐任内亏空银六万两,系圣祖仁皇帝南巡时所用"。玄烨自己在派人追查江苏布政使宜思恭亏空案时,甚至坦率对大臣承认,宜思恭亏空四十六万一千两白银,其中确有他数次南巡的影响,而"尔等皆知之而不敢言也"。

还有比皇帝出游耗费更甚者,也更加上不得台面的支用事项。

康熙四十四年到四十七年(1705—1708年),仅仅三年时间,太子胤礽就通过亲信内务府总管凌普,从江宁织造曹寅、苏州织造李煦那里"借"走了白银近九万两。他显然是不会还的。这些白花花的银子无法从织造署的正常账目中列支,只能是改头换面,变成亏空躺在账本上了事。

遥想当年,明朝万历皇帝为了增加内廷收入,派遣太监征收矿税，引发官民反抗，万历皇帝本人也被唾骂几百年难以翻身。相比之下，这种堂而皇之破坏财政体制，予取予求，满足私欲，不惜造成亏空的主子做派，更是等而下之。于是可知，哪怕是在看上去形势一片大好的康熙盛世，政治乃至于财政系统的运行，也早已被打下了"主子—家奴"体系的深深烙印。

地方财力薄弱，朝廷统筹缺位，摊派需索无度……多重制度性因素，在康熙时代同时达到高峰，如此一来，钱粮亏空愈演愈烈，也就成了必然。

五

具体来说，康熙年间，财权与财政资源高度集中于朝廷，省府州县财力薄弱，应付日常开支已是捉襟见肘，更不用说应对各种突发的战争、灾荒，或是朝廷、皇室各种名目的摊派加征。

按照朝廷法度，地方是无权加征正常赋税的，劝课农桑扩大税源又没那么快。地方官员的可选之路，其实就这几条：

一是放任钱粮亏空，如滚雪球一般不断累积。在财力紧张的情况下，如有紧急开支，只能通过挪用其他资金，或是预支未来钱粮的方式，先解燃眉之急。等到未来收入到位，再来逐步填补先前亏空的窟窿。但往往在钱粮入库之时，又有新的开支用项产生。所以只能把账面上的亏空继续往后滚雪球，直到皇帝大笔一挥全部勾销，或者雷霆大怒勒令大小官员自掏腰包退赔。对地方官员来说，即便事后退赔，也好于当时拿不出钱，贻误军机或是惹怒贵人。时间久了，就没人把亏空当一回事了。

二是报朝廷批准，放开捐纳。虽然短期内可以发挥一些效果，但这是饮鸩止渴，不能频繁操作。至于直接向商民借钱，所得不会太多，无济于事。

三是直接克扣、挪用官吏俸银。清初实行低薪政策，康熙年间一品大员年俸仅一百八十两白银，七品县令只有四十五两，相比以低俸著称的明朝更加微薄。但这是地方可以直接掌握的一笔费用，所以各地在财政压力巨大的情况下，普遍摊派、克扣官员俸禄和办公费用，或是将数年之后的官俸提前支取挪用。很多省份的大小地方官员，甚至常常连续几年无俸当官。人不可能不吃不喝，指望红顶子们高风亮节自带干粮，也不现实，吏治腐败、盘剥百姓几乎就成了必然。所以，这同样是一种饮鸩止渴。

就是在这种情况下，"火耗"在康熙一朝大肆蔓延。

"火耗"原指碎银熔铸成银锭时的损耗，后用来指征收钱粮时额外征收的一部分。面对财政吃紧，官员俸禄无着的情况，不用起运朝廷的"火耗"，成为地方赖以生存的重要财源。在朝廷的默许下，康熙后期各省征收的"火耗"，普遍达到了正常赋税的百分之三四十，有的地方甚至接近或者超过了正税。

"火耗"标准随意，缺乏制度规范和监督，给百姓带来了沉重负担，也给各级官吏任意加征、凌虐贪腐大开了方便之门。

州县官员通过征收"火耗"从民间攫取财富，再通过"年敬""冰敬""炭敬""别敬"等形形色色的"陋规"，在官僚阶层内部，按照权力大小、派系亲疏等，实现灰色财富的流动与分肥。国家性、制度性的腐败遂成洪水肆虐之势，社会风气更是无可挽救。

因为"奇葩"财政制度的存在,即使天下官员一尘不染,每个州县衙门的大堂上都坐着包青天,也无法从根本上消除钱粮亏空。更遑论钱粮亏空引发的连锁反应,财政秩序和账目收支混乱,捐纳"火耗"这些非正规手段在制度约束和监督之外大行其道,给贪腐滋生提供了无尽温床。

虽然玄烨在位期间,也曾大加褒扬于成龙、张伯行等清官廉吏,将其树立为人臣典范、道德楷模。但到他的晚年时代,官僚阶层的集体性腐败、普遍性腐败、制度性腐败已成燎原之势。"三年清知府,十万雪花银"的怪相,成为帝国官场的主旋律,历久不变,贯穿始终。

六

对于钱粮亏空背后的财政制度顽疾,玄烨的责任无可推卸,并不能用一句简单的"历史局限性"就搪塞过去。

首先,对于这种状况,他自己心知肚明,尤其是在晚年。康熙四十八年(1709年)十一月,他对大学士等重臣说:"朕听政日久,历事甚多,于各州县亏空之根源知之最悉。从前各省钱粮除地丁正项外,杂项不解京者甚多。自三逆变乱以后,军需浩繁,遂将一切存留款项尽数解部,其留地方者惟俸工等项必不可少之经费,又经数次裁减,为数甚少,此外则一丝一粒无不陆续解京,虽有尾欠,部中亦必令起解。州县有司无纤毫余剩可以动支,因而有挪移正项之事,此乃亏空之大根源也。"

你看看，"三藩"之乱后，地方存留除了俸禄等项目，几乎都被起运户部，地方毫无钱粮可以运用。对于问题的根源，玄烨可谓了然于胸。

康熙六十一年（1722年）十月，也就是在去世之前的一个月，玄烨对于钱粮亏空的制度性根源，做了一番更加深入细致的分析："近见天下钱粮，各省皆有亏空，陕西尤甚。其所以至此者，皆有根源。盖自用兵以来，大兵经行之处，督抚及地方官惟期过伊地方便可毕事，因资助马匹、盘费、衣服、食物甚多，仓促间无可设法，势必挪用库帑。及撤兵时，又给各兵丁马匹银两，即如自藏回来之将军以及兵丁沿途所得，反多于正项。是以各官费用动辄万金。人但知取用而已，此等银两出自何项，并无一人问及也。"

玄烨的分析多么清楚！在财力薄弱、府库空虚的情况下，地方官员面临紧急军费开支的燃眉之急，左支右绌，东挪西借，窘迫之态跃然纸上。亏空不断累积，财政全盘混乱，也就成为必然。

那么问题来了，对问题一清二楚，对症结了然于胸的玄烨，为何不动手解决？他只是对钱粮亏空的当事官员表示理解，宽纵了事，"历年钱粮奏效，朕悉宽缓"。他放任亏空雪球越滚越大，情有可原的亏空和借机敛财的贪腐夹杂不清，却不从根本上堵塞制度漏洞。他到底在想什么？

事实上，玄烨漫长的执政生涯中，至少出现了三次优化财政制度，从根本上解决问题的机会，但都被他浪费掉了。

第一次是康熙二十三年（1684年），"三藩"之乱已经平定，按理说，对于当初因为用兵而极度压缩地方存留的财政政策，正是一个调整的机会。但是，玄烨拒绝了调整，甚至对廷臣提出的对地

第六章　亏空

方存留、起运钱粮进行分门别类严格检查的建议都进行了驳回,更不用说对分配比例进行改革了。

第二次是康熙四十八年(1709年),君臣围绕各省钱粮亏空和财政体制问题展开讨论,玄烨进行了一番反思,说"恐内帑不足,故将外省钱粮尽收入户部"的体制,"以今观之,未为尽善"。当时户部存银已超过四千五百万两,而各省府州县财力疲弱不堪。

玄烨提出了增加外省存留的想法,他说:"天下财赋止有此数,在内既赢,则在外必绌。凡事须预为之备,若各省库中酌留帑银,似于地方有济。"

不过,在高屋建瓴、深思熟虑的陈述之外,他对大学士们另有一番交代:"此亦当于无事之时,从长商榷。"廷臣对皇上的真实想法心领神会,这一轮改革之议,又是无疾而终。

第三次则是从康熙五十六年(1717年)开始。这一年,玄烨交代大学士马齐,目前户部存银很多,地方则亏空严重,各省究竟存留多少钱粮,查明来奏。

六年之前的"从长商榷",总算又有了一点动静。但当时积弊已深,户部早已形成敦促地方有钱就上交的体制性惯例,存留和起运钱粮账目混杂不清。马齐等人查来查去,也没查出个所以然。

康熙五十八年(1719年),各省钱粮亏空形势更加恶化,而户部存银有增无减,有四千七百三十六万余两,达到了玄烨执政以来的顶峰。

康熙五十九年(1720年),玄烨命户部行文各地督抚,就"亏空之弊永远清理"的问题展开讨论,但讨论出来的措施,主要针对亏空暴露之后的退赔环节等,并未形成关于变更财政安排、充实地方财力的明确方案。

此时，玄烨已逐渐走近生命终点，肉体与精神日益衰颓。储君悬而未决，边陲战事胶着，水旱灾荒不断，暴动此起彼伏。玄烨在百事缠身、内外交困、心力交瘁的情况下，已经完全失去了大刀阔斧发动体制改革的心力。最后的改革机会就这样流失了。

几十年的时间里，他到底在想什么？

就这个问题，历来学者提出了很多观点。例如，有人认为，在错位的财政安排之下，地方官吏必须通过亏空、捐纳、"火耗"等非正常手段维持财政运转，而这些缺乏监督的"制度外"手段，给了他们贪污公款、压榨百姓的机会。他们一面为钱粮亏空喊冤叫屈，另一方面其实已经成为亏空的受益者。所以，他们是不愿意改革的，漏洞没有了，财源也就没有了。而玄烨本人，特别是晚年玄烨，缺乏这种和利益集团斗争的勇气。这种观点，是可以从晚年玄烨对于亏空官员甚至已经坐实贪污的腐败官员一味宽纵容忍，得到印证的。

也有人分析，从玄烨的个性来说，他的兴趣点与心思，更多放在大漠驰马、征战沙场、开疆拓土、满蒙联欢这些领域。虽然他在文治上也取得了不少成绩，但在复杂精密的制度建设、体制改革方面，表现相对一般，远不能和继任者胤禛相比。这个看法也很有见地。

不过，还有一个方面，历来关注者不多，但却是一个全新的观察角度，那就是从玄烨一生当国为政的基本点来考虑。说起来，钱粮亏空问题顽疾难解、财政分配弊端难除的背后，还有一个政治合法性的问题。

到王朝最后关头，大清还搞出了一个统治者核心圈子愈发狭窄的"皇族内阁"。这还是在统治了二百余年之后,就更不用说入关才第二代,"反清复明"旗帜仍此起彼伏的康熙年间了。

这种不安全感,在朝廷的很多政策上都有表现。

比如,满洲集团一方面高喊满汉一体口号,推行汉化,意在迅速改变落后状况,增强统治能力,消弭汉人反抗;另一方面又极力强调维持所谓"满洲本色",避免人丁稀少的八旗集团被汪洋大海一般的汉人彻底同化。

又比如,清初弊政之一的禁关东北,严禁汉人出关垦殖,在一定程度上,也是将东北作为八旗集团在中原难以立足之后的栖身之所。不少影视、文学作品,特别是武侠小说,会设计一个八旗将在关内抢掠的财宝运往关外埋藏的情节,如《鹿鼎记》。这样的设定,倒也不是全然无所凭据。而清朝灭亡之后,末代皇帝溥仪被日本侵略者当作幌子,建立伪满洲国,则是当初那个回归东北的逃离方案,在另一个时空的"借尸还魂"。

回头再来看玄烨对于财政分配体制的坚持,在弊端早已暴露的情况下仍然不愿意调整的顽固,就会明白,这其实也是统治集团内心不安全感的折射,而不单单是历朝历代中央集权不断强化的自然结果。中央对财政资源的集中、地方财力的单薄孱弱,达到亘古未有的顶峰,在一定程度上,这是因为绝对值得信任的"自己人"人数有限,没有办法实现对地方政府的全面渗透,唯有将尽量多的、占比尽量高的钱粮上收至中央,放在自己口袋里,由统治集团的核心圈层直接掌握,方可些许缓解内心深处的不安与惶恐。伴随着不断收束人、钱、事权,君权也在不断得到集中和加强。

除了拼命增加钱粮起运、压榨地方存留之外,玄烨还奠定了另外一套全新体制,就是让内务府包衣这群信任度最高的皇室家奴,凌驾于户部体系之上,渗透到全国各地,乃至于财税机制运行的各个关键环节。康熙二十四年（1685年）,玄烨将内务府官员桑格派往江苏浒墅关,皇室家奴开始直接发挥征税功能。康熙四十三年（1704年）起,内务府包衣曹寅和李煦先后担任苏州织造,管理两淮盐务,控制江南的重要财源。清朝最重要的财税收入来源,在田赋地丁之外,就要数盐课和关税,玄烨通过皇室家奴无孔不入的渗透,成功绕过正常的户部财政体系,直接掌握国家重要财源,这种做法达到了古代专制社会发展史上的一个高峰。

和戏台上几乎拥有无限权力、不受任何制约的皇帝形象不同,在中国古代的大多数时期,即便贵为九五之尊,直接从国家财政体系拿钱来用,也需要受到很多限制。朝廷和皇室两套财政体系之间的关系,在历朝历代都是个比较微妙的话题。

而玄烨开创的这一套体制,以皇室家奴侵夺财源的釜底抽薪之术,是以统治者熟悉的"主子—家奴"体系来代替必要的体制规则,对他们来说,政治合法性和安全感至关重要,这些逆潮流而为的代价,又算得了什么。

尤其需要注意的是"三藩"之乱前后这个时段。"三藩"之乱爆发后,清廷借筹措军费的机会,将起运中央的钱粮比例扩张到了极限。待到战事结束,财政分配本应恢复常态。但吴三桂等打出"反清复明"旗号,汉人群起响应的局面,激起了满洲统治集团的恐惧与不安,他们发现,凭借入关之初一系列武力手段建立起来的统治秩序,通过恩威并施勉力维持的合法性与认同感,远没有想象的那样牢固。

"三藩"之乱中，清朝赖以起家的八旗劲旅，多次暴露出腐化堕落、战力废弛的问题，甚至一触即溃、不堪一击。最后清廷苦战八年，倚重汉人将领统率的汉人绿营军队，才艰难取胜。这无疑进一步加剧了不安感。在这种情况下，要玄烨放弃对财政资源的集中掌握，无异于与虎谋皮。这才是改革机会三番五次被虚掷浪费的深层原因。

就这样，钱粮亏空成了屋子里的大象。即便地方财力薄弱带来无穷无尽的恶果，即便症结所在已是路人皆知，户部银库中那些朝廷可以一手掌握的银两，绝不会轻易动用；弊端丛生的财政分配体制，也绝不会轻易改弦更张。对玄烨来说，它们是维持统治的基石，也是自身统治亿万臣民的安全感所在。

七

钱粮亏空在康熙晚期泛滥成灾，不可收拾，和玄烨晚年对官员过度宽纵的为政风格，也存在直接关联。

这一时期玄烨的心态，基本上是多一事不如少一事，睁一只眼闭一只眼，不深究也不折腾，维持表面上安定团结、一团和气的政治局面最重要。

因为玄烨对导致财政亏空的制度性因素心知肚明，所以即使律例上写明，出现严重亏空要对责任官员进行惩处，在实际处理中，玄烨也是能松就松，能放就放。

官员年老，多病，此前名声尚好，没有功劳也有苦劳，都可以成为玄烨放他一马的理由。大多数情况下,只需要赔补,慢慢补上亏空的窟窿就行了。运气好的,赶上天恩浩荡,有可能都不用赔完补完。

康熙四十八年(1709年),玄烨在给大学士的上谕中明确指示:对于出现亏空的情况,如果是因公挪用,"今但责令赔偿足额,似乎可宽,不必深究。凡事不可深究者极多……总之定例所在,有犯必惩。其中细微,不必深究。诸事大抵如此"。

颠过来倒过去看,就是"不必深究"四个字。具体办事的官员想,皇上都说了"不必深究",自己又何必穷追不舍,额外生出事端呢?

前面说过,哪怕是江南宜思恭亏空案这种亏空金额巨大、牵涉甚多、朝野关注的大案要案,无论钦差张鹏翮奉旨彻查,还是六部九卿会商定罪,都是"不必深究"、不甚了了,就不用说其他那些小案子小问题了,多半也就是一个"罚酒三杯"的罪过。

对于这个"不必深究"的最高指示,官员群体肯定是衷心感恩,竭诚拥护,这对于安定团结政治局面的维持,必然裨益良多。

康熙五十三年(1714年),湖南巡抚潘宗洛在任前向皇上辞行,玄烨对此做了一番交代,再次强调了"不必深究"。他说:"今天下太平无事,以不生事为贵,兴一利即生一弊,古人云多事不如少事,职此事也。驭下宜宽,宽则得众。为大吏者,若偏执己见,过于苛求,则下属何以克当?"

圣意如此,各级大小官员,怎能不心领神会呢?

康熙晚期,除了制度性因素、不得已而为之的因公挪用之外,各地钱粮亏空的窟窿里面,也夹杂着数不胜数的借机敛财、贪

第六章 亏空

污腐败。

玄烨对此绝不可能一无所知,但他仍然采取一种不愿深究、宽厚仁慈的态度,基本不会深究彻查。

甚至于,对于那些贪腐数额清晰、罪责无可推卸的案子,他都很少重拳纠治,反倒是一味宽免,法内从轻,法外开恩,让很多胆大妄为的贪腐之辈逍遥法外。

除了前面介绍的几个钱粮亏空大案之外,还有康熙四十二年(1703年)"山东散赈亏空案",康熙四十三年(1704年)"通州仓粮监守自盗案",康熙四十八年(1709年)"四川提督岳昇龙亏空案",康熙六十年(1721年)"陕甘总督鄂海亏空案""甘肃散赈亏空案"等连续案发。

在调查这些亏空案的过程中,大多查出了官员巧立名目、中饱私囊的贪腐行为。若严格执行律例,按照贪赃处置,这些官员难逃严惩,但玄烨却是重罪轻惩,甚至宽免不问,不予追究。

以康熙四十八年(1709年)的四川提督岳昇龙亏空案为例。这一年十二月,四川巡抚年羹尧到任视事,盘查布政司藩库,发现亏空达到了近四万两。经查档发现,乃是四川提督岳昇龙,在康熙四十一年至四十八年(1702—1709年)之间,以各种名目陆续领走。年羹尧继续追查,岳昇龙对款项去向支支吾吾,前言不搭后语,显然是侵吞公款、中饱私囊,依法应该严惩。

但是,作为玄烨非常看重的政治新星,年羹尧对皇上"不必深究"的指示,认识理解相当到位,加上他存有私心,着意笼络武将,岳昇龙恰好又出身将门世家,在四川、陕西、甘肃等地带兵多年,兄弟子侄多在军中任职。其子岳钟琪日后还成为年羹尧的副将。

种种考虑之下，对于判处死刑亦不冤枉的贪污犯岳昇龙，年羹尧提出了一个今天看来无比荒唐的处理意见：

岳昇龙效力朝廷多年，又是退休老臣，就别追究了。按理说这个亏空他应该补上，但过了这么多年，他套出来的银子早花光了，如果要让他变卖家产赔钱，"惟觉苦难"，并不是太厚道。所以，让他赔五千两就好了。剩下的部分，由四川驻军各级军官"捐"出俸银代为赔补，如果不够，我亲率文官捐俸银补上。

这个处理意见，对于罪行无可抵赖的贪污犯，不仅没有惩罚，连赔补都只需要赔一小部分，可谓匪夷所思。而宽厚爱人、体恤官员的玄烨对此竟全盘接受，大加赞赏。他在年羹尧请旨的奏折上大笔朱批："照尔所奏，完结甚妥。"

真是一个皆大欢喜的"完美结局"。

玄烨这样一味宽纵，息事宁人，"难得糊涂，关怀体恤"，对官场风气有何影响，不问可知。在封建专制集权政体之下，君主对官僚集团的过度宽厚纵容，往往会变成国家和百姓的灾难。大小官员在贪污国帑、盘剥百姓方面再无忌惮。

玄烨晚年，在一片令人头晕目眩的盛世赞歌声中，国家纲纪废弛，吏治腐败丛生，官场风气败坏，百姓破产流亡。从康熙四十四年（1705年）开始，云南李天极、朱六非，贵州黄柱汉，浙江张念一，福建陈五显，台湾朱一贵等相继发动起义，盛世呈现无法遮掩的破败之象。

尤其讽刺的是，玄烨晚年曾经亲自选树过几位认真贯彻落实他的指示，不深究、不生事的"模范官员"。康熙五十四年（1715年）十一月，他说："山西巡抚苏克济，直隶巡抚赵弘燮，山东巡抚蒋陈锡，历任俱久，未闻清名，亦无贪迹，而地方安静，年岁丰稔，此等便是好官。"而雍正即位之后，这三位"好官"在清理亏空的反贪风波中全数落马，无一幸免。

究其根本，玄烨晚年对官僚群体过度宽纵，除他长期深陷"九王夺嫡"的皇室争斗，气血两衰，身心俱疲，务求终老，诸事不愿深究，以维持局面为本的因素之外，还和他对正统的维护、对政治合法性的追求颇有关联。

对于须发皆白的暮年皇帝来说，在太子复废、诸子争储、储君虚悬给帝国运行带来严重隐患的情况下，维护安定团结的局面，保持官僚集团的稳定，粉饰"体系运转良好"，掩盖官场腐败的风气，成为他执政的最后一段时间里，所不能放弃的政治追求。

为宽厚仁爱声名所累，被政治合法性追求所绑架的玄烨，已无其他道路可选。

八

康熙晚期愈演愈烈的钱粮亏空，是帝国的弊政，是盛世的污点，是玄烨留给后继之君的负面财政与政治遗产。非常吊诡的是，它又是康熙一项惠民美政的表现。两者如影随形，密不可分。这便是长期以来一直为人所称道的赋税蠲免。

蠲免是指国家免除民众应当缴纳的田赋、丁税等税收项目，以减轻民众负担。先秦以降，历朝历代经常为休养生息、赈灾济民、劝课农桑，在一定时期、一定区域内实施赋税蠲免，以养护民力，缓和社会矛盾，促进经济发展。而经常性的赋税蠲免，在清朝康熙年间达到了高峰，甚至形成了非常具有特色的赋税普免制度，成为康熙盛世的一个亮点。

玄烨即位之初，因为长期战争破坏，社会经济凋敝，人民生活困苦，他很早就重视采取蠲免政策休养民力。对玄烨来说，这也是他从明朝末年滥加赋税，导致民变蜂起乃至明朝灭亡中得到的历史教训。此外，这和玄烨比较重视民生疾苦有关，在一定程度上折射出他天性中善良的一面。

康熙前期，玄烨施行的赋税蠲免政策，主要包括针对受灾地区的赈灾蠲免，针对长期积欠难以征缴钱粮的逋欠蠲免，针对战祸波及地区的战争蠲免，针对皇室巡游经过地区的巡幸蠲免等，基本属于局部性政策。

"三藩"之乱平定以后，在国内局势基本安定、中央财政状况逐步稳定的情况下，玄烨开始筹划范围更广、惠及民众更多的大规模普遍性蠲免。

经过与大臣讨论斟酌，从康熙二十五年（1686年）开始，玄烨从直隶八府起步，在三年时间内，陆续蠲免了河南、湖北、江苏、安徽、山东、湖南、福建、四川、贵州、陕西等省的全部钱粮，基本上完成了"布惠一周"的计划。

自此开始，惠及一省甚至数省范围的大规模普遍性蠲免成为定制，几乎年年皆有。康熙五十年（1711年），玄烨又一次施行了在全国范围内分三年"通免一周"的政策。"三年一周"的全国性普免由此成为定制。

康熙五十一年（1712年）十二月，玄烨宣布了一项划时代的政策，规定以前一年的人丁数量为准，此后"滋生人丁，永不加赋"。也就是说，他将面向全国人丁征收的人头税，固定在康熙五十年（1711年）的水平上，此后人口增加，不再增收此项税赋。

根据康熙五十年（1711年）有关官员做出的统计，自康熙元年（1662年）开始，各类赋税蠲免，所免除的应征钱粮超一亿两白银。这大大减轻了民众负担，对于推动经济发展、促进人口和耕地增加、缓和社会矛盾，发挥了积极作用。玄烨推行的这一政策，是造就盛世局面的重要动力，也是盛世的重要标志，具有相当的历史功绩。

但是，清朝直到灭亡还在鼓吹标榜的赋税蠲免与"永不加赋"，也有局限性的一面。

很多时候，蠲免只是对赋税长期积欠客观状况的认可与承认，即使不蠲免，这部分钱粮其实也是收不上来的，所以只是惠而不费而已。更重要的是，玄烨反复推行大规模赋税蠲免，实际上进一步加剧了地方财政的紧张状态，使财政秩序更加混乱，钱粮亏空积重难返。

某种意义上，作为善政的赋税蠲免，作为弊政的钱粮积欠，还真是同一个硬币的两面。

我们稍作分析，就能发现症结所在。

赋税蠲免、永不加赋的结果，是应当征收的田赋和丁税减少，甚至消失。这意味着，起运中央的部分，留存地方的部分，一起都消失了。

从比例和绝对金额来看，起运中央的部分减少更多。但是，中央有财政政策在手，有关税、盐课等其他直接掌控的财政资源，有户部的充足存银打底，还有在不同区域进行灵活调节的空间。

某一年湖广蠲免，中央可以从江南、从西北获得财政补充。可湖广的地方官员，就完全无计可施了。本已局促无比的财源将会完全枯竭，钱粮亏空必然雪上加霜。

实际上，玄烨每在一个地方进行赋税蠲免，往往会马上引起当地钱粮亏空的全面恶化。康熙末年，陕西等省成为全国钱粮亏空最为严重的地区，和玄烨在这些省份多次推行赋税蠲免是密不可分的。这就是善政的代价。

回到康熙四十八年（1709 年）十一月十四日，玄烨准备实行全国性大规模普免决策的那一天。

当时，玄烨正处于"九王夺嫡"白热化的焦灼之中，太子胤礽被废，大阿哥胤禔被囚，八阿哥胤禩党羽满朝、气焰嚣张，朝堂之上反复上演荒诞闹剧。

玄烨希望通过这样的大规模仁政，收获天下臣民山呼海啸的感恩戴德，宽慰自己伤痕累累的心灵。因此，他一开始提出的，是一个旷古未有的方案：在康熙五十年一年之内，普免天下钱粮。

负责财政的户部尚书希福纳急了，他给正豪气干云的玄烨，啪啪啪打了一通算盘。

他说，每年全国的钱粮，除了存留各省之外，起运中央的部分，差不多是一千三百万两。然后京城王公贵人官员的薪俸用度，一年就要九百万两有余。如果天下全免，恐怕国家的财政收支会出现问题。

希福纳没有说出口的是，一品大员虽然年俸只有一百八十两，但亲王一年的俸银可是一万两，另加禄米一万斛，龙子龙孙就更不用说了。

第六章 亏空

这还是相对宽裕的中央财政。如果全国一次性全免,地方财政不知道会崩塌成什么样子。这不用他提醒玄烨。仅仅四天之前,玄烨刚刚召集过大臣,在朝堂之上讨论关于增加地方留存比例、缓解地方财力枯竭状态的问题。而玄烨最后的指示,是"从长商榷"。

最后,在希福纳和其他官员的坚持下,玄烨勉强收回最初的想法,但全国性大规模普免的仁政还是必须推行,只不过,从一年之内全免,变成了三年之内各省轮免。

这件事,非常能够反映玄烨的内心想法。说到底,又回到了他的一生所求。为了努力彰显、标榜和维持脆弱的政治合法性,全国蠲免、永不加赋,这样惊天动地的仁政必不可少。在玄烨晚年,在雄主圣君不复当年神采、盛世成色有所褪色、大清正统天命也出现裂缝的情况下,尤其必不可少。

至于事情的另一面,钱粮亏空无以复加,财政秩序一团乱麻,贪污腐败肆无忌惮,官场风气堕落腐化,乃至于民生困苦,国运动摇,好像都成了可以暂且忽略不计的代价。

这里面还有一点特别"鸡贼"。

对玄烨来说,赋税蠲免的欢呼属于他,而蠲免背后的钱粮亏空恶化、地方财力衰竭、贪腐横行不羁,在玄烨看来,似乎只会引发民众对具体官员的愤恨,对仁君美名和帝国正统并无实际损害。

这也是玄烨对脱离监督的"火耗"危害了然于心,对官员滥征"火耗"默许纵容,却迟迟不愿意将其纳入国家正常财政税收体系的深层原因。如果真这么干了,民众对"火耗"负担怨声载道,矛头所向,就会从不法官员,转向帝国体制,转向他自己了。

此事断不可行。

康熙五十三年（1714年），礼部颁布法令，将《水浒传》列为"淫词小说"予以禁毁。《水浒传》中的"逼上梁山""官逼民反"等，对于始终存在强烈不安情绪的统治者来说，自然是绝对不能接受的。

不过，单就玄烨本人而言，《水浒传》里面"反贪官不反皇帝"的境界，说不定颇能引发他心有戚戚的共鸣。

清朝末年，革命家章太炎在著名的《讨满洲檄》中，对玄烨的这种"鸡贼"与虚伪，做了一番毫不留情的鞭挞："诡言仁政，永不加赋，乃悉收州县耗羡，以为己有，而令州县恣取平馀。其余厘金、夫马、杂税之属，岁有增加。"

他对玄烨的评价是"外窃仁声，内为饕餮"。

考虑到当时的宣传需要，太炎先生的遣词用句颇为严厉，但并非毫无根据。

如果我们不拘泥于对历史人物做道德评判或价值判断，而是从更加广阔的大历史角度，来看康熙中晚期的钱粮亏空问题，看玄烨对这个问题的态度，便会发现——

钱粮亏空的登峰造极，以及它带来的一系列恶果——财政混乱、贪腐横行、风气败坏、民生困苦，还有容易被人所忽略的地方财力薄弱导致的公共服务缺失，不仅成为玄烨后继者的负面遗产，还在很大程度上扭曲了此后的历史走向。它削弱了中国在穿越18世纪进入全球性竞争时，本应拥有的力量。

而这一切，包括玄烨在此过程中的种种糟糕表现，均和他毕生坚持的政治合法性追求息息相关。

也许可以不纠结谁是坏人，但应该明白，这是悲剧。

第七章 戎马

一

康熙五十四年（1715年）三月，哈密城郊野，准噶尔披甲重骑的铁色寒光突然闪现。

此次战事规模不大，这支准噶尔部队仅有数百人马，与驻守哈密的清军部队稍有接触，在肃州方向清军援兵到来之前，便已遁去无踪，双方死伤加起来不过数十人。

不过，这一事件亦不可等闲视之，它意味着双方二十年相安无事的状况被打破。帝国边陲，万里朔漠，又一次烽烟滚滚。

准噶尔部入寇的警讯，顺着帝国在漠北建立的驿路军台系统，在四月抵达京师。

玄烨闻讯，心情颇有些复杂。

一方面，帝国储君虚悬，皇子争斗不休，内忧外患丛生，各地钱粮亏空尤甚，此时再动刀兵，可谓忙中添乱，雪上加霜。尤其是与准噶尔在遥远的边陲之地作战，万里转运粮秣，代价巨大，财政体系运行看似良好，实际上到底能否支撑战事，玄烨心中并无底气。

要知道，此前讨伐准噶尔，负责筹措后勤物资的陕西、甘肃诸省，近二十年都没完全缓过来。

另一方面，弓马骑射，赫赫武功，本是满洲立身之本。然而当下，盛世声威稍逊，八旗劲旅废弛，君臣皆不似昔年精悍有神。若能耀兵绝域，封狼居胥，再开疆土，必将有利于弘扬帝国之威，巩

第七章 戎马

固天朝正统。

更何况，相比错综复杂的内廷斗争、精微烦琐的制度建设，玄烨更擅长，也更愿意做的，还是纵马奔腾、沙场鏖战。想到当年与准噶尔几番血战的往事，玄烨仿佛看到无边旷野，万马奔腾，那个曾经雄姿英发的自己正全身披挂，一骑当先。

玄烨苍老而沉重的身体，仿佛变得轻盈了不少。

清帝国与蒙古准噶尔部数十年生死搏杀，不仅事关玄烨的一生名节，它还贯穿清代前期连续数代君主的政治与军事生涯，甚至对亚欧大陆东部整个18世纪的地缘格局与历史演进，造成了巨大而深刻的影响。

就地缘政治的维度看，从北冰洋到印度洋，从大兴安岭到伏尔加河，众多政权部落，雄主名将，均被这浩浩荡荡的历史洪流所裹挟。今天，中国西部的疆界走向，中亚诸国的民族结构，依旧留有这个重大事件打下的烙印。

从历史演进的维度看，这也是中原封建帝国与草原游牧政权千百年血斗的最后一战。从秦汉边关的单于响箭，到晋末北方游牧民族内迁，到阴山雪夜的唐旗猎猎，一代天骄的铁蹄声声，再到大明九边的硝烟烽火，土木堡外的白骨森森，至此方有了局。

在这场最后的搏杀中，代表草原游牧政权的一方，是漠西蒙古厄鲁特四部中的准噶尔，他们是从草原千百年混战中杀出的最后强者，足以代表莽莽朔漠一代天骄的最后荣光。

代表中原封建帝国的一方，则是同样具有少数民族血统、从东北边陲渔猎部落起家，但已入主中原的满州集团。

他们脱胎于关外，却无比期待以中原之主的身份，接过汉唐宋明的接力棒，击败来自远方的异族，让自己在关内的统治秩序变得名正言顺，无可置疑。

二

我们来回望一下，这场殊死决斗的前世今生。

明朝建立之后，蒙古人被朱元璋逐出中原。回到草原的蒙古诸部反复混战，分分合合，在明朝中后期，逐渐形成了漠南蒙古、漠北蒙古、漠西蒙古三大集群。

其中，漠南蒙古指游牧于大漠戈壁以南的蒙古各部，包括大家耳熟能详的科尔沁、察哈尔等部。由于漠南蒙古的牧地和建州女真相邻，玄烨的先祖入关之前已通过数十年的征战和联姻收服了漠南蒙古。

清崇德元年（明崇祯九年，1636年）四月十一日，皇太极正式定国号为清。簇拥他在盛京登上帝位的，除了满洲贵族、汉军降人，便是来自漠南蒙古16部的大小贵族。

他们是满洲君临华夏的核心盟友，是帝国统治的基石。抚养玄烨成人的祖母布木布泰、嫡母阿拉坦琪琪格，均出身于漠南蒙古科尔沁部的博尔济吉特氏。

漠北蒙古又称喀尔喀蒙古，牧地从东北的额尔古纳河，一直延伸到西北的阿尔泰山，和今天的蒙古国大体重合。漠北蒙古从东到西，可分为车臣汗部、土谢图汗部和札萨克图汗部，三部互不统属。

清朝建立后，漠北蒙古各部曾先后遣使入贡。清崇德三年（明崇祯十一年，1638年），喀尔喀三部向皇太极呈表称臣，献上"九白之贡"，即每年进贡白马八匹、白骆驼一头，和清朝形成了宗藩关系。

不过，漠北蒙古的独立性远强于漠南蒙古，他们并不甘心被直接纳入大清帝国治下，有时甚至会站在帝国的对立面。

顺治三年（1646年），漠北蒙古贵族联兵反清，豫亲王多铎领兵镇压，击败了联军，漠北蒙古认罪服输，"九白之贡"恢复。

但是，直到康熙初年，漠北蒙古和帝国之间的关系，仍是若即若离。一般情况下，帝国作为宗主国，不会直接干涉漠北蒙古的事务，也不主动介入漠北三部之间异常复杂的内部纷争。

漠西蒙古又称厄鲁特蒙古或卫拉特蒙古，无论在地域上，还是在情感上，他们和帝国中枢的距离都更加遥远。

漠西蒙古分为准噶尔、和硕特、土尔扈特、杜尔伯特四大部，以及依附于杜尔伯特的辉特部。他们在明朝有个更加显赫的名字——瓦剌，曾在"狠人"也先的带领下，于土木堡击败五十万明军，俘获明英宗朱祁镇，一直打到北京城下。

后来瓦剌被鞑靼压制，不断西迁，到明清易代之时，他们的牧地已远在阿尔泰山以西，核心区域是天山以北到额尔齐斯河流域，也就是今天的新疆北部和中亚一带。

在漠西蒙古诸部的内部纷争中，准噶尔部逐渐崭露头角，成为天山脚下最为强大的势力。和硕特部则向东、向南发展，远征青海、西藏，建立和硕特汗国。另有一部分土尔扈特部众走得更远，他们一路向西，一直迁徙到伏尔加河下游，建立了土尔扈特汗国。

康熙九年（1670年），在玄烨擒拿鳌拜、亲政掌权的第二年，也先的九世孙，二十六岁的噶尔丹成为准噶尔部首领。玄烨的半生之敌，正式登上历史舞台。

如果按照传统的中原王朝叙事本位，和玄烨争斗不已、至死方休的噶尔丹，无疑是破坏统一团结的人。

回到本族群视角，噶尔丹堪称不世出的雄主。他不仅将准噶尔部推到了亚欧大陆民族舞台的中心，也在世界即将进入全新纪元之前，演奏了草原游牧政权的一曲绝唱。

噶尔丹这个名字源自藏语"甘丹"，意为"兜率天"，是释迦牟尼和弥勒讲说佛法之处，这和他幼年被送至藏地学习格鲁派佛法的经历有关，他被认定为温萨活佛之转世。蒙古诸部笃信格鲁派，这个身份为噶尔丹凝聚部众、赢得支持，带来了不少便利。

从1670年主政开始，噶尔丹用了八年时间，基本统一了天山以北的厄鲁特诸部落。

康熙十七年（1678年）冬天，噶尔丹从五世达赖处获得"丹津博硕克图汗"称号，准噶尔汗国正式成型。

噶尔丹将准噶尔汗国的统治中心，从旧贵族林立的和布克赛尔迁到伊犁河谷。他加强集权，重划行政单位，削弱旧贵族权力，奖励农业生产和商业贸易。汗国国力蒸蒸日上。

他大量购买枪炮，逐步掌握火器和火药生产技术，打造了一支兼有冲击重骑、弓箭轻骑、火绳枪和轻型炮兵的强大军队，并在连年征战中学会了步兵与骑兵、冷兵器与火器的协同战术，他的军队成为当时整个亚欧大陆腹地草原最为强劲的一支力量。

噶尔丹的雄心，并非仅仅局限于漠西厄鲁特诸部的统一和整合。从康熙十八年（1679年）起，他开始率领厄鲁特人东征西讨。

第七章　戎马

他很快控制边疆通往河西走廊的门户要地——吐鲁番和哈密。

康熙十九年（1680年），在玄烨平定"三藩"之乱的军事行动即将艰难取得胜利的时候，噶尔丹翻越天山，攻灭了成吉思汗次子察合台后人建立、占据南疆一百余年的叶尔羌汗国。从天山到昆仑山的广袤土地，被纳入了准噶尔汗国版图。

康熙二十二年（1683年），在玄烨的水师向东渡过波涛汹涌的海峡，成功收复台湾的同一年，噶尔丹的兵锋向西席卷中亚，击败哈萨克汗国，控制了塔什干、撒马尔罕、布哈拉等富庶的中亚商业城市。

到康熙二十五年（1686年）的时候，亚欧大陆东端的清帝国正在从长年战火中恢复，田土得到开垦，荒颓已久的城市与乡村开始重现生机。

与此同时，大陆腹地的准噶尔汗国仍在不断扩张。从敦煌的鸣沙山，到天山南北、伊犁河谷，再到中亚的费尔干纳盆地，均已纳入噶尔丹的旗帜之下。一个隐隐约约与清帝国、俄罗斯帝国形成鼎足之势的新兴强权，正在迅速崛起。

这一时期，准噶尔和清朝之间，至少在表面上还保持一团和气的关系，噶尔丹连年向清廷遣使通好，寻求贸易机会。清廷也大体采取了以优待和怀柔为主的政策。

不过，在关键问题上，玄烨对噶尔丹一直怀有戒心。其中具有标志性的事件，是康熙十七年（1678年），噶尔丹登上"丹津博硕克图汗"之位的时候，他曾向清廷派遣使者，要求清廷予以承认并授予汗印。此举遭到了玄烨断然拒绝。

如果答应噶尔丹的要求，对玄烨来说，好像并不用花什么真金

- 185 -

白银就可以笼络和安抚一个遥远的强权,至少可以在"三藩"之乱并未结束、尚无余力经略西陲的情况下,发挥一点缓兵之计的作用。

玄烨为何拒绝得如此干脆?这是因为,是否承认噶尔丹的汗号,对玄烨来说,并不是一个简单的名义之争,而是对帝国法统至关重要的原则问题。

在玄烨设计的政治合法性体系中,满蒙同盟是重要基础,也是统治集团的核心圈层。

如何维护满蒙同盟呢?

一方面是通过长期的软硬兼施、恩威并用,采用战争、联姻、赏赐、贸易、会盟等各种手段,将亲疏程度各异的各个蒙古部落,逐步纳入以满人为核心的统治集团。

另一方面则是对蒙古始终保持戒心,采取分而治之策略,将蒙古各部划分为大大小小的盟旗,避免蒙古人形成统一的政治与军事力量,类似于西汉为削弱诸侯王势力而采用"众建诸侯而少其力"策略。

这种情况下,清朝最不能容忍的一种情况,是草原上出现一位雄主,统一全部或者大部分蒙古部落,重现当年也先、俺答汗,甚至成吉思汗的统治盛况。因为这对满洲将蒙古切细掰碎,一点点纳入统治圈层的策略而言,无疑是釜底抽薪,足以撼动帝国的安全性根基。

当年,努尔哈赤曾获得漠南蒙古科尔沁部授予"昆都仑汗"尊号。清崇德元年(1636年),皇太极定号称帝时,也接受了漠南蒙古各部奉上的尊号"博格达彻辰汗"。

从皇太极开始,每一任清朝皇帝都会获得一个汗号,如玄烨

第七章 戎马

的"恩赫阿木古朗汗"或"阿木古朗汗"。这代表他们有资格统治蒙古诸部,在满洲君主、中原皇帝的皇冠之外,还有全蒙古大汗的身份。

而这样的权力架构,绝不允许再出现一位能分庭抗礼的蒙古大汗。

在玄烨看来,当时的噶尔丹已经统一天山北路的厄鲁特各部,力量逐年强大,气势咄咄逼人,隐隐约约已经有了些其先祖也先的气势,俨然正在往全蒙古大汗的方向狂奔。

此时此刻,绝不能对他再给予名分上的认可,尤其不能承认噶尔丹的汗号,因为这样只会让他在蒙古各部落中变得更有威势,甚至成为蒙古人众望所归的又一草原共主。

玄烨深知,虽然此时清帝国深陷"三藩"战事,并无余力在遥远的西陲用兵,与噶尔丹决一高下,但至少应当尽可能拖慢准噶尔人实力和威望不断增长的进度。

否则,帝国面临的将不仅仅是边境疆土的丢失,更是满蒙同盟这一统治基石的土崩瓦解,面对汉人时,自身武力和政治合法性将被极大削弱。到时候,满洲八旗集团是否还能在中原立足,也将是未知之数。

就这样,准噶尔汗国和清帝国在这种大体相安无事但彼此深深忌惮的状态下,维持了十余年和平。

时光推移,准噶尔愈发强大,而清朝也结束了"三藩"战事,国力逐渐恢复。如同宿命一般,双方都将目光投向了与准噶尔毗邻的漠北喀尔喀蒙古。

对噶尔丹来说,拿下喀尔喀蒙古,是自己成为蒙古各部落共主、重铸成吉思汗时代辉煌，必须走出的一步。

对玄烨来说，与帝国仅仅具有松散宗藩关系的喀尔喀蒙古，必须更加紧密地融入帝国政治体系，如此才能巩固满蒙同盟，维护帝国的秩序。

矛盾不可调和。

就这样，两个臻于极盛的庞然巨兽，在各自英主的统率下，慢慢走向命中注定的对决战场。

三

玄烨将准噶尔入侵的军报徐徐展开，又慢慢卷起。他想起自己壮年时代数次亲征准噶尔，在塞外无垠旷野领军驰马，马蹄哒哒，旗帜猎猎作响，利箭簌簌破空。

康熙二十六年（1687年）冬，漠北喀尔喀蒙古发生内乱，土谢图汗袭杀札萨克图汗。札萨克图汗和噶尔丹有结盟关系，噶尔丹便以报仇为借口，在第二年，抓住土谢图汗与俄罗斯人作战的机会趁虚而入，率领所部精锐三万人，向东长驱直入喀尔喀腹地，一举打败土谢图汗，又顺势继续向东击溃车臣汗。

噶尔丹的精骑，从西北的阿尔泰山一直打到东北的呼伦贝尔草原。被击败的土谢图汗、车臣汗部众，纷纷向南方的内蒙古方向溃逃，清帝国的北部边疆全线动摇。

见此情景，玄烨先指示妥善安置南逃的喀尔喀部众，然后遣使与噶尔丹交涉，建议以会盟协商方式解决纠纷。

第七章 戎马

噶尔丹却自恃力量强大，拒绝和平，以追击喀尔喀部众为名继续进攻。随后，准噶尔和清帝国之间，连续爆发了三次激烈的大战。

第一次是在康熙二十九年（1690年）。

这一年，噶尔丹率领精兵两万深入漠南，在乌尔会河全歼清军前锋两万人，一直打到离京师仅有七百里的乌兰布通。

玄烨部署三路大军迎击，其中皇兄常宁、大阿哥胤禔率领的中路军，在乌兰布通与准噶尔军主力遭遇。清军以火炮打破准军用骆驼架设的野战工事"驼城"，迫使准军连夜遁走，但自身也遭受了很大损失，国舅佟国纲等将领阵亡。

准军损失亦很严重，撤退途中又雪上加霜暴发瘟疫，加上噶尔丹的侄子策妄阿拉布坦在汗国后方竖起反旗，噶尔丹的东进雄心遭到了沉重打击。

第二次是在康熙三十五年（1696年）。

噶尔丹在扩张受挫之后，一面集合残部，休养生息，一面结好沙俄，拉拢青海和硕特部及西藏地方势力，在喀尔喀贵族间大肆挑拨离间。玄烨则乘乌兰布通战胜之威，与喀尔喀蒙古王公在多伦会盟，实现帝国对喀尔喀蒙古的直接统治。双方皆厉兵秣马，整军备战。

康熙三十四年（1695年），噶尔丹率骑兵三万再次东进。第二年，玄烨发兵十万分三路出击，其中中路军五万余人由玄烨亲自统率。噶尔丹见中路军兵力强大，向西退却。

费扬古率领的西路军经长途跋涉，抢占准军归途之中的必经之所，在今日蒙古国首都乌兰巴托附近的昭莫多与准军爆发决战。双方往来冲杀，血染朔漠。准军主力基本覆灭，噶尔丹仅率数骑逃脱。

第三次是康熙三十六年（1697年）。

在昭莫多决战之后，玄烨为实现"万年之计"，彻底解决噶尔丹对帝国边疆的威胁，继续向西追击。他亲赴宁夏，指挥两路大军进剿噶尔丹残部。噶尔丹走投无路，在逃亡途中病死。

玄烨御驾亲征，对噶尔丹穷追猛打，终于彻底消灭了他的这位半生之敌。帝国对漠北喀尔喀蒙古的统治日益巩固，原本不相统属的喀尔喀各部，被纳入帝国设置的盟旗系统。阿拉善、额济纳、哈密等地也由帝国直接统治。北疆坚若磐石，长城荒废无用，满蒙同盟空前巩固，玄烨的赫赫武功达到顶峰。

不过，噶尔丹虽身死名灭，准噶尔汗国却并未分崩离析。康熙三十七年（1698年），噶尔丹的侄子策妄阿拉布坦正式登上汗位，将准噶尔故地尽收麾下，并继续出兵征讨哈萨克等中亚地区，国力很快恢复，甚至相比噶尔丹时期有过之而无不及。

策妄阿拉布坦对帝国表示恭顺，但在玄烨心中，这个三番五次与帝国作对、始终未曾纳入朝廷实际统治的准噶尔，犹如一头屡伤而不死的猛兽，始终是卧榻之侧的心腹大患。

不过，此时劳师万里远征准噶尔，即便对形势一片大好、国力日趋强盛的帝国来说，也是难以承受的沉重负担，加上师出无名，双方遂相安无事，又保持了近二十年和平。

四

康熙四十七年（1708年），在玄烨第一次废黜太子之后，帝

第七章 戎马

国盛世潜藏的各种危机逐渐暴露。玄烨身心俱疲，呈现衰老之象，对众多政务不再积极进取，但求安稳无事。

不过，对于西陲边事，对于准噶尔人，玄烨的心态却并不相同。他对钱粮亏空等内部痼疾一味宽纵拖延，在针对准噶尔的行动方面却相当积极，多方筹划，精心部署，在相当广阔的地理范围内展开战略行动。

这一方面是因为准噶尔国力不断上升，对清廷态度日渐桀骜，西部边疆的威胁又一次浮出水面，玄烨不得不格外小心。

另一方面，也不排除此时的玄烨已经开始考虑，在康熙王朝最后的阶段，彻底解决这个与帝国缠斗已久的心腹大患，彻底安定万里边疆，也彻底消除蒙古人一统天下的夙愿，扫除他们对于帝国统治的威胁。

对玄烨来说，彻底解决，不单单是彻底征服准噶尔，将其纳入帝国直接统治之下，也包括对青海、西藏的通盘彻底解决。

明末清初的青海与西藏，是另外一部波澜壮阔的精彩活剧。

明清易代之际，厄鲁特四部中的和硕特部，因为受到准噶尔排挤，在首领固始汗带领下，向南发展进入青藏地区，建立了一个囊括西藏、青海和西康地区的庞大政权，称为和硕特汗国。

和硕特汗国对清朝保持名义上的臣服，内部统治结构十分复杂。固始汗本人掌握最高权力和军队，西藏地方行政权力则由格鲁派宗教领袖和地方摄政共同掌管。同时，固始汗的八个儿子留在青海，称为青海八台吉，保有相当的独立性。

噶尔丹本人有在西藏学习佛法的经历，他的"博硕克图汗"位号，就来自五世达赖的授予。噶尔丹和玄烨连年鏖战时，西藏地方给予他不少帮助，为他在笃信格鲁派的蒙古各部中赢得了支持，也给玄烨带来了巨大的麻烦。

噶尔丹死后，策妄阿拉布坦继任大汗，率领准噶尔部众休养生息。在难以与清帝国正面对抗的情况下，策妄阿拉布坦将目标瞄准了青藏地区及和硕特汗国，他一面利用同族身份，与和硕特汗国的蒙古统治者联姻，一面暗中煽动西藏地方贵族反抗蒙古统治者，在青藏地区不断渗透和扩张势力。

策妄阿拉布坦的雄心壮志，并不亚于噶尔丹。在他的经营下，从西北的阿尔泰山、昆仑山，到西南的喜马拉雅山、横断山，从新疆、青海、西藏、四川到云南，一张扑向大清帝国统治中心地区的巨网，正在慢慢张开。

玄烨察觉到策妄阿拉布坦的野心。在他看来，如果策妄阿拉布坦入侵青海、西藏的图谋得逞，将会使帝国边疆面临西北、西南两个方向的军事威胁，陷入两面作战的不利境地。

具体地说，如果策妄阿拉布坦控制西藏，就会控制当地教派的分布中心。准噶尔人的强悍武力与宗教力量结合，将会对各个信教民族产生巨大影响力。

当时，藏地教派，特别是其中的格鲁派，不仅是蒙古各部的主流信仰，也对满洲人影响巨大。

早在入关之前，为了争取蒙古部落支持，努尔哈赤和皇太极就确立了尊崇和支持藏传佛教的政策。虽然清朝的崇教政策有实用主义考虑，不单纯是信仰，但宗教情结日积月累，仍然深刻影响了满洲人的精神世界乃至政治体系。

清朝皇帝被称为"老佛爷"，从帝后到官员，重要典礼时必须

第七章 戎马

佩戴佛珠，这在中国历史上绝无仅有。

所以，对玄烨而言，准噶尔人如果形成了骑兵、火枪加上佛法、转经筒的组合，对清帝国而言，无论是在力量层面，还是在精神层面，都会威胁甚大。

这个问题，必须在自己尚有精力筹划方略、调兵讨伐时，就有一个彻底的解决。

玄烨心中尚有另外一层担忧——根据帝国在准噶尔潜伏多年的探子报告，策妄阿拉布坦的年龄比他小十余岁，野心、精力、手腕皆不在其叔噶尔丹之下。

玄烨自己与策妄阿拉布坦也打了十几年交道，感觉他的个性更加沉稳持重，虽不似其叔噶尔丹骁勇彪悍，每战必冲锋在前，但其狡诈多谋却更在其叔之上。因此，才会出现战线从西北蔓延到西南，从沙场征战弥散至庙宇经书的局面。此人实是大清劲敌。

基于在广阔战场全面作战的战略思维，康熙五十一年（1712年）五月，玄烨派遣图里琛使团，假道俄罗斯西伯利亚荒原，访问八十年前西迁至伏尔加河下游的土尔扈特部。土尔扈特部与和硕特部同属厄鲁特，同样是因为受准噶尔部排挤压迫迁离故土。

图里琛使团行程万里，历时三年，经历许多雨雪风霜，达成了联络土尔扈特部的使命。学者推测，此次出使，为半个多世纪之后土尔扈特部最终东归返国，埋下了历史暗线。

但就当时而言，图里琛使团最直接的使命，还是与土尔扈特部联络结好，在准噶尔汗国的西北后路方向予以牵制。在策妄阿拉布坦渗透青藏，企图向南迂回，对清帝国形成包围的同时，在北方打造一个迂回到准噶尔汗国后方的包围圈。

- 193 -

站在近代门槛上，中原王朝与草原政权千百年争斗已临近尾声，玄烨与策妄阿拉布坦如两位高明棋手，在不动声色中运子布局。虽未正面交锋，但棋盘上已是一片山雨欲来之势。

五

康熙五十四年（1715年）三月二十七日，图里琛完成使命，返回京师。

四月，准噶尔兴兵侵犯哈密城的消息传到京师。虽然这只是一场规模不大的军事冲突，很快归于平息，但是帝国的战争机器迅速切换为隆隆开动的状态。

四月中旬，玄烨指示亲贵重臣，完成分路进兵准噶尔的军事方案，形成了北、西两路大军同时出击的钳形攻势。

其中，北路军以归化城，也就是今天的呼和浩特为基地，穿越漠北喀尔喀蒙古腹地，直抵杭爱山、阿尔泰山一带。

北路军的行军路程相对较远，补给线较长，主要作用是防止准噶尔军沿袭噶尔丹时代的固有路线，侵入喀尔喀蒙古，同时配合西路军，对准噶尔汗国的核心区域进行迂回打击。

西路军以哈密、巴里坤，也就是今天的新疆东部地区为基地，正面封堵准噶尔进入河西走廊威胁中原腹地的主干道，直指准噶尔汗国核心的天山北路和伊犁河谷方向。同时威胁准噶尔军进入青海的行军路线，防止准噶尔军与青海、西藏地方势力连成一片，伺机彻底解决青藏问题，将其一并纳入帝国直接统治。

第七章 戎马

眼看两路大军就要扫穴犁庭，玄烨于自己在位之时彻底消灭准噶尔的宏图伟愿就要实现。在此关键时刻，他却接连犯下了三个严重战略失误，几乎断送了整个帝国西陲。

第一个战略失误，虽然玄烨的两路大军形成钳形攻势，看上去波澜壮阔，但他对形势和力量对比出现严重误判，没有及时投入足够资源，甚至出现了首鼠两端的情况，导致两路大军实力不足，进退失据，劳师无功。

根据考证，万里奔袭准噶尔的北路军和西路军，实际兵力可能只有三万余人。京营八旗、西北之外其他地区的驻防八旗兵力，均未动用。相比之下，乌兰布通、昭莫多两场大战，玄烨采取守势，动员的兵力都在十万之数。

准噶尔经过策妄阿拉布坦二十年休养生息，国力不在噶尔丹时期之下，更不用说还有主场作战、以逸待劳的优势。从后来的历史演进来看，雍正、乾隆两代又耗费数十年时间和大量兵力粮饷，在准噶尔连续出现内乱的情况下，才艰难地完成最后征服。

玄烨面对处于国力全盛状态、内部也并无多少矛盾的准噶尔汗国，试图以单薄兵力全面进攻，达到彻底解决准噶尔的目标，甚至将青海、西藏一并解决，显然是过于托大了。

此外，玄烨策划的两路出击，后勤供给、交通转运、战具修缮等方面的工作非常粗糙混乱，出征后很快就出现了粮饷匮乏、军马不足等种种乱象，导致短期内很难增调兵力。

由此可见，玄烨对于彻底制伏准噶尔，虽然战略宏大，筹划良久，但临到大军真的上了战场，却依然暴露出重视不够、投入不足、准备不充分的问题。

出现这种反常现象有很多原因。

一是玄烨进入老年之后,即便是在自己得心应手的军事领域,判断和决策能力已不复当年。

二是帝国的运转效率在下降,战略筹划和实际执行已经脱节了。

三是盛世并不如表面看起来那样光鲜,导致玄烨在征调各地八旗兵力时,不得不考虑是否会导致内地空虚、危及统治。在筹措粮草时也面临各地钱粮亏空,特别是西北地区连年亏空的限制,用兵用钱粮不得不抠抠搜搜。

四是玄烨当了多年的太平天子、盛世明君,虽然在"九王夺嫡"中受了些打击和折磨,但他始终控盘,形成了极端自信的思维定式,一旦形成某种认知,就很难扭转。

准噶尔虽是心腹大患,策妄阿拉布坦也是不亚于噶尔丹的劲敌,但他仍坚信清帝国的实力远远胜过准噶尔。玄烨自己时不时会陷入一种奇怪的幻觉之中,认为当下的准噶尔已经处于腹背受敌、四面楚歌的境地,稍微施加压力,便会纳款请降。

在他看来,帝国调遣的两路军队三万余人,看似人数不多,但作为压服准噶尔的最后一根稻草,却已经是分量足够了。如果能不战而屈人之兵,又何必多付代价呢?就算在战场上真打起来,帝国的战士也一定能够以一当十,将准噶尔人打得落花流水。

康熙五十四年(1715年)五月,玄烨在调兵遣将的同时,宣谕劝降策妄阿拉布坦:

"去年尔众擅掠我喀尔喀之人,故喀尔喀巡哨之兵,追逐

第七章 戎马

杀尔打牲一人,擒一人而归。我哈密之往吐鲁番贸易者、因尔亦不令回,故从吐鲁番处行文与尔,不知曾到与否?今尔无故领兵二千,侵我哈密,为我兵二百人所败而遁。今我兵已四路云集,断难中止。从前尔虽狂妄启奏,朕为天下主,无不宽容。况尔曾奏云'令我等喀尔喀、厄鲁特、青海之众,皆复旧业,以安人众'。尔今可令和硕特、图尔古特、辉特之人俱回原处,与伊兄弟完聚。其在我处之辉特,朕亦令回原处完聚、于阿拉克山居住。拉藏汗之子,尔可速送还拉藏。尔只领准噶尔之众,僻在额尔齐斯居住则已。再前给尔准噶尔之众,本我所应有之人,彼等亦不愿属尔处。尔之人心离异,各为身计,不但众人皆知,即尔亦自知之。尔果欲起兵,此等人朕皆当收养。谁不欲享太平,乃肯为尔冒死耶?况我用兵,并无掩袭。尔常自以为强,可亲身前来会盟定议。……若不来会盟断无了期。兵兴之际、受伤生齿必多……朕必亲征,或令王大臣等领兵直抵尔巢穴,必不容尔信口支吾也。尔其定意,即于所遣使臣回时具奏。"

这封劝降谕旨,口气居高临下,恍如最后通牒,非常能反映玄烨的心态。

在玄烨看来,策妄阿拉布坦早就是"人心离异,各为身计",理应接受自己的条件,不仅要放弃准噶尔汗国扩张占领的大片领土,甚至连厄鲁特各部共主的地位也要拱手让出,"只领准噶尔之众",心甘情愿回到额尔齐斯河畔一隅之地,做回一个部落的小领主。如果不从,就要"领兵直抵尔巢穴"了。

在这样一种奇怪的自大心态驱使下,玄烨在出兵之前不做精心准备，兵力安排不足，稍一遇挫又陷入茫然无计、举止失措之中，也就成了一种必然。

最后的结果，便是玄烨气势汹汹的两路大军，双双屯兵于准噶尔汗国东部，毫无实际进展，也未获得任何一场重要胜利。

直到康熙五十六年（1717年），西路军才勉强出击至乌鲁木齐城郊，在俘获百姓一百六十九人、抢掠了一些驼马牛羊后，便匆匆返回大营，对准噶尔并未造成多少实际压力，迫其投降更是痴人说梦。

这两路大军不进不退，不战不降，长年屯驻在远离大清后方的西北边地，虽然人数不算多，但因为战事迟迟未决，依然带来了巨大的后勤压力，白白耗费粮秣银两无数，导致老弱倒毙于道路，青壮困顿于田畴，让盛世的光芒变得暗淡。

六

玄烨的第二个战略失误，是他彻底解决青藏的战略筹划，控制准噶尔进兵青海的战术布置，均未发挥实际作用。反倒是策妄阿拉布坦抓住机会，挥师绝域，一举拿下西藏，完成了构想之中的包围网，使帝国的整个西部疆土，以及整体的政治合法性根基，陷入风雨飘摇之中。

在玄烨的进兵部署中，西路军除正面压迫准噶尔之外，也肩负了监视和牵制准噶尔进兵青海的任务。不过，准噶尔并未如他所料，从这个方向突入青藏，而是通过另一条路线直抵西藏。而玄烨从认

第七章 戎马

知上并未作此预判，加上前线消息传递缓慢且混乱，导致获悉确凿消息之时，西陲形势木已成舟。

康熙五十五年（1716年），玄烨的两路大军仍在前线与准军对阵，而策妄阿拉布坦已判明清军攻势虚弱无力，不至于造成实际威胁。他经过周密准备，从直属部队精中选精，挑选出了六千名最为强壮悍勇的士兵，挥师入藏。

这支精锐部队由策妄阿拉布坦的堂弟大策凌敦多布率领，他们在当年年底，从天山以北的伊犁出发，翻越白雪皑皑的天山山脉，绕过塔克拉玛干沙漠，经过阿克苏、喀什噶尔、叶尔羌、和阗，又翻越险峻入云的昆仑山，进入渺无人迹的藏北羌塘草原，一举杀入西藏腹地。

这条线路是新疆入藏道路中，最为隐蔽也最为险峻的一条。其中穿越昆仑山区的一段路程，与唐代吐蕃军队往来西域时开辟的克里雅山口古道大致重合。但当时此古道已经荒废八百年。

这条古道海拔四五千米，地形崎岖，气候多变，人迹罕至，即便是现在，全副现代装备的专业探险队员也只能在气象条件极为理想的情况下，以精干队伍实现徒步穿越。

今天的我们已经无从知晓，大策凌敦多布和他麾下的六千名准噶尔勇士，在雪没马腹、天地茫茫、滴水成冰的隆冬，在携带大量武器战具、没有任何中途补给的情况下，是如何完成这一成建制部队翻越昆仑山脉的壮举的。

相比世界历史上赫赫有名的汉尼拔翻越阿尔卑斯山，准噶尔人的远征更为坚毅卓绝，堪称古代高原远征的绝唱。

康熙五十六年（1717年）六月，在出发半年多之后，准噶尔军队如幽灵般，突然出现在纳木错附近。当时统治西藏的和硕特汗国，君主已经是固始汗的曾孙拉藏汗。他惊慌失措，连忙调集兵力抵抗，双方互有胜负。

但此时汗国的蒙古统治者，和西藏地方贵族、格鲁派僧人之间，矛盾已难调和，加上准噶尔人多年以来一直加紧渗透，怂恿民众反抗，结果藏地贵族、僧俗人等蜂拥投入准噶尔人旗下。

年底，准噶尔人攻破拉萨，拉藏汗战死。立国八十余年的和硕特汗国灭亡，准噶尔汗国的统治延伸到藏地。

策妄阿拉布坦如愿以偿完成了他的弧形包围网。

准噶尔人在西藏腹地东征西讨时，由于京师距西藏距离遥远，信息传递困难，玄烨获得的相关消息大多严重滞后，而他基于消息所作的判断，也出现了很多失误。

他最早得知策妄阿拉布坦派兵入藏的消息，已经是康熙五十六年（1717年）的七八月间。他一方面命人提醒拉藏汗小心准噶尔偷袭，另一方面则怀疑拉藏汗与准噶尔勾结，引准军入境。

八月，玄烨收到拉藏汗发出的求援报告，但他依然怀疑拉藏汗，认为其将与准噶尔勾结，一起进犯青海。

到康熙五十七年（1718年）初，玄烨收到了拉藏汗在兵败身死之前发出的最后一封告急奏报，终于确认了准噶尔出兵侵入藏地的真实情况，随后，拉萨陷落、藏地尽遭准噶尔控制的消息传来，玄烨惊愕不已。

从准噶尔出兵到最后拿下西藏，整整一年有余，玄烨先是一无所知，而后连续误判，最后茫然无措，几乎没有做出任何对局势改善有所帮助的行动。

第七章 戎马

七

玄烨的第三个战略失误接踵而至。

他在确认准噶尔全面控制西藏的确切消息之后,陡然陷入帝国边陲两面受敌的恐惧之中。他在思绪紊乱与躁狂状态交织的情况下,未做周密部署,仓促出兵反击,一手铸成清准战争中前所未有的惨痛失败。

康熙五十七年(1718年)三月,在刚刚得到消息之后,玄烨即命令侍卫色棱,率领两千余名陕西八旗和绿营精兵,作为先锋前往青海湖,沿今天的青藏线疾驰入藏。西安将军额伦特率军四千余人,随后跟进。

另外在四川方向,玄烨命令提督康泰率领两千余人,沿今天的川藏线,由侧面牵制准军。

玄烨的这个部署,有轻兵突前,有正面进攻,有侧面牵制,看似部署周密,但每一路军队力量都很单薄,后期粮草准备也很不充分。

显然,这是玄烨在情急之下的仓促出兵决策,既没有充分考虑入藏作战路途遥远、地形恶劣、气候多变的实际情况,也没有充分认识到准噶尔军兵强将勇的强劲实力。

到了这个时候,玄烨还以为翻山入藏的准噶尔军兵微将寡,不堪一击,还沉浸在两百满洲勇士即可大破两千准噶尔铁骑的迷梦之中。

更重要的是,在如此辽阔的地域范围之内,展开多路并进的军事行动,玄烨竟没有明确指示主帅人选,导致色棱和额伦特互不相让，一路争吵不休。他安排内大臣策旺诺尔布在西宁居中策应、筹措后勤，却也没有明确授予其裁决或是协调各路军队的权限。

相比壮年时玄烨在战场部署时深谋远虑、周密慎重，此时的玄烨轻敌冒进，布置混乱粗疏，可谓水准尽失，让人很难相信这是同一个人所为，不禁让人感叹。

这有如天渊的堕落，背后不光是年华老去的自然规律，更有那九五之尊久居高位，日渐刚愎自用的不易之理。

恶果很快显现出来。

在进军途中，额伦特建议等待青海和硕特方面的援军，色棱却表示拒绝。他认为正面出击的六千余人的八旗、绿营精锐，足以摧枯拉朽，歼灭准噶尔人，独享收复西藏的不世之功。何必耽误时间，耗费粮草。

在色棱眼中，长驱入藏的准噶尔精锐不足为惧，"不过暮夜袭营，偷盗马匹而已"。玄烨的自大病症，似乎已经传染到了他的身上。

七月二十八日，色棱和额伦特两支部队在藏北那曲一带会师，两人又为扎营地点争吵不休。

大策凌敦多布率军迎面而来，与清军隔喀喇乌苏河对峙。准军精锐仅四千余人，虽有万余藏军随行，但战力低下，总体实力弱于合兵之后的清军精锐。

不过，大策凌敦多布不愧名将。他看穿清军长途奔袭而来，粮草与士气方面均不占优势，避免与清军直接正面决战，而是抢占有利地形，发挥火器射程优势，同时不断派出游骑骚扰，反复消耗清军的存粮与士气。

双方对峙一月有余，清军进退两难。内大臣策旺诺尔布从后方派出多支运粮部队,均被大策凌敦多布截杀。

闰八月,大策凌敦多布见清军粮草与士气接近谷底,指挥准军转相持为主动进攻,渡河包围清军营垒。但他并不采取正面硬攻的战术,而是在火力掩护下,修筑工事层层推进,不断压缩清军营垒空间。清军陷入疾病丛生、杀马而食的绝境。

九月,额伦特率数百人突围,失败阵亡。色棱出营谈判被扣,营地残兵士气崩溃,全体投降。两支清军精锐全军覆没,最后经班禅斡旋返回的残兵,仅四百二十八人。准军损失则只有区区数百人。

清军主力溃败的消息传到川西,善于见风使舵的当地武装,遂全面倒向准噶尔。他们在险要山地设伏,将四川提督康泰带领的清军袭杀殆尽。

至此,玄烨仓促派出的三路入藏精兵全军覆没。准噶尔人在西藏逐渐站稳脚跟,青海和川西的局势开始动摇,在西北方向与准噶尔人正面对抗的大军又师老兵疲,迟迟没有进展。

帝国边陲正面临前所未有的严重危机。此时距康熙时代落幕,仅有四年时间。即便玄烨无法未卜先知,反复袭来的疾病,日渐衰颓的精力,也足以让他觉察到,能够让他反复犯错、大肆挥霍的时间,已经不多了。

这般残局,他将如何收场?

八

玄烨最大的幸运是帝国的家底已经非常厚实,一场两场战场上的失败，对于清帝国和准噶尔之间的力量对比并不会有太大的影响。这意味着，即便犯错了，即便是连续犯错，他也能够享有比对手更多的容错空间。

西藏的失守，喀喇乌苏河的惨败，如一记当头棒喝，带来清醒和反思，也让玄烨在一定程度上恢复了当年的沉稳持重。

紧接着，第二个巨大的幸运出现，他挑选了一个从未有过单独领兵经历的年轻人担任统帅。而这个年轻人不负所托，稳扎稳打，却也绝不过度拖延，成功在玄烨油尽灯枯之前，完成了收复大业，制止了帝国危机的进一步蔓延，也让边疆局面、清准之间的战略态势，回到了原有的轨道之上。

话说，康熙五十七年（1718年）十月初，喀喇乌苏河惨败的消息传回京师。玄烨一面安定人心，坚持收复西藏、征讨准噶尔的战略大方向，一面痛定思痛，反思前线惨败的教训。

在玄烨看来，当初的安排，最大错误就是三路进兵，互不统属，加上出兵仓促，兵力薄弱。所以，再次出兵入藏必须集结雄厚兵力，做好后勤准备，在立于不败之地后，方可大胆进军。而这支大军，显然需要一位足够忠诚，也足够得力的全军统帅。

按照玄烨的脾性，如果不是现在年老体衰，疾病缠身，最适合担任大军统帅的，肯定是他自己。

现在自己不能去了，又该派谁去呢？

作为马背上起家的王朝，清朝从入关之前到入关初期，一直保持着任命高级宗室担任大军统帅的传统，这一方面是为了锻炼皇室自家人的军事能力，另一方面也是因为统治核心圈层狭窄，人才稀少，对汉人在骨子里又缺乏信任，总想着让刀把子牢牢握在自己

第七章　戎马

人手中。

清初的代善、豪格、多铎等统兵亲王自不必言。玄烨即位后，在镇压"三藩"之乱、平定噶尔丹的战事中，除御驾亲征之外，也曾多次任命近支高级宗室担任大军统帅，其堂伯父安亲王岳乐、堂兄康亲王杰书、亲兄裕亲王福全和亲弟裕亲王常宁等，都曾经担当大任。

但是，待到康熙末年，能力过硬，同时值得信任，适宜担任大军统帅的近支宗室，包括皇子，已很难找到合适人选。

玄烨的成年皇子中，大阿哥胤禔、废太子胤礽处于圈禁状态，四阿哥胤禛、九阿哥胤禟、十阿哥胤䄉均不以军事见长，八阿哥胤禩、十三阿哥胤祥长期失宠，也不可能领兵出征。

最后，各方面都比较符合条件、没有明显短板的候选对象，只剩下了三阿哥胤祉、十四阿哥胤祯两位。

再看这两位决赛选手，均是弓马娴熟，武艺出众，也很得玄烨信任。但胤祉已经是四十一岁的中年人，胤祯则正好三十岁，正是年富力强的当打之年。若是一般的军事行动，胤祉年纪稍长，可能还能占一个老成持重的好处，但对万里远征出兵雪域高原来说，胤祯的年龄优势就非常突出了。

于是，康熙五十七年（1718年）十月，玄烨任命胤祯为抚远大将军，封"大将军王"，出任西征大军统帅。这位齿序靠后，此前又没有单独领兵经验的年轻皇子，陡然担此大任，后世多有议论。但从当时情形来看，还真是情理之中。

值得一提的是这个"大将军王"不是爵位，而是职务。胤祯本人的爵位，因为在皇子中齿序过于靠后，终康熙一朝也只是固山贝

- 205 -

子。但是，这个"大将军王"可以使用极高规格的仪仗，"用正黄旗之纛，照依王纛式样"，俨然有了代替君主亲征的架势。

当年十二月，胤禵率领京营八旗精锐万余人，正式从京师启程西行。玄烨给这位爱子，安排了一场极为盛大、无比尊荣的出征大典：

> "出征之王、贝子、公等以下俱戎服，齐集太和殿前。其不出征之王、贝勒、贝子、公并二品以上大臣等俱蟒服，齐集午门外。大将军胤禵跪受敕印，谢恩行礼毕，随敕印出午门，乘骑出天安门，由德胜门前往。诸王、贝勒、贝子、公等并二品以上大臣俱送至列兵处。大将军胤禵望阙叩首行礼，肃队而行。"

同时，玄烨降旨青海和硕特诸贵族，命令他们尊重胤禵，奉命行事，言语之中对胤禵亦是无比推崇：

> "大将军王是我皇子，确系良将，带领大军，深知有带兵才能，故令掌生杀重任。尔等或军务，或巨细事项，均应谨遵大将军王指示，如能诚意奋勉，既与我当面训示无异。尔等惟应和睦，身心如一，奋勉力行。"

玄烨如此推重胤禵，一方面是为年纪尚轻、缺乏实际统兵经验的儿子站台，抬高他的地位和身价，以便压服众人，确保军令统一，如臂使指。另一方面则是因为对这位儿子真心关爱。

第七章　戎马

我们回到"九王夺嫡"的视角。有人认为,这是玄烨给胤祯统帅大军建功立业的机会,帮助他在实际历练中积累经验与人望。假以时日,胤祯完成历练,在储位争夺战中的优势将无人能及。这种观点,是很有几分道理的。

而四阿哥胤禛在抓住机会,成功上位之后的一套说辞,将玄烨派遣胤祯出征看成父皇有意将这个讨厌的儿子赶得远远的,不让他和胤禩等人沆瀣一气,也不让他出现在自己面前以免心烦,则显得有些狭隘可笑。

要知道,对此时的玄烨而言,一雪喀喇乌苏河之耻、扭转丢失西藏的危局,已经成了他在最后几年里,最为沉重的心病之一。危局当头,竟然为了支开一个讨厌的儿子,不惜在领兵统帅任命这样的大事上胡乱操作,这是不可想象的。

九

最后,来看看这位"大将军王"在战场上的实际表现,是否对得起玄烨的一片苦心,能否一雪前耻。

康熙五十八年(1719年)三月,胤祯到达西宁。按照父皇指示,他在此坐镇,稳扎稳打,用近一年时间认真备战。他有条不紊地筹措粮饷、调遣军队、准备马匹、修理军械,对青海和硕特王公和藏地贵族恩威并施,促成他们由观望转向支持清军,为进军扫清各种障碍。

七月,胤祯派遣使者瑚毕图一行,以抚远大将军名义携带书信入藏，面呈准噶尔人在西藏的最高统帅大策凌敦多布，借机刺探情报。

九月，瑚毕图返回西宁向胤祯报告，藏地贵族虽然被准噶尔人胁迫与帝国为敌，但他们在内心深处并无敌意。

十二月，清军进兵计划最终确定。北路军主力战兵一万两千余人，出青海方向。南路军七千余人，出川滇方向。后方预备队及后勤保障部队约五万人。大军合计近七万人。同时，西北方向阿尔泰、巴里坤两支正面压迫准噶尔的部队，也需要配合策应。胤祯作为主将，统一指挥各路军队作战，拉开了一副对准噶尔全面开打的架势。

康熙五十九年（1720年）二月，朝廷正式册封身处西宁的"转世灵童"格桑嘉措，打出派遣满汉官兵和青海蒙古兵护送他回西藏坐床的旗号。这是政治上的一个妙招，对于争取青海蒙古和藏地僧俗人士支持意义重大。困守西藏的准噶尔人进一步陷入孤立。

这里插叙一下有关这位"转世灵童"的风风雨雨。

和硕特汗国末代君主藏巴汗在位期间，与西藏地方摄政桑结嘉措矛盾重重，后来两方闹翻，爆发内战，桑结嘉措被害。

当时在位的六世达赖仓央嘉措是桑结嘉措所立。为绝后患，康熙四十四年（1705年）藏巴汗向玄烨上奏，请求废黜仓央嘉措。玄烨准奏，要求藏巴汗将仓央嘉措解送北京。

次年，仓央嘉措在押解途中，于青海湖附近圆寂。另有一说，他脱逃后隐逸不知所终，为后世留下一段令人遐想的公案。这位神秘的仓央嘉措，便是世人熟知的浪漫诗人，"不负如来不负卿"的主人是也。

康熙四十六年（1707年），藏巴汗在废黜仓央嘉措之后，另立伊西嘉措，伊西嘉措得到了玄烨册封，但蒙藏地区的许多僧俗信众不愿追随。

康熙四十九年（1710年）前后，青海蒙古王公在川西理塘找到了一位新的"转世灵童"格桑嘉措。

因为此时西藏仍处于藏巴汗治下，后来又被准噶尔人占领，格桑嘉措始终无法回到西藏，一直滞留在青海。他当时还没有得到康熙册封，但很多藏地僧俗都对他表示认可。这就为后来胤禛西征，借助格桑嘉措，发动政治攻势，埋下了一个伏笔。

值得一提的是，之所以在理塘寻找"转世灵童"，是因为仓央嘉措留下了这样一首诗：

> 洁白的仙鹤呀，
> 借我一对翅膀吧。
> 不用飞得太远，
> 我去理塘转转就回。

言归正传。康熙五十九年（1720年）三月，西北方向阿尔泰、巴里坤的两支部队开始行动，频繁向准噶尔本土发动攻击。策妄阿拉布坦受到严重牵制，再也无法向据藏的大策凌敦多布派出援军。同时，川滇方向的南路清军开始西进。

四月，胤禛率领北路主力军从西宁出发，六月到达木鲁乌苏河，即今日的通天河畔，靠近长江源头各拉丹冬。胤禛亲自护送格桑嘉措乘坐皮船渡河。清军在翻越巴颜喀拉山时，突逢大雪，加上严重高原反应，损失了一千多名士兵和大量牲畜。

此前不久,康熙五十八年(1719年),朝廷正式册封格桑嘉措,这一招的政治效果开始显现,藏地贵族纷纷来投,为清军提供情报,充当向导。通向拉萨的大门打开了。

八月初,北路军各路人马和青海蒙古诸部援军在木鲁乌苏河会齐。宗室延信统兵继续前进,胤禵返回后方组织后勤补给。

随后,延信率领的北路军与大策凌敦多布率领的准军主力开始接火。

清军汲取第一次进藏轻敌冒进的教训,用兵极为谨慎持重,步步为营向前推进。延信每天均选择易守难攻之地,层层设营,安置炮位,部署固定哨兵与流动哨兵。习惯于采取袭扰战术的准军,连续三次发动突袭,都被严守营盘的清军击退。

在准军主力被北路清军吸引的同一时间,川滇方向的南路清军进展也非常顺利。南路军主将噶尔弼听从副将岳钟琪建议,面对层层设防的地方武装,很少正面对战,而是以攻心诱降为主。藏地武装纷纷倒戈相迎。南路军势如破竹,至八月初,已突破至拉萨附近。

八月二十三日,南路军在几乎没有抵抗的情况下,顺利进入拉萨城。

九月十四日,一路步步为营的北路军到达拉萨。格桑嘉措在清军精锐的簇拥下入城,次日举行了盛大的坐床仪式。

大策凌敦多布见大势已去,只好率领本部人马,沿来路撤出西藏。他在沿途不断遭到藏地军民袭击。等到他在康熙六十年(1721年)回到准噶尔腹地的时候,出发时全族精心遴选的六千精兵,生还者已不到一半。

"大将军王"胤禵指挥的驱准保藏之战,至此获得全胜。

第七章 戎马

玄烨借清军进入拉萨的机会，在西藏各地留兵常年驻守，趁势对西藏内部的行政体制进行改革，大大加强了对于西藏的直接掌控。

在这场牵动整个帝国西部的大规模战事中，胤禛并未亲自上阵厮杀。他以较小代价获得全胜，有赖于玄烨在后方的整体运筹，也有赖于延信、噶尔弼、年羹尧、岳钟琪等各部将领在前线和后方各司其职、各尽其能。

清帝国相比噶尔丹汗国突出的国力优势，则是胤禛稳扎稳打、获得全胜的根本底气所在。

此役，胤禛的表现也可圈可点。他充分汲取了第一次清军入藏失败的教训，不急不躁，认真准备，忠实执行了战略部署，完美掌控了战场态势。

他有效调动下属士气，在恶劣条件下靠前指挥，在统筹后勤转运、协调各路大军、处理重要情报、运用政治攻势等方面，尽到了一个优秀主帅应尽的责任。

他为玄烨缓解了帝国边疆局势所面临的重大危机，也为自己在储君争夺战的最后阶段，拿到了至关重要的一分。

康熙六十年（1721年）十一月，胤禛胜利回京。玄烨指派三阿哥诚亲王胤祉、四阿哥雍亲王胤禛，率领大臣出城郊迎，并亲自赋诗志庆："万里辛勤瞬息过，欢声载道似春雷。"大将军王的声望一时无两。

第二年四月，胤禛受命重返西北军前，主持与准噶尔的议和事宜。当时准噶尔元气受创，士气低落。清帝国虽直接战损有限，但数路大军万里奔袭，财政也已难以承受。双方均有停战以求喘息的迫切需求，漫长战线上的冲突，也逐渐归于沉寂。

半年之后，玄烨去世。他来不及看到议和的结果，至于在自己任内彻底解决准噶尔问题的宏大构想，更成了梦幻泡影。

清准之战百余年浴血搏杀的终局，中原封建帝国与草原游牧政权千百年之争的了局，还要等到三十余年之后，他的孙子弘历当国之时。

但是，玄烨毕竟还是将帝国从边疆危机和政治合法性崩溃的悬崖边缘拉了回来。他在任内填上了自己严重战略失误给帝国挖下的深坑，完成了驱准保藏，拯救了帝国颜面，也为儿子和孙子进一步加强对青藏地区的控制，彻底征服准噶尔汗国，留下了尚属宽裕的时间，避免了清帝国带着具有巨大不确定性的边疆危机，走进外部势力接踵而至的 19 世纪。

这是玄烨的幸运，也是历史的幸运。

第八章 江南(上)

一

玄烨一生志业，尽在为大清"争正统"。考虑到清政权的特殊情况，以人丁稀少之关外族群，君临百姓亿万、文化昌明之广大帝国，构建政治合法性殊为不易。其中，塞北蒙古诸部之归属，关乎满蒙同盟统治核心的稳定、帝国边疆领土的平靖。雪域藏地教派之向背，则关系到藏、蒙古乃至满洲的人心安宁。因此，这两个地区对玄烨来说，具有特殊重要意义。

不过，在清帝国的辽阔疆土之内，玄烨特别关注的区域，并非只有塞北草原与雪域藏区。对于关外龙兴之地，玄烨也极为关注，将其视为满洲起家之根本，乃至最后的退守之所。

因此，在康熙十年（1671年）、二十一年（1682年）及三十七年（1698年），玄烨三次东巡，至盛京拜谒祖陵，并远行至吉林等地，一路安抚民众、巡阅武备、考察官吏，同时修葺宫殿陵寝，联络东部蒙古诸部落，筹划抵御俄国入侵的军事部署。他开创了清帝入关之后东巡关外龙兴旧地的传统。

玄烨另一个念念不忘的地方，则是江南。

对他而言，江南的安定很可能是帝国能否实现彻底整合、满洲统治正当性能否得到彻底认可、汉人能否心服口服的关键所在，也是他的最后一块心病。

在清朝前期，狭义的江南是一个行省，大体上相当于今天的江

第八章 江南（上）

苏、安徽、上海三省市，以及浙江、江西、湖北等邻近省份的一些地区。

清军入关之后，于顺治二年（1645年）攻破南京，取消南京在明代的国都地位，将明代以南京为中心的南直隶改为江南承宣布政使司，后又改为江南省。顺治、康熙之交，江南省一分为二，江苏、安徽登上历史舞台。

广义的江南，范围则更加辽阔。在很多人的认知中，至少应该包括浙江、江西等省的大部分地区。

有清一代，江南堪称帝国的核心区域。即便是狭义江南，也足足为朝廷提供了三分之一的赋税收入，一半以上的科举状元。帝国朝堂如果没有江南出身的文官，如同文坛缺少了江南出身的文人一样，将黯然失色，难成体统。

但是，对统治阶层而言，这也意味着，江南是汉人经济实力与政治潜力最为强大的区域，是崇尚儒家道统、华夷之辩的坚强堡垒，也是帝国始终挥之难去的潜在威胁。

因此，清军入关时，异族剃发易服的敕令，在江南遭受到最为坚决的抵抗，也带来了最为惨痛的杀戮。扬州十日，嘉定三屠……街市繁盛、人文锦绣的江南膏腴之地，遭受重创，很多年后才缓慢恢复元气。直到在江南统治基本稳定的顺治中后期，对江南士民怀有深深疑惧的满洲统治者，仍不断在江南炮制冤案，掀起事端。

从通海案、奏销案、哭庙案到庄廷鑨《明史》案，清廷以各种口实罗织罪状，屠戮士民、株连无辜、制造恐怖，严厉打击江南读书人，或是肉体消灭，或是精神摧残。

在遭受了反反复复的残酷杀戮与打击之后，江南士民的反抗在短期内被镇压下去，看似已成为帝国顺民。但是，他们内心深处，对统治阶层的隔阂与仇恨，绝不会轻易消失，反倒是沉淀下来，如地底深埋的火药，一遇导火索，就会铺天盖地爆燃。

这一点，玄烨作为统治者中头脑清醒的有见识者，看得非常清楚。因此，他在把为大清"争正统"、为帝国夯实政治合法性根基的宏图伟业，树立为自己毕生志向的同时，也把江南纳入了视野范围。

在他看来，唯有江南心服口服，丢掉以华夏视蛮荒的傲娇之气，忘却亡国之痛、杀戮之惨，心安理得当好帝国盛世的温顺子民，全部汉人才有可能心服口服，铁桶江山才会有长治久安的可能性。

因此，虽然关外龙兴之地的盛京，离京师并不遥远，且有大清先世的宗庙陵寝，玄烨也只巡游过三次而已。江南路途遥远，舟车劳顿，一路巡游需兴师动众，所费不赀，玄烨却留下六次巡幸的记录。

在康熙四十七年（1708年）的秋冬之交，在那个令他心力交瘁，令大清王朝政局颓势尽显、转头而下的寒冷季节，他在塞外的肃杀寒风声中，隐隐约约听到的，仍是江南桃花春雨浸润的丝竹管弦。

二

"三藩"之乱平息，国内形势基本稳定后，玄烨便开始巡幸江南，前后六次，历时二十余年。

第八章 江南（上）

第一次，康熙二十三年（1684年）。九月启程，至济南、泰山、桃源黄河北岸、高邮、宝应、镇江、苏州，返程至江宁、江都邵伯镇、清河天妃闸、清口黄河南岸、曲阜孔子庙，十一月返京。

第二次，康熙二十八年（1689年）。正月启程，至平原、济南、泰山、蒙阴、郯城中河、山阳、镇江、丹阳、常州、无锡、苏州、杭州、绍兴，返程至江宁、扬州、清河高家堰、宿迁，三月返京。

第三次，康熙三十八年（1699年）。二月启程，至吴桥桑园、清河高家堰、高邮、扬州、苏州、杭州，返程至苏州、江宁、扬州、清口黄河南岸，五月返京。

第四次，康熙四十二年（1703年）。正月启程，至济南、泰山、宿迁、桃源黄河北岸、淮安、扬州、镇江、常州、苏州、嘉兴、杭州，返程至苏州、常州、江宁、镇江、清河高家堰、清口黄河南岸，三月返京。

第五次，康熙四十四年（1705年）。二月启程。至临清、清江浦、扬州、苏州、松江、杭州，返程至苏州、江宁、扬州、清口黄河南岸、清河高家堰、淮安惠济祠、黄河九里岗、宿迁、清平渡口驿，闰四月返京。

第六次，康熙四十六年（1707年），经德州、东昌、济宁、台儿庄、清口、扬州、江宁、苏州、松江、杭州，返程至苏州、扬州、高邮、清口黄河南岸，五月返京。

玄烨六下江南有多重目的，首先是督查河工与漕运，特别是对黄河水患的考察和治理。

明末清初，黄河中下游泥沙淤积严重，河床逐年抬高，加之常年战乱，水利设施年久失修，导致河水经常泛滥决堤，给百姓带来很大灾难。

同时，黄河水患肆虐，也对邻近的淮河、运河等河道造成影响，经常引起连片灾害，或是导致运河不通，使京师视之为命脉的南方漕粮无法安然运抵。朝廷对江南的控制趋于弱化。

因此，玄烨即位初期，就将"三藩"、河务、漕运列为自己必须办好的三件头等大事，写成条幅挂在宫殿的柱子上，以提醒自己时刻不忘。

对于河务和漕运，除广开言路、听取专家意见、妥善筹划治理方案、确保经费投入充足之外，玄烨尤其重视前往现场实地勘察。

他每次南巡，都将"相度形势、查视河工"列入核心日程，曾亲自沿河巡察数百里河道工程，并多次在堤坝等工程现场召集有关臣僚议事，现场会商方案、讨论成败得失，督察工作成效、奖惩相关人员。

康熙一朝，黄河、淮河等水系的河道治理，运河的维护疏浚，均取得显著成效，除巩固了清帝国的统治根基之外，也确实带来了泽被一方、造福百姓的功效。

除了考察督率河工之外，玄烨六下江南的另外一项中心任务，便是安抚人心，尤其是江南人心。对玄烨来说，此事关系帝国江山永固，其意义不在平乱、开边、治河等诸项大政之下。

三

玄烨选择在平定"三藩"后，天下百废待兴之时，马上开始巡

第八章 江南（上）

幸江南，在一定程度上，乃是因为他亲眼目睹：哪怕是吴三桂这种引清军入关、亲手绞杀南明永历帝的明朝叛臣，在打出"反清复明"旗号之后，仍然能够在不少地方得到汉人的支持响应，南方半壁几乎一夜尽失。他颇为沮丧地发现，汉人对于满人的统治远未服膺，大清正统也远远谈不上铁板一块。

同时，玄烨忧心忡忡地看到，入关时所向披靡的八旗劲旅，仅几十年之后便已堕落涣散。幸赖汉人武将与绿营汉军力战，"三藩"之乱却也足足耗费八年，方才平定下去。这在玄烨的心头，投下了一片更加浓厚的阴影，也让他想起历史上北族入主中原的种种前车之鉴。

在玄烨看来，大清绝不能重蹈覆辙，再度陷入全无新意的旧局之中。其中破局之关键，就在江南人心。

正因为对收服江南人心很迫切，玄烨六次南巡，均精心选择途经驻跸之地。除视察对河务、漕运而言至关重要的淮安、高邮、宝应、清江浦、清口、高家堰、邵伯镇、九里岗等地之外，主要还是人物荟萃、文风鼎盛的通都大邑，如扬州、镇江、苏州、常州、松江、嘉兴、杭州、绍兴，等等。

这些地方，既是当年汉人反抗满人的根据地，是清军入关时屠城滥杀的重灾区，也是朝中汉官、榜上学子、林泉硕儒的家山所在，是天下人心会聚之地。

玄烨反复流连于这些名城，有他深沉的政治考虑，绝不能简单视为沉迷烟花繁华，贪图游逸。

更不用说，玄烨在六次南巡中，还多次拜访明朝旧都南京，以及明孝陵、泰山、孔庙等这些对汉人来说具有强烈精神意义的标志地点。其中的政治意图,更是显露无遗。

在历次南巡中,玄烨各种安抚人心的操作令人眼花缭乱,堪称帝制时代的集大成者。

例如,他数次祭扫明孝陵、登临泰山、拜谒孔庙,和汉人建立文化认同。

他多次蠲免巡幸途经州县的钱粮赋税,免除历年亏空积欠,减轻沿途百姓的经济负担。

他整顿各地吏治,召见地方官员,厉行考核奖惩,奖励清廉爱民者,惩处贪腐暴虐者,还曾将官员齐集于御舟前,公开训示诫勉,彰显帝国纠贪爱民之心。

他一路体恤民情、察访风俗、赈灾济民,与夹道欢迎的各地百姓亲切恳谈,以使圣朝天子风采泽被四方。

他在巡幸途经之地,宽赦人犯,增加入学名额,接见致仕汉臣与江南硕儒耆旧,与汉人文士酬唱诗文。他在济南趵突泉、泰山、孔庙、南京明孝陵、镇江金山、苏州范仲淹祠与苏轼庙、会稽山大禹陵等众多名胜题字刻碑,撰文勒石,向众多官员、耆旧甚至平头百姓赐匾赐字,以示满文化与中土文脉并无抵牾,实无满汉华夷之分,满人君主之道德文章,也并不在历代明君之下。

今天的我们,若沿着玄烨当年巡游的路线旅行,沿途仍可看到不少他当年留下的印记。如他在济南趵突泉留下的"激湍"石碑,典出西晋潘岳的《西征赋》之"交渠引漕,激湍生风"。在镇江金山留下的"禅栖",典出北魏郦道元《水经注·淄水》之"所谓修修释子,眇眇禅栖者也"。

以上种种,既应眼前景象,又有典故渊源,可谓用心良苦。

第八章 江南(上)

如此煞费苦心的举措,玄烨六次南巡,不知还有多少。咱们来看看,康熙三十八年(1699年)玄烨第三次巡幸江南,从三月二十六日到三月二十九日,在杭州寥寥数日的行程:

二十六日,赐众官手书大字。浙闽总督郭世隆获赐"岳牧之任",浙江巡抚张敏获赐"宣布德泽",提督赵弘灿获赐"乐善不倦"。另赐下手卷、法帖、《织耕图》。

二十七日,赐已故老臣陈丹赤御书"名垂青史"匾额,赐众官大字。福建将军金世荣获赐"器志方雅",提督王万祥获赐"智义合宜",宿将蓝理获赐"所向无前",内阁学士胡会恩获赐"秘阁清班",庶子陈元龙获赐"凤池良彦"及小字一幅。赐南海普陀山的高僧明志一批大字,包括"潮音洞""梵音洞""普济群灵""皓月禅心"等,供其在普陀山各处悬挂,另有小字一幅。赐高僧性统御书大字"天花法雨""修持净业",另有小字一幅。赐天竺寺高僧挺萃御书大字"法云慈悲"。为云林寺题写大字"飞来峰",为云栖寺题写大字"云栖"。

二十八日,赐众官大字。内阁学士顾祖荣获赐"邃清之秩",副都御史吴涵获赐"风霜之任",布政使赵良璧获赐"承流宣化",按察使于准获赐"廉察之寄"。赐净慈寺御书大字"西峰",对联一副。

二十九日,赐众官及老臣大字。杭州织造敖福合获赐"鸾鹤情""兰亭",另有对联一副、小字一幅,驿盐道卞三畏获赐"廉镇",老臣高士奇获赐"忠孝节义"并对联一副、小字一幅,老臣邵远平获赐"蓬观",老臣沈涵获赐"华省",老臣蔡升元获赐"清华",老臣龚翔麟获赐"兰台",殉节忠臣甘文焜之子甘国奎获赐

"劲节"。赐玉泉禅寺高僧等裕《金刚经》。

除此之外，玄烨游赏杭州西湖时，欣然为西湖名胜御书勒石，包括苏堤春晓、双峰插云、柳浪闻莺、花港观鱼、曲院风荷、平湖秋月、南屏晓钟、三潭印月、雷峰夕照、断桥残雪等全部西湖十景。

仅一次巡游，杭州一地，数日之内，玄烨就赐下如此之多的御书大字、小字、对联、匾额及碑文，而且处处皆一丝不苟，用词务求典雅贴切，运笔务求凝重端方，就算考虑到有翰林等人辅助，工作量仍是不轻，相比今日的专业书家不遑多让。

更何况，这只是玄烨诸多事务中的一小部分，驻跸杭州期间，他还要聆讯官员、接见百姓、探访耆旧、蠲免赋税、赦免罪犯、校阅驻军、演习骑射，还要批阅京师及各地源源不断送来的题本奏折，维持国家机器日常运转。

身在江南的玄烨，如一架不知疲倦的机器，其用心之深，着力之勤，足以与政治家日程密集的亲善式视察相提并论。

也难怪，他在康熙五十六年（1717年）的那份"遗诏"中，会反复感叹为君不易，感叹"帝王仔肩甚重，无可旁诿，岂臣下所可比拟"。

而他自称"朕每事必加详慎"，也确实不是空为大言、自我标榜。

当然，玄烨的日程如此密集，工作如此繁重，用心如此深重，除了他确实兢兢业业、勤勉为政之外，也和他所求甚多、对大清正统执念甚重有关。一言以蔽之，玄烨的"胃口"确实太大，自然需要有更多的付出。

更何况，对于勤勉辛劳的封建帝王，尤其是在集权专制臻于极致的末世王朝，对于企图以一人治天下、以天下为一家一姓一族之江山者，此乃求仁得仁。今天的我们，亦无须特别感恩流涕。

回到江南的话题。玄烨不惜辛劳靡费，二十余年六下江南，苦心孤诣羁縻人心，在给百姓带来很多实惠的同时，也在一定程度上达到了构建帝国政治合法性的预期目标。连同他尊奉儒术、推崇程朱理学、开博学鸿儒科笼络前朝遗民等一系列政策，目的皆在于持续软化江南士民的敌意，争取他们对帝国的认同。

经过玄烨数十年苦心孤诣，夷夏之大防的观念趋于淡化，壁垒有所瓦解，大规模的武装反抗不复在江南出现，越来越多的读书人将出仕朝廷视为理所当然。

一切看似岁月静好。

四

偏偏玄烨所图甚大，他想要达到的目标，不仅是让亿万斯民口服心服，还要让他们产生由衷的认同感，感戴大清之德。他还要让汉人放下华夷之见，形成满汉亲如一家的良好气氛，并提醒满人时刻警惕过度融入汉人而导致自身族群特质消融。因此，他需要一面消除满汉畛域，一面维护必要旧俗，方能保证统治体系的满洲本位，既不重蹈金朝完颜女真迅速堕入汉人温柔乡中的覆辙，又避免蒙古人"胡房无百年运"的狼狈。

玄烨的追求既复杂又多元，而且在一定程度上存在内在矛盾。他需要羁縻与收服的，不仅是地理概念上的江南，更是人心意义上的江南。为了这纷繁复杂的目标,为了万世基业,他进行了一系列令人眼花缭乱的操作。

玄烨用了很多办法,试图消除汉人敌意,建立某种足以将满汉一体囊括的共同价值观,将本来的对立双方装入一个他所营造的观念共同体。

比如,玄烨六下江南,除康熙四十二年(1703年)第五次南巡时未至之外,其余五次都亲自前往江宁郊外,拜谒明太祖朱元璋的孝陵。

玄烨执礼甚为恭敬,自偏门入,行三跪九叩大礼。大臣劝阻他无须次次舟车劳顿,派遣大臣前往即可,说"自古加厚前朝,未见如此者。今皇上又欲往谒,臣等以为太过"。玄烨却坚持亲往拜谒。

第三次拜谒时,玄烨还特意题写"治隆唐宋"碑文,表达了他对明太祖朱元璋的高度评价。

值得一提的是,朱元璋不仅是明朝开国皇帝,更是结束元代统治、恢复汉人江山的汉民族领袖,是汉人在"反清复明"旗号之下思慕和追随的标杆。玄烨为了表达敬意,消弭敌对情绪,不惜将朱元璋"从墓中刨出",又拉又拽拖入同一阵营,其用心之深,用力之猛,不言自明。

除了宣示共同价值观、建立观念共同体之外,玄烨尊奉明太祖朱元璋的另一层考虑,是强调清朝政权治统由明朝沿袭而来的正当性,淡化甚至掩盖明清易代之时血腥的历史真相。

这就是他在康熙五十六年(1717年)那份"遗诏"中,不厌其烦反复陈说的:"自古得天下之正,莫如我朝。太祖、太宗初无取天下之心,尝兵及京城,诸大臣咸奏云当取,太宗皇帝曰:'明

第八章 江南（上）

与我国，素非和好，今取之甚易。但念中国之主，不忍取也。'后流贼李自成攻破京城，崇祯自缢，臣民相率来迎，乃剪灭闯寇，入承大统。昔项羽起兵攻秦，后天下卒归于汉，其初汉高祖一泗上亭长耳。元末陈友谅等并起，后天下率归于明，其初明太祖一皇觉寺僧耳。我朝承袭先烈，应天顺人，抚有区宇。"

在玄烨历次南巡过程中，同样享受到玄烨三跪九叩大礼待遇的，还有孔子和大禹。他们同样是汉人的精神标杆，是儒家的先师圣王，也是玄烨建立观念共同体所必须借重的人物。

康熙二十三年（1684年）十一月，玄烨在第一次南巡回京途中，专程前往曲阜孔庙祭拜，在大成殿对孔子像行三跪九叩大礼，题写"万世师表"榜书大字，悬挂于大成殿中。次年，玄烨下令天下文庙与官学皆临摹刻写，制匾悬挂。

自此，先师之殿皆悬圣君之匾，遍照天下读书之人。玄烨以这种方式完成了帝王统治与士人道统的捆绑，至于华夷之辩、满汉之分，自然也就不足为道了。

关于匾额，后世尚有一段颇令人感慨的波折。

今天的我们，如果去曲阜孔庙游览，已看不到当年玄烨题写的这块匾额，它已在1966年遭到焚毁。目前悬挂在大成殿中的匾额，是后来根据北京孔庙的版本复刻而来的。

所幸，玄烨题写的榜书真迹尚存。2017年7—9月，台北故宫博物院曾推出一场特展，名为"万世师表——书画中的孔子"，其中一件重要展品，便是玄烨当年的"万世师表"榜书真迹，落款"康熙甲子孟冬敬书"，钤印为"广运之宝"，乃清朝皇帝二十五方御印中最大的一方。这幅榜书由曲阜孔氏第七十七代后人、"衍圣公"孔德成带至台湾，于 2000 年捐赠给台北故宫博物院，无意之中，成为又一段历史的见证者。

康熙二十八年（1689 年）二月，玄烨第二次南巡，至绍兴大禹陵拜谒祭祀。这是玄烨历次南巡走得最远的一回。他是自秦始皇之后，第二位亲至大禹陵祭祀的皇帝。对玄烨来说，大禹既是汉人儒士赞颂追思的先代圣王，也是黎民百姓尊敬崇拜的治水英雄，必然成为政治宣示与演出的极佳对象，祭祀大禹完美契合了自己不辞辛苦巡游江南、治理水患兼安抚民心的多重使命。

于是，在会稽山下的大禹陵，玄烨行三拜九叩大礼，亲作《谒大禹陵》诗、《禹陵颂》，书写"地平天成"四字，悬之禹庙，赞颂大禹治水使得天下万物有成的功绩。

他在禹庙中留下了一副对联："江淮河汉思明德，精一危微见道心。"这副对联颇有兴味，耐人咀嚼。上联里的"江淮河汉"，既是大禹治水的踪迹与功业，也是玄烨自己南巡的路线与心意。所求之事，无非是让天下人皆思大清之"明德"。

下联则藏了一个内涵深刻的典故，出处是《尚书·大禹谟》，原话是"人心惟危，道心惟微，惟精惟一，允执厥中"，大意是人心变化莫测，道心精微难明，必须精深专注，坚持中庸之道。

以上四句称为"十六字心传"。宋代程朱理学兴起之后，"人心"和"道心"成为儒家阐发讨论的重要课题。

玄烨在禹庙留下这一句，至少有四个方面考虑：

第一，典故出自《尚书》记载的大禹言论，用来致敬大禹本人，显得非常贴切。

第二，这是流传数千年的儒家经典名句，足以显示玄烨儒学修养深厚，不在汉人帝王之下。

第三，这一句话和程朱理学的重要论题相关，显示玄烨不仅了解儒学的语句辞章，更有自己的分析和判断，足以身兼"治统"与"道统"。

第四，这句话的隐藏含义，既可以理解为帝王治理国家小心翼翼、如履薄冰，殊为不易，也可以引申出帝王治世应秉承中庸之道。这也是玄烨对自己当国为政方针的一种宣示，显示了自己对于儒家政治传统的传承。

数十年之后，玄烨钟爱的孙子弘历当国。他在紫禁城三大殿之一的中和殿，高高挂上了自己手书的"允执厥中"牌匾。他循祖父之足迹，于乾隆十六年（1751年）三月，亲临大禹陵祭祀，依样画葫芦一般留下了题匾、楹联，并严格按玄烨当年题诗的韵脚题诗一首，刻石为纪。

祖孙之间心意相通，余响不绝。

再回过头来看，玄烨一路留下的文字，无论是大禹陵前的"地平天成""精一危微见道心"，大成殿里的"万世师表"，还是孝陵前的"治隆唐宋"，其实都是同一种复杂情绪的产物。

它们用典贴切，言辞考究，既是称颂中原文明标杆人物，与之拉近关系、消除隔阂、建立认同，也是对自己为君之道、为政之风的自许自况。

数百年之下，仍见其用心之曲折幽微。

五

玄烨用尽浑身解数建设的观念共同体，毕竟有很多刻意的成分，所以很多时候，他的努力反倒给人一种过犹不及的感觉，甚至显得可笑。

玄烨历次南巡中，曾三次绕行至泰山脚下，两次亲自登临泰山祭祀，行二跪六叩之礼。

他对泰山在汉人传统文化体系中的地位，是非常清楚的。其祭祀礼仪，虽然不是严格意义上的封禅大典，但也非常郑重周全。在他看来，泰山信仰不仅对士大夫有效，在黎民百姓中也很有影响力，也是自己大搞思想文化建设必须抓住的一个要点。

玄烨晚年，更是形成了一套关于泰山的原创理论。

康熙四十七年（1708年）十一月二十四日，玄烨在畅春园行宫，与内阁大学士李光地等人进行了一番对话。

在讨论完国家大事之后，玄烨问，你们知不知道泰山、碣石山这些名山之脉，都渊源何处？李光地等人回答，大概是陕西河南。玄烨斩钉截铁地说，不对，这些山都是从长白山来的。

不久之后，玄烨把自己的这一套理论写成文章，广为刊布。这篇文章叫作《泰山山脉自长白山来》，又叫《泰山龙脉论》。大意是说，泰山的龙脉从长白山延绵而来。长白山南麓的一个支脉，蜿蜒到辽东半岛南段，折入海中，然后在山东半岛重新浮出水面，最终形成泰山，成为五岳之首。

在历代帝王中，玄烨对自然科学，包括地理科学的兴趣是比较突出的，他也有学习和运用西方地理学知识的经验。

第八章 江南（上）

不过，玄烨所说的"泰山龙脉源自长白山"，并不只是一个简单的地理学假设，也不光是传统的风水堪舆之学说，更是一整套精心设计的"钦定"政治文化理论，体现了他独辟蹊径，从地理和风水角度将满汉文化体系紧密捆绑的用心。

具体地说，泰山作为五岳之首，自古以来就是"神山"，在汉民族信仰和中原王朝精神文明体系中，具有不可替代的地位。

长白山则是满族起源勃兴之地，也是当时统治集团尊崇信奉的第一"神山"，被称为"皇清亿万年发祥重地"。

通过利用所谓地理学和风水堪舆学的一通阐发，玄烨解决了两大"神山"并立的矛盾冲突，实现了信仰和观念意义上的融合一体。至于背后是否有足够的科学论据支撑，从来都不是玄烨关心的重点。

值得一提的是，玄烨隆重推出"泰山龙脉源自长白山"的时间节点，恰恰是康熙四十七年（1708年）底，他正身陷太子胤礽第一次废立风波，被"九王夺嫡"搞得身心俱疲。

这种情况下，玄烨不辞辛劳，又是当面训示，又是亲自撰文，恰恰反映了他在"国本"动摇等危机状况下，急于采取其他方式掩盖和修补立储制度缺陷，以重新拾起天命正统之信心。

这也印证了玄烨心中一个凛然不可动摇的信念：所谓满汉一体，必须以满洲本位、满洲优先为前提，决不能形成两者不分先后的局面，更不可接受满人成为附属。这就是玄烨在建构观念共同体的时候，矢志坚持的另外一个思想支柱——在"满汉一体性"之外的"满洲优越性"。

玄烨必须证明，满洲集团的优越性不仅在于武德充沛，哪怕在汉人擅长的儒学治道、教化文章领域，也不在那些理学名臣、硕儒文士之下。即便是驱使汉人官僚做一些具体工作，也不过是发挥他们的经验与劳力，利用他们的人数优势罢了。满洲精英集团，特别是爱新觉罗皇室，乃毋庸置疑的正统。

正是在这种自负、自卑与逆反情绪的交织下，玄烨浑身披挂，使出了全副本领，投入论证"满洲优越性"的艰难且漫长的战斗之中。

六

除了惊世骇俗的"泰山龙脉源自长白山"理论之外，早在康熙中期，玄烨在获得了一些儒学积累之后，便开始对汉臣之中的理学名臣进行贬低申斥。

康熙三十三年（1694年）闰五月，玄烨以"理学真伪论"为题，对大学士、翰林等官员进行御试，借机批评申斥名重一时的魏象枢、汤斌、熊赐履、李光地等理学名臣。

他指责魏象枢曾在朝堂之上挟私报复索额图，乃是心口不一的"假道学"。他批评"李光地、汤斌、熊赐履皆讲道学之人，然而各不相合"，贬斥他们浑身都是汉人的朋党习气。他还批评熊赐履的《道统》一书，"朕览此书内过当之处甚多"，写得并不怎么好，却想要刊刻颁行天下，显然是沽名钓誉之辈，还是逃不过一顶"假道学"的帽子。

平心而论，部分所谓理学名臣，确实有令人生厌之处。但玄烨对他们持续不断地指责乃至羞辱,并非着眼于他们的思想陈腐,或是特别关注他们的个人品行,而是借此打击汉人在道学文章上的优越感——连你们这些天天以道统在兹自诩自矜的理学名臣,也不过就是这个水平,这个操守,那些普通读书人就更不用说了。

既然汉人在传承道统方面,显得并不是特别出色,又有什么资格在这方面凌驾于满洲人之上呢?

玄烨在这里,做了一个比"泰山龙脉源自长白山"理论更加跳脱大胆的论断。他直截了当地说,其实满洲人自带的淳朴天性,才是儒家所追思的所谓三代之治、尧舜禹汤所在。他言之凿凿:"赤子之心者,乃人生之真性,乃上古之淳朴处也。我朝满洲制度亦然。满洲故制,看来虽似鄙陋,其一种真诚处,又岂易得者哉?我朝旧制,多合经书古典。"

至于身为满洲精英代言人的自己,玄烨则不无得意地夸耀:无论儒家经典,还是格物之学,乃至天文历数等,自己都能融会贯通,圆融无碍,非寻章摘句的汉人儒士所能及。

玄烨的这种腔调,越是到晚年,就越是明显,越是不加掩饰。

譬如康熙四十三年(1704年),玄烨和身边满臣闲谈,对汉人道学大加讥讽,比十年之前贬斥理学名臣更甚:"古今讲道学者甚多,而尤好非议人。彼亦仅能言之耳。而言行相符者盖寡。是以朕不尚空言……人见讲道学之人或不见用,辄为太息,以为彼果见用,必有客观。此亦徒见其空言而云。若果见用,言行亦未必相符。"

康熙五十四年(1715年),玄烨的自信更上一层楼,他说:"朕博览群籍,即道术、佛经,无不记识。讲即讲,做即做。"

执政最后几年,玄烨的这套思想体系愈发圆熟——一方面自己对天下之事体察洞明，远在汉儒道学之上。另一方面自认为，自己的认知与上古圣贤一脉相承，可直追三代，无须他人倒手。

于是，他在康熙五十八年（1719年）《皇舆全览图》书成之时，志得意满地昭告群臣："《皇舆全览图》，朕费三十余年心力始得告成。山脉水道，俱与《禹贡》相合。"

由此，玄烨已不仅是手握天下权柄的帝国君主，也是将治统和道统合二为一、握于一人之手的天下宗师，是知识与学问的垄断者与最终裁决者，是上古圣贤的唯一代言人。中国帝制时代的集权与专制，终于呈现出无以复加的登峰造极之势。

这种皇帝亲自兼任"宗师"的情况，和玄烨的个人特质有关，归根结底，是强行建构"满洲优越性"观念体系，以支撑统治根基的必然选择。

当精神和文化领域的努力无法达成这一目标，无限滥用权力、极力钳制思想，就成了几乎唯一的选项。

七

它带来的恶劣影响，是深重而长久的。

首先，面对玄烨在精神和学术领域的目空一切、志得意满，群臣无论满汉，大多只能唯唯诺诺，称颂不已。

正像被玄烨反复调教过的理学名臣李光地所说的，皇上是"学已达于性天""道实兼夫圣哲"。此刻充斥于朝堂的，除了咚咚作响的磕头声外，便只剩下一片阿谀逢迎之声。大臣坐而论道、君臣面折廷争的场面不复重现，士人风骨荡然无存，政治风气堕落已极。

其次，玄烨将君主治统与儒家道统合二为一，实际上是用治统吃掉了道统，彻底挤压了臣民在精神文化上的独立空间。

道统是儒家构建的精神思想体系，虽然它很多时候依附于君王直接掌握的治统意识形态，在思想文化上为治统提供合法性支撑；但它毕竟还是存在一定的独立性，自有其传承源流，在朝堂和士林舆论等层面体现出对皇权的一定制衡，在学术研究上则多少保留了一点民间性和个体性。

但是，在玄烨这里，道统彻底失去了独立生存空间，被治统和专制权力彻底吃掉，儒学的话语权被朝廷把持。按照玄烨自己的说法："朕远承心学，稽古敏求，效法不已，渐近自然，然后施之政教，庶不与圣贤相悖。"他自己以道统为治统，寓心法于治法，认为自己是古代圣贤的唯一代言人。

在这种情况下，连政治过硬、衷心拥护大清的理学名臣，在儒学范围内解读注释先贤经典的这个传统权利都被剥夺了，更不用说什么臣民的思想自由。读书人拿几本圣贤书，就来议论朝政、臧否君主、制约皇权，更是成了杀头抄家的罪过。

至此，继富有帝国特色的政治奴才化、财政奴才化之后，学术思想与精神领域的奴才化呈现浩浩荡荡之势。对于不那么心甘情愿做奴才的，朝廷自然不会姑息纵容。俟后，前所未有的酷烈文字狱，亘古不闻的大规模图书查禁焚毁，便成为理所当然。

再次，玄烨的文化专制与政治专制互为表里，将君主集权推上了顶峰。

清初是中国君主集权走向极端化的重要时间节点，这背后有历史的大势推动，是历代集权不断加强的结果，也有清政权自身的特殊因素。

作为缺乏安全感和自信心的少数族群，清室对于绕开高度成熟的政府决策机制、摆脱权力制衡，实行小圈子式集权、家奴政治和秘密政治，有着天然的依赖性。玄烨当政期间，亲手创立南书房，创建密折奏事制度，正是这一依赖性的体现。

而玄烨一人身兼"治统"与"道统"，既是帝王又是圣贤，这就为他运用各种集权手段乾纲独断，提供了充分的理论依据。譬如他对自己开创密奏制度的解释与辩护："大臣乃朕之股肱耳目，应将所闻所见即行奏闻。尔等皆有密奏之任，若不可明言，应当密奏。天下大矣，朕一人闻见，岂能周知。若不密奏，何能洞悉？密奏之事，惟朕能行之，他人则不能矣。"

既然君主是圣贤，那天下大事理当操持于一人。大臣们安心做好君主的耳目爪牙即可。

应该承认，虽然后世雍正尚有军机处等制度创设，但君主集权走向登峰造极，在玄烨当国时期，已呈现不可逆转之势。

明代中后期，中国学术文化领域开始呈现多元化的活跃态势，新的思想萌芽不断涌现。即便是在儒学范畴之内，在阳明之学等新兴学派面前，传统程朱理学已日渐式微。中国社会开始孕育全新的发展可能性。

但这一进程，先是被明清易代的连年战乱所打断。随后经济和社会发展有所恢复，统治者却用思想文化专制之锁，从一家、一姓、一族政治合法性建构需要出发，导致理学的弊端再度泛起，学术文化的代际进化被彻底扭曲。数百年之下，仍令人扼腕叹息。

第九章 江南（下）

一

康熙晚年，以太子废立风波为转折，此前被盛世所掩盖，潜藏于帝国政局各个领域的顽疾与隐患，开始次第冒头。就是在这一时期，玄烨精心羁縻安抚的江南，出现一系列震动朝野的事件，使他在精神思想和意识形态方面的矛盾暴露无遗。

其中最值得注意的是两件大事。一是康熙四十七年（1708年）的"朱三太子案"。

当年，明朝崇祯皇帝朱由检在煤山自缢前，曾将三位皇子送出皇宫，从此三位皇子下落不明。后来，各路反清者在起兵时，常常打出"崇祯皇子"或者"朱三太子"旗号，以增强号召力。"朱三太子"也就成了反清复明的一面旗帜。

如康熙十二年（1673年），京师杨起隆趁"三藩"之乱起兵反清，打的就是"朱三太子"旗号。整个康熙年间，大大小小的"朱三太子"事件，前后出现了十余起。

出于内心深处的恐惧与不安，清军入关之后，对待明朝皇室后裔极为残酷，将近支宗室斩杀殆尽。对于各地俘获的"朱三太子"，清廷的态度是不分青红皂白，一律指控为假冒，然后将全族杀害，以绝后患。

康熙中期，随着国内形势日益安定，"朱三太子"的旗号逐渐不闻于世。

第九章 江南（下）

康熙三十八年（1699年），玄烨第三次南巡，在拜谒明孝陵时宣谕大臣："访察明代后裔，授以职衔，俾其世守祀事。"

玄烨做出了给明代宗室后裔授官的姿态，以配合他在明太祖朱元璋陵前的一系列政治姿态。但是，清初对于明朝宗室的杀戮过于暴虐，因此就算之前有侥幸逃得屠刀的幸存者，也不敢站出来，以免自投罗网。大臣只得在数月之后回奏交差了事："明亡已久，子孙湮没无闻，今虽查访，亦难得实。"

根据顾诚先生估算，明亡时宗室有二十万人之多，二十万人在五十年间便全数"湮没无闻"，也算是咄咄怪事了。

康熙时代步入晚期，各种社会矛盾再度激化，"朱三太子"的旗号也再度闪现于江湖。而这一次出现的地点，就是玄烨心心念念的江南。

康熙四十六年（1707年），江南核心之地江苏太仓州与浙江四明山同时发生暴动，均打出"朱三太子"大旗。玄烨视之为心腹大患，他一面调兵遣将围剿追捕，一面将追查范围扩大到全国各地，摆出一副要将"朱三太子"彻底斩草除根的架势。

康熙四十七年（1708年）四月，在江南两处暴动先后被镇压下去之后，一位名叫王士元的七十六岁老翁，在山东汶上县被捕。严刑拷问之下，老翁承认自己是崇祯皇帝的儿子定王朱慈焕。核对各种信息，均能验证无误。此老翁与历次起兵行动毫无关系，他一生隐姓埋名，颠沛流离，毫无反清言行，已经当了数十年的清朝顺民，只求苟活于世。

平心而论，玄烨在历代专制君主中，尚不属残忍暴虐之人，对于自己的"宽仁"之名，一向也非常爱惜。他为何要对一个年迈老翁如此严苛？甚至不惜违背自己在明太祖朱元璋陵前三拜九叩、声称善待明室后人的宣示？

归根结底，是崇祯皇帝血脉的政治号召力太大，必须根除不稳定因素。也就是从康熙四十七年（1708年）开始，朝堂争斗此起彼伏，"九王夺嫡"乱象纷纷，玄烨身心遭受反复折磨，他内心深处的不安与恐惧进一步加剧了。

朱慈焕被捕是四月间事，六月九卿即拟定了治罪条款，但玄烨直到十月才正式下旨斩杀。我们完全可以做出合理推断，在这一过程中，九月爆发的一废太子风波，对于玄烨最终做出痛下杀手的决策，起了非常重要的助推作用。

正是在圣君贤嗣神话破灭、政治合法性遭受沉重打击的情况下，屡屡捕杀而不绝的"朱三太子"，才成了玄烨必须斩杀殆尽、不留后患的死敌。

尤其讽刺的是，康熙五十年（1711年），群臣向玄烨贺寿，竟然在他的功业中，赫然列入了"善待前朝"一条，说什么"优礼胜国之君，用尽执谦之节，此又前史所未见也"。而玄烨也坦然受之，还自我升华一番，说"我朝得天下之正，待前朝之厚，可谓超出往古矣"。

直到雍正二年（1724年），清廷千挑万选，才挑出一个远得不能再远的明朝远支宗室朱之琏，封为延恩侯，负责明皇陵祭祀事宜。

此人祖父是明末洪承畴出兵松山时的监军，兵败降清，家族在八旗入关之前便已被编入汉军镶白旗，属于已经"归化"的八旗集团外围成员，政治上是靠得住的。

而清廷宣称其血统沿袭,乃是朱元璋第十三子朱桂后裔。然而他于明朝皇室大宗疏远之至,已失去了释放任何政治号召力的可能性。

如此,才算勉强掩饰了那个荒唐至极的"明亡已久,子孙湮没无闻"的残忍事实,给大清"善待前朝、恩典旷古未有"添上了几分点缀。

二

二是康熙五十年(1711年)案发,康熙五十二年(1713年)结案的"戴名世《南山集》文字狱"。

戴名世出生于江南桐城,早年曾授知县,后不满朝廷政治风气,辞官归隐。他在数十年间文名日盛,也结交了不少天下名士。年过五旬之后,戴名世对清廷态度有所转变,于康熙四十八年(1709年),年五十六岁时,考中会试第一名,殿试以一甲第二名及第,即世人俗称的榜眼,授翰林院编修,成为点缀康熙盛世的一名汉人词臣。

康熙五十年(1711年)十月,出生于江南武进的汉臣,颇受玄烨信任的左都御史赵申乔发难,检举戴名世"妄窃文名,恃才放荡,私刻文集,肆口游谈,倒置是非,语言狂悖"。这已不是简单的言行不检,而是与帝国主流意识形态唱对台戏的大事。于是,玄烨命刑部严查。

次年,刑部上奏,查明戴名世的文集《南山集》中,存在诸多悖逆之语。

其中，《与余生书》提到南明弘光、隆武、永历等三个年号，并将南明与蜀汉、南宋等偏安一方，但被后世视为正统的政权相提并论。

《与弟子倪生书》提到清朝开端应从康熙元年（1662年）起算，顺治一朝因与南明并立，不应为正统。此外，文集中还记录了有关清军杀害崇祯皇帝后裔的传闻。

《南山集》关于南明三朝年号和史事的记载，不少源于其桐城老乡方孝标的《滇黔纪闻》一书，方孝标的族孙方苞曾为文集作序。

因此，名动天下的桐城方氏也被牵连其中，并一路牵扯到朝野上下的很多汉人名士。

康熙初年炮制的"庄廷鑨《明史》案"，最终定罪结果，是凌迟十八人，处死七十余人，流放宁古塔数百人，受牵连者千余人。有此先例在前，刑部对"《南山集》案"拟定的惩处意见，也显得毫不手软。

除戴家、方家两家族人外，为《南山集》写序的、刊刻的、贩卖的各色人等均被牵连，与戴名世交往甚密的很多名士也一并被捕。

刑部拟按"大逆"论处，戴名世凌迟，戴家三代以内凡十六岁以上男子皆斩，年幼者及女眷流放为奴，方家及相关亲朋人等一并严惩，死刑、流放和判罪之人，多达数百。

不过，即便按照清代律例的严苛标准，将《南山集》案判定为"大逆"也非常牵强，除用了几个南明年号之外，其中并没有什么对帝国毁谤不敬的言辞。

第九章 江南（下）

而且玄烨心知肚明，此事背后，有挟私报复和党争的嫌疑。

康熙四十八年（1709年）会试，素有文名的戴名世夺得会元，但在殿试时，他被文名不显的赵熊诏夺去状元，屈居榜眼。这位赵熊诏便是赵申乔之子，时人多认为赵家在其中做了一番手脚，戴名世和赵申乔也因此交恶。

赵申乔出首揭发，而且在案件查办过程中，利用左都御史作为三法司之一的强大影响力穷治不已，很难说没有挟私报复的因素。

同时，赵申乔与玄烨宠臣噶礼交好，他的另外一个儿子赵凤诏，曾在噶礼任山西巡抚、奉旨查办山西钱粮亏空案时，担任太原知府，称得上是噶礼的心腹。

玄烨曾召见赵凤诏，询问噶礼是否贤能，赵凤诏直接将噶礼标榜为"第一清官"，对噶礼被提拔为两江总督，起了不小的作用。

前面讲江南宜思恭亏空案时说过，噶礼乃是太子胤礽的死党。而赵申乔与太子一系的关联，也就很耐人寻味了。

清人萧奭的《永宪录》记载，早在赵申乔出面揭发戴名世的前一年，也就是康熙四十九年（1710年），胤礽已经亲自出马，将戴名世《南山集》中所谓的"悖逆"之语摘出，呈送玄烨。赵申乔只不过是按照节奏跟进而已。

噶礼任职两江总督时期，江南宜思恭亏空案不断发酵，而另一大案江南辛卯科场案也引起了一时轰动。

康熙五十年（1711年）是辛卯年，当年九月江南乡试放榜，士人发现中榜者中很多是富商或官宦之后，有些甚至是不学无术的纨绔子弟，纷纷抗议。事件从士人检举揭发考官收礼舞弊，演变成江南满汉高官之间的互相争斗。

江苏巡抚张伯行指责噶礼纵容考官舞弊，还想在审理中当场杀人灭口，噶礼则指责张伯行诬告大臣。双方矛盾趋于白热化。"《南山集》案"也就成了噶礼在江南攻伐政敌的武器。

康熙五十一年（1712年）年中，刑部正在严查《南山集》案，钦差大臣则在紧锣密鼓审理江南辛卯科场案。此时两江总督噶礼突然发难，参奏江苏巡抚张伯行七条大罪，其中最为诛心的一条是"刑部行提戴名世案内作《南山集》序之进士方苞，向系伯行好友，竟不差一官一役提拿。且《南山集》刻板，方苞收藏，苏州书肆印行三千余部，伯行岂得违曰不知，乃并不追问，其背恩党"。

噶礼直接将张伯行指为戴名世、方苞一党。如果京城那一头赵申乔得遂所愿，成功将《南山集》案铸成牵连众多的"大逆"之狱，张伯行必将死无葬身之地。

三

尤为荒唐的是，以八旗军功贵族门荫起家、文化水平并不太高的噶礼，见罗织文字狱的成本如此之低、杀伤力如此生猛，竟然也动了自己动手再掀起一场风波的心思。

他选择的对象，是在宜思恭一案中与自己有隙、与张伯行往来甚密，同时此前因为琐事得罪过太子胤礽的代理江苏布政使陈鹏年。

康熙五十一年（1712年），噶礼找到了陈鹏年游苏州虎丘的两首旧诗，如获至宝。其诗如下：

第九章　江南（下）

重游虎丘

其一

雪艇松庵阅岁时，廿年踪迹鸟鱼知。
春风再拂生公石，落照仍衔短簿祠。
雨后万松全逦匝，云中双阙半迷离。
夕佳亭上凭栏处，红叶空山绕梦思。

其二

尘鞅删余半晌闲，青鞋布袜也看山。
离宫路出云霄上，法驾春留紫翠间。
代谢已怜金气尽，再来偏笑石头顽。
楝花风后游人歇，一任鸥盟数往还。

噶礼马上向玄烨呈上密折，称陈鹏年反心昭彰。他附上这两首诗，逐句点评解释。

按他的说法，陈鹏年第一首诗里的"万松"，暗指南明弘光帝朱由崧。"红"便是"朱"，"红叶"就是指朱明后裔，"红叶"在陈鹏年的"梦思"中萦绕不去。

第二首诗则更是"大逆不道"。"代谢已怜金气尽"一句，陈鹏年本意是说秋天的气息不在，在噶礼那里却变成了讥讽开国国号为"后金"的大清国运将尽。"一任鸥盟数往还"一句，"鸥"被噶礼解读为海上水鸟，这一句就变成了陈鹏年暗通台湾郑氏的"铁证"。

这一番罪名罗织牵强至极，处处都透露出噶礼欲置陈鹏年于死地的凶狠。幸亏玄烨不愿意再生枝节，对噶礼此番令人啼笑皆非的深文周纳未予理睬。陈鹏年才算是逃得一条性命。

把几件事情的时间线对照一下，就可以发现，这些事件盘根错节，彼此之间有着千丝万缕的关系。

康熙五十年（1711年）十月，赵申乔揭发戴名世，《南山集》案正式爆发。此时，玄烨正在追究太子胤礽复立之后，重新纠集党羽的"托合齐会饮案"。与胤礽、噶礼一派关系密切的赵申乔此时出头，不排除有转移注意力，同时将其他皇子势力拉下水的嫌疑。

在此之前一个月，江南辛卯科场案已发，噶礼和张伯行在江南的争斗日益激烈，《南山集》案也就成为噶礼后来攻击张伯行的杀招。

康熙五十一年（1712年）五月，数年之前，在噶礼查办江南钱粮亏空案时，被判处绞监候、押在狱中等待处置的前任江苏布政使宜思恭突然反戈一击，控告噶礼等向其敲诈银两。

当年九月，太子胤礽二次被废，再无翻身之望。

康熙五十二年（1713年）正月，"江南辛卯科场案"终审宣判，噶礼被革职，一败涂地。

正是因为《南山集》案背后有如此复杂的斗争，不仅牵扯到汉官之间的私人恩怨，还涉及满汉之争、朝堂不同派系的争斗，乃至于"九王夺嫡"的宫闱秘事。所以在刑部于康熙五十一年（1712年）拟定处理意见后，玄烨迟迟未做最终定夺。

按理说，此时此刻，对于被裹挟其中、成为政治斗争工具的戴名世等《南山集》案一干"人犯"，玄烨应该给他们一个公正的对待。

然而，康熙五十二年（1713年）二月，玄烨宣布了他的最终裁决：戴名世处斩，已死的方孝标开棺戮尸，戴、方两家族人充发遥远的黑龙江，其他牵连之人没入旗籍。

在玄烨和他身边一班习惯于称颂圣上仁德的朝臣看来，相比"庄廷鑨《明史》案"的尸横遍野、血流成河，以及刑部起初按照"大逆"罪名拟定的惩处，这一番裁决，已经是格外恩典。

但对并无谋逆之心的戴名世，以及戴、方两家族人和亲友来说，这是不折不扣的无妄之灾，且无可诉冤屈之地。

虽然这位戴先生既无谋逆之心，也无不臣之迹，甚至可以说是思想改造成功，和朝廷积极合作的榜样人物，他在私家著作中使用南明三帝年号的行为，日后也在雍正、乾隆朝被平反，被认为并无悖逆，但当时在玄烨眼中，戴名世只是一颗可以借来便用的人头。

由此，在庄廷鑨《明史》案后相对宽松的帝国文网，再度陡然收紧。文字狱作为朝廷主动进行思想钳制的血腥政治工具，再度受到青睐，至乾隆年间终至不可收拾的地步，给民族精神文化和历史进程造成无可弥补的惨痛伤害。

四

此事尚有余音，颇有几分荒诞。

对于"江南辛卯科场案"查办审理过程中噶礼和张伯行两人的相互攻击，玄烨其实并不糊涂——张伯行的清廉耿介人所共知；噶礼虽有办事之能，但品行并不牢靠，纵容考官索贿，甚至直接分得大头，并非不可能之事。这是他多年观察的结论，也得到了曹寅等眼线密报的印证。

但是，几轮会审下来，前后数位钦差给出的处理意见，要么是重惩张伯行、轻处噶礼，要么是两人各打五十大板，一通和稀泥了事。

事情何以至此呢？

原来，大家心知肚明，皇上早已不复早年间的励精图治，众人也早已学会察言观色揣摩上意。此案并非只有事情本身的是非曲直那么简单。噶礼是玄烨宠信的满臣，更是其乳母之子，张伯行则是多次挨批的"假道学"汉臣，两人岂能相提并论呢？

不过，虽然玄烨确实偏心于噶礼，总体上也赞同查案官员和稀泥的态度，但其间分寸不易拿捏，他也不愿意因此过度触怒江南民众，特别是正在火头上的读书人。而曹寅的密奏也几次三番提醒他，此时若不处理妥帖，江南人心难服。

当然，同为乳母之子的曹寅，未必没有与噶礼争斗之心。更何况其中还有同太子胤礽之间的矛盾，事情就更复杂了。

案子拖到康熙五十二年（1713年），此时噶礼亲近的太子胤礽已二次被废，玄烨心中的天平也发生了微妙倾斜。

此年正月，经九卿会审、皇上亲断，最后裁定，两江总督噶礼革职，江苏巡抚张伯行革职留任，参与舞弊的考官、考生判处死刑。

就这个处理结果而言，噶礼算是一败涂地。

革职留任虽然带一个"革职"，但仍可以在原部门办事，一有机会便能戴罪立功恢复原样。以今天的奖惩类比，它更像一个稍微重一点的记大过。

当然，噶礼的革职看似重惩，也未必没有起复的机会。玄烨为

第九章 江南（下）

了平息众怒、安抚江南民怨沸腾的人心，拿噶礼的顶戴做个姿态，也就可以了。等到尘埃落定，当不会亏待噶礼。他毕竟是亲信铁杆，满洲自己人，加之人才难得，玄烨绝不会让他背锅赋闲太久，绝非戴名世那颗只借不还的人头。

然而事情却出了意外。

康熙五十三年（1714年），噶礼之母，也就是玄烨的乳母，向玄烨鸣冤诉苦，说噶礼忤逆不孝，竟然妄图毒死母亲。乳母还告发噶礼偷偷收养罪人干泰，也就是废太子胤礽亲舅舅常泰之子，可谓胆大包天。

如此重罪，玄烨再也无法袒护，最多也只能是法外开恩，将依律当处凌迟的噶礼，改为在家赐死了事。

与此同时，赵申乔则在另一条战线，做着最后努力，试图力挽狂澜。

康熙五十二年（1713年）二月，噶礼被革职的次月，也是戴名世接受最终判决的当月，赵申乔又一次硬着头皮顶在前面，上书劝谏玄烨"皇太子为国本，应行册立"。

他没有提应当册立谁，但此时离胤礽二次被废仅数月，赵申乔意下何人，还是很容易猜出的。

赵申乔与胤礽、噶礼之间的长期勾连，玄烨不太可能毫无察觉。不过，对于这个不惜帮他掀起文字狱的江南汉人"奴才"，玄烨在明面上还是表示了足够尊重，对他耐心解释一番，说了些自己暂时不考虑再立太子的道理，并未治他妄言国本、干预天子家事之罪。

但是，这并不代表玄烨在内心深处，对赵申乔未生嫌恶。

这个月，被赵申乔打倒在地的戴名世死了。第二年，与赵申

- 247 -

乔唱和不断的噶礼也死了。到了第三年，就是康熙五十四年（1715年），山西巡抚苏克济，弹劾赵申乔之子、噶礼铁杆亲信，长期担任太原知府的赵凤诏，说他借钱粮亏空巧立名目，贪污巨额银两。玄烨当即下令彻查。

经查，赵凤诏"巧立税规，勒索银两"十七万余。玄烨怒斥其为"第一贪官"，和当年赵凤诏称颂噶礼的"第一清官"，恰好形成有讽刺意味的对仗。

九卿会商论罪，一开始将其定为斩立决，后考虑其父是劳苦功高的老臣，拟改为斩监候，但最后仍被定为斩立决。

康熙五十七年（1718年）二月，也就是戴名世被斩首整整五年之后，赵凤诏被斩首示众。

要知道，玄烨晚年对钱粮亏空责任官员极为宽纵，即便贪腐罪行昭彰，也极少严厉惩罚。在这种情况下，赵凤诏几乎成了因贪腐被杀头的唯一一位官员。

在赵凤诏身陷牢狱等待处决的同一时间，他的长兄，也就是当年殿试压戴名世一头的状元赵熊诏，也因事被革去职位，发遣西北，前往军中效力。

年过古稀的赵申乔连遭打击，积郁成疾。当时他的反应，是上书自责教子无方，请求罢官退职。玄烨将他责备一番，说，你又何必如此言辞激烈，都没了大臣的风度，还是继续干下去吧。

于是，赵申乔继续在职，消磨残生。直到康熙五十九年（1720年），终于在任上一病不起。

说起来，玄烨在"九王夺嫡"祸起萧墙之后，深深体会到了逆子带来的折磨煎熬，也经历了将一个个儿子废黜圈禁的纠结，他似乎变得特别喜欢让别人体会丧子、失子之痛。

对于崇祯后裔朱慈焕，玄烨在凌迟处死他之前，命人在这位七旬老翁面前，将他的五个儿子斩杀殆尽。

对于指使儿子上书重立胤礽的工部侍郎朱都讷，玄烨留下他一条性命，却强令他在刑场亲眼观看儿子和女婿被斩首示众的整个过程。

对于联络御史、上书立储的大学士王掞，玄烨令其长子代父前往西北军前，十五年之后方才赦还。

让七旬老臣、江南"功奴"赵申乔，亲眼看着一子被杀、一子被发配，是玄烨的又一"杰作"。

为何向来以宽仁著称的圣君玄烨，竟在花甲之年，显露出如此残忍的一面？

五

玄烨内心深处，对于自己治下的亿万汉人，始终存在一种复杂心态：一则认为他们不似满人那般纯良朴实，风气务虚浮华，二则害怕他们终不为满人所制。因此，他对汉人精英一面拉拢、一面提防，一面高喊满汉一体，一面始终严守那道不可逾越的鸿沟。

这种复杂心态，铸就了玄烨的"江南情结"，也在很大程度上，决定了他对很多其他事务的判断，甚至影响了历史的进程。

譬如，玄烨对待西学的态度。

历代帝王中，玄烨对于自然科学的兴趣是比较浓厚的。当时中西交流日益频繁，一大批西方传教士得到进出宫廷、接触皇室的机会，玄烨也有了解西方科技成果的机会，由此他成了中国历史上少有的通晓西学的君主。

在西学领域，玄烨展现出不错的天分，学习也非常认真刻苦，在天文、地理、数学、医学等方面均有涉猎，且有著述。他对西方科技与自然科学的学习，影响了多位皇子，在实践领域也发挥了一些积极作用。

康熙八年（1669年），玄烨在亲政之后，面对关于大清采用何种历法的争执，他一方面自学天文历算，一方面要求力主西法的比利时传教士南怀仁和坚持旧法的钦天监官员，进行实地测算验证，最终裁定南怀仁胜出，采用结合西方天文学知识编定的《时宪历》。

康熙五十三年（1714年），在玄烨指示下，三阿哥胤祉领衔组织编撰的《律历渊源》一百卷修成。此书涵盖天文、音乐、数学等学科知识，在系统整理中国传统科技成就之外，也介绍了一些西方科学技术知识，在科技史上具有重要地位。

另外，康熙中后期开始编撰的《古今图书集成》，大量摘录保存此前很多丛书、类书不甚重视的自然科学内容，这也是玄烨个人风格打下的烙印。

康熙四十六年（1707年）起，玄烨委派西方传教士雷孝思、马国贤、白晋、杜德美等人，会同中国学者，参用中西技术，运用当时最先进三角测量法、经纬图法、梯形投影法等，在全国各省开展大规模实地测量。

测量历经十余年，终于在康熙五十七年（1718年）绘成《皇

第九章 江南（下）

舆全览图》。英国科技史大家李约瑟称该地图"不仅是亚洲当时所有地图中最好的一种，而且比当时所有欧洲地图都更好、更精确。"

但是，玄烨个人对西方科技和自然科学的重视，并未带来中西科学文化交流等的蓬勃兴盛，也没有在中国掀起科技发展高潮和产业革命。相反，在即将到来的巨大变革和全球性竞争中，中国逐渐落后，以致1840年后被西方侵略者的坚船利炮打开国门。

对比一下和玄烨几乎同时代的俄国彼得大帝，可以看到两者在政策层面存在的差异。

彼得大帝对西欧国家的学习，带来了全面的改革创新。他大量派遣留学生前往西欧，同时在国内改革传统学校体制，设立大量自然科学课程，改革语言文字，翻译出版外国著作，创立科学院、博物馆、图书馆、大学等科学文化机构，改革军队武器装备和编制，引进西欧技术装备和技师改进国内工场，在立法、行政等领域也大量学习西欧经验，引入西方制度。

相比之下，玄烨的个人兴趣几乎没有在国家政策层面产生影响。

古老的东方帝国，如一艘沉重而陈旧的巨船，在它既定的航道上往复航行，对即将到来的惊涛骇浪几乎不觉。

为什么会出现这种差异？除了俄罗斯靠近西欧的天然地理条件之外，很多论者将注意力集中于玄烨和彼得两人的个性差异，或者将玄烨的局限性泛泛归结为封建专制君主对于维持统治的执念。

这些视角不能说不对，不过如果我们将这个问题，放到玄烨毕生追求政治合法性这个认知之下去看，就会看得更加清晰一些。

六

首先，玄烨爱好自然科学，学习西方科技，并非只是出于个人兴趣，全无政治考虑。

他的首要政治考虑，是维持满洲集团的统治力量，以西学平衡和削弱汉人在中国传统学问上的优势。对比彼得大帝，虽然同样是为了强化王权、维持统治，但玄烨的小圈子心态难免导致他施政格局狭窄。

玄烨对西学孜孜不倦，在一定程度上，是受"汉人学问胜满洲百倍"直接刺激的结果，而掌握西学，则可以让自己，包括满洲集团，获得超越汉人学问的降维优势。

康熙四十九年（1710年），玄烨对皇子回忆起即位初期的历法之争，坦然说出自己学习西学和天文历算的真实考虑："尔等惟知朕算术之精，却不知我学算之故。朕幼时，钦天监汉官与西洋人不睦，互相参劾，几至大辟。杨光先、汤若望于午门外九卿前当面睹测日影，奈九卿中无一知其法者。朕思己不能知，焉能断人之是非，因自愤而学焉。"

玄烨要的，就是超越汉官的"断人之是非"的能力。前面说过，玄烨为了证明意识形态和精神文化层面的"满洲优越性"，几乎用尽浑身解数。相比于强行论证满人在儒学方面不次于甚至胜过汉人文士，还难免让人觉得牵强的话，用汉人并不擅长的西学来支撑这种优越性，则显得有底气多了。

正是因为如此，很多时候，玄烨会将西学成果和中学领域的"道统""治统"概念，毫无障碍地融会贯通。他早在张之洞提出"中学为体，西学为用"一百余年前，便深刻洞悉了这一理念。

如他在《皇舆全览图》编成后，洋洋自得说道："朕费三十余年心力始得告成。山脉水道，俱与《禹贡》相合。"

原来，这十余年不辞辛劳、采用各种西方最新方法编成的全国地图，主要还是为了证明玄烨圣人仁君治世之统，直追上古圣王。也难怪此图编成之后，被长期藏于秘府，并未在军事、政治、经济、交通等领域，发挥它的作用。

有时玄烨甚至会往前再走一步，直接论证即便西学看上去花哨热闹，其实只不过是中土圣人之学播迁到西土的产物罢了。

康熙四十四年（1705年），玄烨曾连续三天召见数学家梅文鼎，讲授自己撰写的《三角形推算法论》。在这篇文章中，玄烨说，"论者以为古法、今法之不同，深不知历原出自中国，传及于极西"。

梅文鼎事后心悦诚服地说："御制《三角形论》言西学实源中法，大哉王言！"

其次，正是因为玄烨学习西学，从一开始就是出于维护政治合法性的考虑，西学便难以在国家层面加以推广。

玄烨需要严格隔绝西学与汉人，使西学成为满洲小圈子的禁脔。对他来说，西学是他对付汉人的一种治术。如果西学为汉人所用，会削弱满洲的统治基础，这是绝不能接受的。

据张诚等西方传教士回忆，玄烨将科学活动严格控制在宫廷之内，严厉管制科学著作的翻译扩散，连对作为满人同盟者的蒙古人都严防死守，更不用说汉人了。很多时候，他要求传教士只能将西方科学著作翻译成满文，其心态不言自明。

另外，玄烨还指示出入宫中的西方传教士，制作了大量天文仪器。据后世调查，收藏在故宫中的科学仪器有近千件，光望远镜就有一二百件，大多数是康熙、乾隆时物。但这些宝贵的科学仪器，大多被藏在深宫内苑，作为皇家礼器，或是供皇帝个人使用，连官方的观象台都没有资格使用，更不用说向民间扩散推广了。

如此，也就能理解为何看上去颇为开明的玄烨，会在康熙五十六年（1717年）时，因为担心百姓"聚集海上，不可不加意防范"，悍然发布"南洋禁海令"，直接断绝与东南亚诸国的贸易，勒令出洋商民返回国内了。此举导致东南沿海民生凋敝，中外交流严重受阻，老大帝国更趋闭塞。

七

令人感慨的是，玄烨的这种心态，也直接为他的"好圣孙"弘历所沿袭，进一步导致了国家的封闭与落后。

1860年，英法联军在洗劫圆明园时，找到了半个多世纪之前，英国使臣马嘎尔尼访问中国时，送给弘历的步枪。这些当年英国最为先进的武器，被弘历束之高阁，锁进库房，不闻不问。

后人感慨，若是弘历不似如此愚钝，而是组织研究仿制，进而推动军事革新，两次鸦片战争乃至之后的历史进程，是有可能被部分改写的。

弘历真的愚钝吗？

要知道，他小小年纪，被祖父玄烨养在宫中时，就被玄烨手把手教会了火枪射击之术。作为东征西讨几十年的"十全老人"，弘历对武备战阵之事，从来都是十分用心的。但是，他和祖父一样，对维护帝国统治合法性矢志不渝。在他看来，如果先进的火器推广开来，就很难将它们与人口众多的汉人隔绝了。这样一来，满洲本来就所剩不多的骑射技术与武力优势，就会彻底丧失。帝国的统治基础将愈发薄弱。

马克思说过，火药把骑士阶层炸得粉碎。而弘历把英国人的步枪锁进圆明园，就是因为，他们不愿面对这样的结局。

弘历，以及他那将地图、科学著作和仪器锁进深宫的祖父玄烨，他们何尝有半点愚笨？只是自作聪明罢了。

最后，在君主专制臻于极致的情况下，统治者对于某件事物的个人兴趣与关注，在很多情况下，对这件事物自身的发展而言，未见得一定是好的结果。

玄烨对西方科技和自然科学的态度，正是如此。他对具体的应用更感兴趣，对理论问题兴味索然，导致西方传教士在传授西学内容时，很多时候也有意忽略其中的理论和系统基础。

例如，康熙五十一年（1712年），传教士傅圣泽向玄烨专门介绍了符号代数，这是当时西方数学比较新鲜的研究成果。但玄烨听了之后觉得晦涩难懂，甚至有些可笑。结果就是这一系列知识的西学东渐长期停滞不前。在中国传播开来，已经是一百五十年后之事了。

玄烨下令编写的《律历渊源》，其中第三部《数理精蕴》主要介绍数学，内容非常丰富。但其中对西方数学的介绍，基本停留在中世纪之前，对17世纪的最新成果关注较少。这部被冠以"康熙御制"名号，被奉为"金科玉律"的数学著作，反倒在现实中阻碍了数学研究的进一步发展进步。

又比如，传教士在巴多明给玄烨讲授完人体解剖学之后，准备将讲义整理成书出版，也被玄烨断然下令阻止，扼杀了又一门重要科学传播的机会。最后这份讲义正式出版的时候，已经是1928年，帝国墓木已拱矣。

这种事例是很多的。如果我们对比一下明朝后期的科学发展态势，会有更加强烈的感受。

明朝后期，以徐光启、李时珍、宋应星、徐霞客等杰出人物为代表，中国出现一轮科技发展的空前高峰。这里面既有中西科学技术交流的影响，也有中国科学技术自身发展规律的推动。

值得注意的是，晚明诸帝个人对科学技术的兴趣远不如玄烨，只有一个"木匠皇帝"朱由校，可能还和"技术"搭得上一点边。他们没有想着自己去"断人之是非"，也没有大张旗鼓"御制"各种著作，只是为士大夫阶层和民间自发自为的交流、研究、著述活动留出了充足空间。在这种情况下，社会层面的科技活动呈现出勃勃生机。

徐光启更是提出了一整套科技理论："深伦理，明著述，精择人，审造器，随时测验，追合于天。"也就是说，要建立科学技术理论体系，编写出版书籍，培养选拔人才，制造科学仪器，建立科学实验和验证系统。这套理论，即便拿到今天来看，也毫不过时。

可惜的是，这一发展态势，在1644年改写了。

建立的新王朝，即便君主个人对科学技术的兴趣远胜前朝，甚至孜孜不倦于学习、著述，但这一中国古代历史上罕见的科技蓬勃兴旺之势，却再也未能在帝国的舞台上重现。

历史容易激发人的假想欲望，但研究越深入越透彻，容得下假设的余地就越小。

第十章 故国

一

康熙六十一年（1722年），玄烨御宇天下的漫漫长路，走到了最后一个年头。

斯年伊始，宫中举行新年朝贺之礼。年近古稀、两鬓霜染的老年皇帝，回顾已一个甲子有余、古往今来无人可及的巍巍帝业，颇为志满意得。

他写下了一首《六十一年春斋戒书》：

> 性理参天地，经书辅国朝。
> 勿劳民力尽，莫使俗氛嚣。
> 不误农桑事，须轻内外徭。
> 风高林鸟静，雨足路尘消。
> 视察焉能隐，行藏岂可摇。
> 桑榆虽景暮，松柏后霜凋。
> 长养春容盛，宽严君德调。
> 倦勤应不免，对越愧明昭。

正月初二，玄烨在乾清宫前排下盛宴，宴请勋贵文武大臣官员中，年龄在六十五岁以上的长者六百八十余人。正月初五，宴请六十五岁以上汉族大臣三百四十余人。两次宴请的长者超过千人，

第十章 故国

史称"千叟宴"。这是玄烨七旬大寿典礼的预热,也是近十年前畅春园大宴的重演。

那还是康熙五十二年(1713年)三月之事。

当时正值玄烨六旬寿辰,他刚刚处理完第二次废黜太子胤礽的一系列棘手之事,内心撕扯,身心俱疲,非常需要以盛大的庆典,给自己的躯壳注入活力。

因此,玄烨连续三天在畅春园设宴,邀请六十五岁以上的满汉臣工及民间耆宿,官民不论,赴宴者有六千余人。满院白头胜雪,在玄烨和皇太后驾前山呼罗拜,下跪诵经,为帝国江山永固与帝祚永延祈福,蔚为一时盛事,成为盛世明君的绝佳点缀。

到康熙六十一年(1722年)时,当年"九王夺嫡"的乱局,至少表面上已经风平浪静了。但玄烨身心衰竭甚于往昔,他已等不及到次年三月七十寿诞时再行举宴,便将盛典提前至年初举行,也就有了这第一次名正言顺的"千叟宴"。

今天的我们,仍可以回想当年"千叟宴"的盛况。

只见紫禁城内,乾清宫前,鼓乐齐鸣,瑞雪漫卷,轻轻落在老叟们斑白的须发之上。他们颤颤巍巍地向玄烨行三拜九叩之大礼,然后各自入席。

玄烨命令皇子、诸王、贝勒、贝子等一班天潢贵胄,分头前往各桌,斟酒劝饮。觥筹交错,君臣尽欢。玄烨也微微有了几分醉意,他文思泉涌,即席挥毫,留下了一首《御制千叟宴诗》:

> 百里山川积素妍,古稀白发会琼筵。
> 还须尚齿勿尊爵,且向长眉拜瑞年。

> 莫讶君臣同健壮，愿偕亿兆共昌延。
> 万机惟我无休暇，七十衰龄未歇肩。

诗中，玄烨表达了朝堂之上"君臣同健壮"、帝国江山"亿兆共昌延"的美好愿望。他乾纲独断、毫不懈怠，虽然年老体衰，但仍坚持继续工作下去的意志，则是后世歌词"我真的还想再活五百年"的灵感来源。

值得注意的是，与近十年前的畅春园大宴相比，这次乾清宫前的"千叟宴"，并没有邀请平民百姓一同赴宴。

此刻帝国境内已不如当年平靖，各地民变时有发生。特别是台湾刚刚发生了朱一贵打出"大明重兴"旗号造反作乱的恶劣事件。玄烨调兵遣将，渡海镇压，花费许多兵马钱粮才将乱事平息下去。十几天前的康熙六十年（1721年）十二月十八日，造反魁首朱一贵刚刚被解送至京城凌迟示众。这种情况下，玄烨已然没有了"与民同乐"的兴致。

此次"千叟宴"，玄烨将满蒙汉八旗大臣与汉官分成正月初二、初五两拨，显得泾渭分明。八旗大臣官员参加宴会的人数，差不多是初五时汉官的两倍。玄烨和八旗"自己人"欢宴同饮，也更加从容欢畅了。

不过，相比十年之前的畅春园大宴，这一次"千叟宴"虽然没有官民同乐的场面，玄烨却特意邀请了许多罢黜退职的官员参加。他们之中，很多都是康熙晚年各种政治斗争的失败者，或是失意者。

这当中，有王掞。

一年之前，上书劝谏玄烨重新册立胤礽为太子的大学士王掞，因为触怒玄烨被免去职务，长子也被远远发遣至西北边陲随军戍边。他在这次正月的皇皇盛典之后，被玄烨恢复职务，重新起用。

由此一来，"千叟宴"也就有了一种最终和解的味道，仿佛是对故事尾声将近的一种预示。

二

以康熙四十七年（1708年）第一次废黜太子胤礽的风波为转折点，帝国盛世表象之下潜藏的很多矛盾，次第爆发出来。玄烨本来强健的身体，也在家事、国事的无尽折磨之中，每况愈下。

在康熙五十六年（1717年）提前颁布"遗诏"之后，由于嫡母博尔济吉特氏去世，玄烨身心备受打击，前后卧病共七十余日。

康熙五十八年（1719年），玄烨自觉"气血渐衰，精神渐减，办事颇觉疲惫，写字手亦渐颤"。

康熙六十年（1721年），他又多出了一个"易倦善忘"之症。据后世推测，种种迹象表明，玄烨已经患上了比较严重的心脑血管疾病，且病势逐渐加重。

不过，在康熙六十一年（1722年），也许是因为"千叟宴"欢腾景象的刺激，加上西陲准噶尔犯边、台湾朱一贵作乱等棘手之事的依次平息，以及宫墙之内一派父慈子孝、含饴弄孙的和谐景象，玄烨至少在年初时，还是一副精神饱满的状态。对于不时发作的身体疾患，他也早已习惯。

于是，玄烨如往年一样，给自己安排下了密集而充实的活动时间表。

春天，他巡视京畿一带，体察民情。夏天，他照例举行木兰秋狝，驰马塞上，欢宴蒙古诸部，到九月底方才回到京师。回京不到一个月，又赶往南苑围猎。

对玄烨来说，塞上的朔风，南苑的秋草，是他繁忙政务的最佳调剂品。不过，可能是因为反复奔波，玄烨身体积累了过多劳累，加上寒潮来袭，气温陡然下降，他在南苑身染风寒，被迫终止了人生中的最后一次围猎。

他没有回到紫禁城，而是在十一月初七，移驾今天北京大学西门附近的畅春园行宫，在此休养病体。

此年十一月十五日是冬至，按照礼法，玄烨需亲自前往位于内城以南的天坛圜丘，主持祭天大典。但玄烨感觉到此次病势甚为猛烈，自己不见得能在十五日前恢复健康，便在九日时，预先指派皇四子雍亲王胤禛，前往天坛斋戒，做好代替父皇祀天的准备。

随后几日，玄烨感觉病情日渐好转。每天胤禛都会派遣护卫太监前往畅春园请安，而每一次玄烨的回话都是"朕体稍愈"。

然而，十一月十三日凌晨，玄烨的病情突然急转直下。当日晚间，他在畅春园寝宫去世，享年六十九岁，在位六十一年。

至此，延续十余年的"九王夺嫡"大戏也终于迎来了结局。按照玄烨在病危时交代的口谕，四阿哥胤禛成为最后胜利者。十九日，胤禛告祭天地、太庙、社稷。二十日，胤禛在太和殿登基，接受百官朝贺，次年改元雍正。

至此，康熙时代的帷幕最终落下。

第十章 故国

三

相比玄烨去世本身，胤禛何以在错综复杂的储君之争中最终胜出，一直以来都是人们更加关切的话题。

早在雍正即位初期，朝野就已出现对于此事的质疑声和议论声。数年后，湖南士人曾静筹划反清，将胤禛得位不正、篡位上台的种种传说大肆渲染，甚至逼得胤禛以皇帝之尊亲自下场辩白，写出一本《大义觉迷录》，竟和山野乱党打起了嘴仗。

数百年间，雍正即位之谜始终聚讼不休，至今尚未在学术界达成普遍共识，此事也一直是各类影视文学作品经久不衰的热门题材。

坊间流传的有关胤禛篡位的几种常见说法，倒是比较容易辨伪。

比如说，曾静等人言之凿凿的，玄烨在畅春园病重，胤禛献上一碗人参汤，玄烨喝完就驾崩了。

据史料考证，玄烨最反对乱用补剂，尤其反对动辄服用参汤进补。加上玄烨病危时胤禛并不在畅春园，而是在天坛准备斋戒，得知父皇病危消息之后才匆忙赶回，故而这种说法是站不住脚的。

又比如，更常见的一种说法，也是很多影视作品津津乐道的，说玄烨的遗诏原本是"传位十四子"，被篡改成"传位于四子"，胤禛就靠这个偷梁换柱的诏书成功上位。

按照清代皇室公文定例，"十四子"前必加"皇"字，而"传位皇十四子"改完是没法通顺的。更重要的是，就算是有这样一份遗诏，此等重要文书，原档也应是以满文、汉文双语书写，改"十"

- 263 -

为"于",只能说是想当然罢了。

不过,这些说法站不住脚,并不代表胤禛即位这件事情本身没有疑点。

即便是前文我们分析的,胤禛在漫长而复杂的争储之战中,形成了多方面的竞争优势——一步步完成形象塑造,在父皇面前保持良好人设,在战略谋划和团队控制方面则极其铁腕,在关键节点多有周密布置,也做了不少准备,但这并不代表玄烨一定会将皇位传给他。

客观地说,在康熙六十一年(1722年)年底这个时点,只能说胤禛和三阿哥胤祉、十四阿哥胤禵,仍留在玄烨最后的备选名单上。而随着时间往后推移,胤禵不断积累军政经验,竞争力越来越强大。这是从当年到今日很多人的共识,也是玄烨被推测之所以迟迟不明确立储安排的背后原因。

另外,虽然胤禛在即位之后,为了巩固统治,确立政权交接的政治合法性,消除各种质疑,对起居注、实录和各种谕旨文书进行了大规模的销毁与篡改,但那些为数不多的残留文字,仍然暴露了很多疑点。

四

来看看雍正年间成书的《清圣祖实录》,对玄烨人生最后一日的记载:

第十章 故国

"甲午,丑刻,上疾大渐,命趣召皇四子胤禛于斋所,谕令速至,南郊祀典著派公吴尔占恭代。寅刻,召皇三子诚亲王允祉、皇七子淳郡王允祐、皇八子贝勒允禩、皇九子贝子允禟、皇十子敦郡王允䄉、皇十二子贝子允祹、皇十三子胤祥、理藩院尚书隆科多至御榻前。谕曰:皇四子胤禛人品贵重,深肖朕躬,必能克承大统,着继朕登基,即皇帝位。皇四子胤禛闻召驰至。巳刻,趋进寝宫。上告以病势日臻之故。是日,皇四子胤禛三次进见问安。戌刻,上崩于寝宫。"(注:此《实录》于雍正年间成书,诸皇子除十三阿哥胤祥外,名字中的"胤"字,均已避胤禛讳,改为"允"字,胤祥属于格外开恩,另十四阿哥胤禵两字皆避,改为"允禵"。)

这段文字之中,甲午是指在康熙六十一年十一月十三日(1722年12月22日),丑刻、寅刻、巳刻、戌刻,分别是这一天的凌晨一点至三点、三点至五点、上午九点至十一点、晚上五点至九点。

所以,这一天的大概时间线就是:

凌晨两点左右,玄烨病危,派人快马加鞭将身在天坛的四阿哥胤禛唤回畅春园。

凌晨四点左右,住处较近的三阿哥胤祉、七阿哥胤祐、八阿哥胤禩、九阿哥胤禟、十阿哥胤䄉、十二阿哥胤祹、十三阿哥胤祥,连同胤禛党羽、负责畅春园一带警卫工作的隆科多,被玄烨叫到榻前,宣布由四阿哥胤禛继位。

上午十点左右,胤禛回到畅春园寝宫,玄烨向其告知自己病情严重。胤禛多次进见请安。

晚上八点左右，玄烨在寝宫去世。

仅仅这段不长的文字，连同其他一些可以相互佐证的文字，就出现了至少四个重要疑点。

第一，从畅春园到天坛，距离在五十里上下。按照清代紧急军报的速度，一个多小时就可以到达。皇帝病危通知皇子，兹事体大，比军报更加紧急，一路并无险阻，还不用考虑换马的问题，速度只会比八百里军报更快。

但是，这一天从使者出发，到胤禛回到畅春园寝宫，前后竟耗费了八个小时左右，这是很不合情理的。

第二，玄烨凌晨四点左右在榻前宣布口谕，晚上八点去世，中间有十几个小时，时间不算仓促，玄烨却始终没有把这个篇幅不长的口谕写成文字，或者命人书写，导致继位者始终面临合法性不足的问题。

这并不符合玄烨的人设。玄烨一向办事谨慎，对皇位交接更是慎之又慎，留下这么大一个疏漏，是难以想象的。

若要说玄烨在宣布口谕之后，马上就陷入了神志不清的弥留状态，又和后面他亲口向胤禛告知病情、多次接受请安的描述相矛盾。

第三，隆科多出现在接受口谕的人群之中，而且是众多皇子之外的唯一一位非宗室大臣，显得非常蹊跷。

从身份上说，隆科多是理藩院尚书兼步军统领，是玄烨的表弟兼内弟，也是他晚年非常信任的近臣。步军统领即俗称的九门提督，掌握京城防务，职位不算显赫却很关键。但是，总体上看，隆科多的官职资历，若论分量，作为唯一一位接受口谕的非宗室大臣，是显得有些单薄的。

第十章 故国

且不论皇子之外的王公亲贵,尚有满汉大学士、领侍卫内大臣、都统、六部尚书等官员排位在他之前。而隆科多又不具备为皇帝起草遗诏的词臣身份,所以左看右看,都显得尴尬莫名。

回顾一下玄烨之父顺治帝福临临终时的情形。

即便当时属于入关之初的政权草创时代,福临也依然在病体沉重时,召来了礼部侍郎兼翰林院掌院学士王熙、内阁学士麻勒吉两人,向他们口授遗诏。两人拟就书面谕旨,经福临反复审定,方才正式发布。

麻勒吉和王熙一满一汉,皆是执掌诏书起草的词臣。而两人同时受诏,既可以防止有人心怀不轨、篡改遗命,对受诏之人自身也是一种有效保护。

玄烨之后诸帝,雍正帝、嘉庆帝属于突然去世,乾隆帝是禅位之后去世,均不存在临终时口授遗诏的问题。到道光帝旻宁临终前,即便只是公布事先早已拟好的遗诏,旻宁也郑重其事地召来宗人府宗令载铨,御前大臣载垣、端华、僧格林沁,军机大臣穆彰阿、赛尚阿、何汝霖、陈孚恩、季芝昌,总管内务府大臣文庆,总共十位大臣,其慎重态度可见一斑。

对比起来,玄烨口授遗诏时,除去对于即位之事属于利益相关者、其公正性天生存在短板的各位皇子之外,唤来的非宗室大臣,仅有隆科多一位,且其资格存在问题,这就很难自圆其说了。

试想,在缺乏书面诏书的情况下,如果各位皇子对口头遗诏的具体内容各执一词,那隆科多岂不是成了一锤定音的唯一裁决者?玄烨怎么会留下这么大一个窟窿呢?

从实录当日的记载来看,玄烨连急召胤禛回畅春园之后,对由谁代替胤禛完成祀天典礼这种礼仪事项，都能清晰明白地预做安排，反倒是在遗诏口授人选这种帝国生死大事上，弄得粗糙混乱、不清不楚，这是很难解释的。

而且，在康熙五十六年（1717年）的"遗诏"中，玄烨把唐太宗将定储大事完全掌握于长孙无忌一人之手，当成深恶痛绝的反面教材，怎么事情到了自己头上，反倒犯起了同样的糊涂？

此外尚有一点，是胤禛即位之后，在对实录等进行精心编排时，无形中露出的马脚。

当时隆科多的完整官衔，是理藩院尚书兼步军统领。其中，步军统领执掌京师的重要武力，麾下两万余人，负责皇室警卫与京城治安。其下属的巡捕中营三千余人，就驻扎在圆明园、畅春园一带。要说玄烨召唤隆科多领受口谕尚有一点合理性的话，那主要也是体现在他身为步军统领而负责拱卫行宫的这个职责上。而实录在描述隆科多的时候，却偏偏隐去了步军统领这个身份，只剩下理藩院尚书这个此刻并无多大意义的头衔。

这是为什么？

一种合理的推测，是实录的编纂者并不愿意强调隆科多执掌军队，有能力控制畅春园一带局势的身份特征，以求减少后世读者对于继位背后武力因素的关注。

掩盖恰是一种暴露。

第四，玄烨在凌晨四点左右，向七位皇子和隆科多宣布，四阿哥胤禛为皇位继承人。上午十点左右胤禛赶回，进入寝宫，玄烨向其亲口告知病情。后面直到晚间玄烨去世，胤禛三次问安，玄烨却始终没有亲口把这个消息交代给胤禛本人。

第十章 故国

这是《清圣祖实录》关于这一天的记载之中,最令人不可思议的一处,简直到了匪夷所思的地步。难道玄烨到这个时候,还想着要给胤禛一个惊喜?

这一处疑点,在其他相关档案和文书中得到了重复和加强。

在胤禛去世之后成书的《清世宗实录》中,关于这一日的记载,与《清圣祖实录》大致相同,只是增加了一些细节,胤禛回到畅春园之后的请安次数,由三次变成了五次。这么多次见面机会,玄烨竟没有把选择胤禛继位的消息,亲口告诉他本人。

雍正年间,胤禛面对曾静等人关于他"弑父"的指责,曾亲自下场辩白,颁布谕旨,后编入《大义觉迷录》。其中关于这一日的描述,又增加很多细节。

但是,胤禛亲自增补的内容,反倒让疑点变得更多了。

胤禛说:"其夜戌时,龙驭上宾。朕哀恸呼号,实不欲生,隆科多乃述皇考遗诏。朕闻之惊恸,昏仆于地。诚亲王等向朕叩首,劝朕节哀。朕始强起办理大事。"

将这一段与《实录》的记载放在一起看,会让人觉得此日种种,皆如儿戏一般。

按照胤禛自己的说法,他在十三日晚间玄烨去世之后,方才从隆科多那里知道玄烨凌晨口授的遗诏。而他的反应居然是"闻之惊恸,昏仆于地"式的夸张表演,仿佛坐实了父皇要给他一个惊喜式的恶作剧行为。很难让人相信,此日尚属清醒的玄烨,会如此对待传位大事。

再仔细一看,在玄烨去世后,向胤禛转述遗诏的,只有隆科多一人,还是一位外姓大臣。按理说,当初隆科多和七位皇子一起在

- 269 -

玄烨榻前集体领受口头遗诏，现在也应该一起向胤禛转达，这才是符合规矩的正常做法。否则，隆科多一人假传口谕，旁边又没有其他人佐证，堂堂大清皇室岂不成了草台班子？在各种文献中，也找不到隆科多得到授权，可以单独向胤禛转述口谕的说法。

有人会说，隆科多可能是私自向胤禛透底，他本来就是胤禛的党羽嘛。可是，即便隆科多私自透了底，后面也应该还有一个大家集体传达遗诏的仪式。而这个仪式，同样是毫无记载，在各种文献中也毫无记载。

最后一点，更是经不起推敲。

从上午十点左右胤禛返回畅春园，到晚上八点左右玄烨去世，胤禛在这么一个并不太大的院子里，游荡了十来个小时。

此时此刻，不仅隆科多在园子里，集体领受口头遗诏的七位皇子，大多也在畅春园里，包括早已成为胤禛死党的十三阿哥胤祥。

但这些人中，没有一个人跑来向胤禛传话。他们不说，玄烨也不说，导致胤禛成了整个园子里面，最后一个知道自己要当皇帝的人，这才有了后面的"闻之惊恸，昏仆于地"？

这怎么都说不圆。

五

上面提到的史料，《清圣祖实录》成书于雍正十年（1732年），《清世宗实录》成书于乾隆六年（1741年）。胤禛亲自下旨辩白"弑父"，则是在雍正六年（1728年）。

第十章　故国

这或许意味着，对史书的增删篡改来说，有非常充分的时间进行操作。

胤禛又是一个行事精细周密更胜其父之人。他既在意朝野物议，又在乎身后之名声。要不然，他也不会亲自卷起袖子下场辩白，弄得弘历后来尴尬无比，只能赶紧把父皇呕心沥血的《大义觉迷录》回收销毁了事。

照理说，不该出现这么多解释不清的地方。但它们出现了。

应该如何解释这种现象？

笔者认为，它至少反映了一个事实，就是胤禛即位即便没有"以参汤弑父""篡改遗诏"这样简单粗暴的操作存在，也多半存在某些不合理、不正常之处，导致政权交接存疑。这些问题无法在史书上如实进行描述，即便有意识地进行编排和重构，也很难把故事说圆，消除所有矛盾和疑点。

于是，我们又回到那个几百年来争吵不休的问题——在康熙六十一年（1722年）十一月十三日，究竟发生了什么？胤禛究竟是如何夺得继承权登上皇位的？

必须承认，由于原始记录、档案被严重损毁，今天的我们，可能永远不能彻底厘清事情的来龙去脉。所有人都只是基于残留的资料，在一定的历史背景和逻辑脉络之下，进行合理的回溯与推测。

真相也许将永远湮没于历史的尘埃之中。

按照笔者个人的推测，玄烨生命最后时刻的真相，大概是这样的。

话说康熙末年，玄烨的身体每况愈下，但他自己感觉，尚未到完全无法支撑局面的地步。特别是每次离开禁宫，打猎行围，都让他处于一种身体尚强健的良好感觉之中。

　　他本来就是一个非常自信的人。就是在这种自信的支撑之下，加上另有考量，他三番五次拒绝臣下再度立储的谏言，有时甚至雷霆大怒。

　　此时他主要有两方面的考虑：一是他对此前"九王夺嫡"乱成一团的局面心有余悸，不愿因为册立太子而出现第二个权力中心；二是他对如何融合中原嫡长子继承制和"满洲旧制"，始终没有形成成熟想法。

　　有学者推测，晚年玄烨已经开始考虑采取类似于后来"秘密建储"的安排，但终究没有来得及实施。

　　对于具体的储君人选，在晚年玄烨眼中，三阿哥胤祉、四阿哥胤禛、十四阿哥胤禵，三人都在考察名单之上。

　　在玄烨看来，三人各有长处和短板，而十四阿哥胤禵稍稍占优。玄烨不急于复立储君，可能也是想着让十四阿哥胤禵再多一些历练，至少要等到他在西北前线主持完与准噶尔的和议，挟全胜之威带兵还朝之后。自己也可以在这个过程中，对胤禵和其他两位候选人做一番最后考察，稍晚些再做决定不迟。

　　至于四阿哥胤禛的优势，除本身具备非常过硬的能力素质、丰富的处事经验，以及在玄烨面前沉稳可靠、淡泊闲适、重视亲情的人设之外，他的能力主要体现在玄烨看不到的地方。他一直默默积攒实力，以贵精不贵多的原则扩充人马，并在关键节点埋下了隆科多、年羹尧这样的关键棋子。

　　相比其他两位竞争者，胤禛的准备最为充分，也最有可能在仓促生变的电光石火之间，为自己谋得最大利益。

第十章 故国

时间进入康熙六十一年（1722年），这一年，玄烨并未觉得身体有多大异常，他对间歇发作的眩晕麻痹等症已经习惯，因此并未给自己安排休养，也未将远在万里之外的胤禛召唤回京，更未对准噶尔事务做过多催促。一切仍按原本设定的节奏发展，安稳如常。

他没有想到，冬天北国一场寒潮袭来，身体状况竟急转直下，完全超出了掌控范围。

此年十一月初，玄烨在南苑行围时遭遇风寒，患上感冒，回到畅春园休养。今天的我们知道，对于存在严重心脑血管疾病的老人而言，冬季的一场重感冒，有可能引发肺部、心肌或者脑部感染。如果遏制病情不够有力，甚至可能进一步导致重症肺炎、心力衰竭、脑梗等严重后果，其间的病情演化可能非常迅速。即便是在医学发达的今天，老人的感冒也不是一个可以小视的问题。

从有限的资料推测，真实的情况可能是，一场重感冒很快演变成了严重感染，在原本就患有心脑血管疾病的情况下，这位年近七十的老人，在十一月十三日，甚至更早一点，就陷入了病危状态。

病情进展十分凶猛，导致他根本没有机会对储君之事做出紧急安排。他并未写好关于指定继承人的书面遗诏，或者虽然写好却来不及拿出来。

就这样，毕生为政治合法性殚精竭虑的玄烨，在生命的最后关头，却生生造成了一个皇位虚悬、政权交接动荡不宁的危局，不禁令人感慨万千。

由于清宫内廷制度严密，胤禛直接弑君或者篡改、替换遗诏的难度很大。但是，在储君争夺战的三位决赛选手中，他的准备最为充分，部署最为严密，也最有能力在突发状况和乱局中脱颖而出。

虽然在决赛号角突然吹响的时候，胤禛鬼使神差地被派往天坛代父祭天，意外失去了亲自监控局势走向的机会，但他提前多年布下的关键棋子——步军统领隆科多，已掌控畅春园局势，并在此千钧一发的紧要时刻，影响了帝国变局的最后走向。

此刻，隆科多麾下，部署于畅春园周边的巡捕中营，虽然兵力不过三千余人，也未见得特别骁勇，却是离帝国心脏最近的一支军队。这是雍亲王胤禛意志的代言人，其威力远胜十四阿哥胤禵在万里西陲的十万雄兵。

六

无论两版《实录》，还是《大义觉迷录》，对玄烨的最后一天的记录都是漏洞百出。

真实的情况可能是，康熙六十一年（1722年）十一月十三日，弥留之际的玄烨，已经失去了保持清醒状态、向皇子和大臣清楚传递信息的能力，更不用说亲自书写或是安排他人撰写遗诏。除了最后的去世时间可能是准确的，记录中的整条时间线可能都是后世涂抹修饰的结果。

这一天，想必隆科多充分利用了他在畅春园的控场优势。具体的操作，主要是通过引导或者推动自主表达能力已经出现问题的玄烨。

当时，七位皇子和隆科多聚集在玄烨榻前领受口头遗诏的这一

第十章 故国

幕，可能和真实的历史景象存在出入。就算真有这么一幕，可能也是隆科多主动促成的结果，不一定是玄烨自己的安排。

请注意，"皇四子胤禛人品贵重，深肖朕躬，必能克承大统，着继朕登基，即皇帝位"这一文绉绉的表述，并不像一位弥留之际的老人的正常口头语。也许，玄烨是在被引导，甚至被诱导的情况下，做出了一个不甚清晰的表达，然后被控场的隆科多马上做实，将胤禛接班办成了不容置疑的铁案。

这种场景有一个现代版本：老人病危，子女在律师见证下，围在病榻前确认遗嘱安排，特别是关于房屋钱财的分配安排。子女之中的强势人物，会主动引导老人，做出对自己有利的陈述。即便这种陈述含含糊糊，甚至已经算不上是自主意识和自主判断，对于强势子女却足够了。

玄烨榻前的这一幕，也无非就是一个帝王之家的遗产撕咬罢了。

还有一个问题，如果三阿哥胤祉、七阿哥胤祐、八阿哥胤禩、九阿哥胤禟、十阿哥胤䄉、十二阿哥胤祹、十三阿哥胤祥这七个皇子簇拥榻前的场景并不是事后编造，为什么没有人站出来振臂一呼，反对在父皇表述并不清晰的情况下就这么把大事定了？

要知道，玄烨这帮龙精虎猛的皇子，绝非好相与之辈，十余年前"九王夺嫡"混战的时候，好几次在大殿之上乱斗一团。为何此时此刻，父皇已无力呵斥弹压，大家反倒如小绵羊一般？

问题得这么看。

首先，玄烨十余年的打压、整治、拖延，在付出沉重代价的同时，确实也让皇子们的斗志消磨掉不少。至少，当年那种卷起袖子就干的气魄,是没有了。

其次,玄烨卧病在床,威势不再,但后面还有隆科多的巡捕营呢。刀光寒意森森,其压迫感,并不在父皇的声色俱厉之下。

然后,我们再来仔细看看这榻前的七位皇子,看看谁有可能在此千钧一发之际振臂一呼——

七阿哥允胤祐、十二阿哥胤祹,这两位皇子无争储之心,首先排除。

十三阿哥胤祥,他是胤禛的死党,自不待言。

三阿哥胤祉,他是储君之争的决赛选手之一。但他在朝堂之外缺乏支持者,政治手腕一般,要在这个时候自己硬着头皮站出来,底气是不足的。胤祉也不是那种当机立断之人。

剩下的就是八阿哥胤禩、九阿哥胤禟、十阿哥胤䄉,这是"八爷党"的中坚力量。"八爷党"虽然在康熙晚年受到多重打击,但此时在朝野上下,仍然有着不小的力量。而且三位兄弟彼此照应,正可以相互壮胆。按理说,他们站出来的可能性是最大的。

但这种情况并没有发生。

这里面最关键的原因,就是"八爷党"此时的争储代言人,早已不是在父皇面前失宠多年、曾被当众反复斥责羞辱的八阿哥胤禩了,而是领兵西陲、身在万里之外的十四阿哥胤禵。

此时,要直接站出来对父皇在弥留之际的含混表态表达反对,还要扭转局势,说服或者压服在场大多数人,这不仅需要实力,需要手腕,还需要魄力,需要敢于承担风险的勇气和决心。这是不容易的。

就八阿哥胤禩此刻的处境而言,要他为自己出头倒也罢了。但要他在自己只有一个贝勒爵位、身上背负"自此朕与胤禩父子之恩绝矣"评价、与皇位早已绝缘的情况下,为十四弟抛头颅洒热血、火中取栗,则难免要犯一些嘀咕。

在这个千钧一发的时刻,他会想什么呢?

他很有可能会想,就算是甘冒风险,为十四弟火中取栗成功,自己的收获,无非就是一个亲王爵位,获得一些参与议政的权力罢了,看上去收益与风险并不对等。

今天的我们知道,四阿哥胤禛上位之后,对"八爷党"进行了残酷清算,胤禩也变成"阿其那",身死狱中。但当时的胤禩无法先知先觉。

在他看来,自己和四阿哥胤禛此前一向交好,后来也没有发展到势同水火的地步,加上自己在朝堂势力尚厚,父皇暴怒之下也未能动摇自己的根基,自己的处境不见得会坏到哪里去。

对惯于察言观色、揣度人心的胤禩来说,这种嘀咕和犹疑是很正常的。一来二去,最后一个可能的变局机会,就这样流失了。

"带头大哥"胤禩尚且如此,两位小弟九阿哥胤禟、十阿哥胤䄉就更不会自己出头了。

回想一下康熙四十七年(1708年)九月二十九日的乾清宫闹剧,玄烨召集皇子,当众宣布锁拿八阿哥胤禩。九阿哥胤禟想要为八哥辩护,自己却并不出头,而是暗中撺掇血气方刚的十四阿哥胤禵顶撞父皇,导致胤禵差点被怒不可遏的玄烨手刃。这种躲在后排,撺掇他人顶在前面,才是他们的做派。

换个角度来看,在玄烨生命的最后一日,在病榻之前可能奋起一搏的人物,还真只剩下十四阿哥胤禵一个人。他的个性本来就是刚猛直率一路，加上这是为自己争大位，断无退缩之理。

而这唯一可能搅动变局的人，偏偏身在万里之外。

七

来继续我们的推演。

榻前一幕过后，一直到当日晚间，玄烨多半已经陷入深度昏迷状态。中间可能有短暂的苏醒，也不过是回光返照。

这个时候胤禛已经回到了畅春园。因为玄烨处于昏迷状态，所以必然无法亲口告诉胤禛选择他即位的消息。当然，按照我们上面的推测，有可能玄烨在此之前，就已经失去了自主思考和表达的能力，脑子一片空空，就算出现回光返照，短暂苏醒，能够和胤禛说几句话，也根本说不到这个上面。

官方记载中，胤禛时间表的混乱，特别是他从天坛回到畅春园的拖拖拉拉，透露出什么信息呢？

咱们来推断一下。从畅春园派往天坛的使者，除了玄烨在病危之际派出召唤胤禛迅速返回的一路人马之外，应该还有一路，即隆科多稍后派出的一路密使。

这路密使应是在天坛，或者在从天坛到畅春园的路上与胤禛碰头，向他禀告榻前之事，包括畅春园的最新形势、隆科多的各种部署。随后，胤禛还要与心腹商议，在畅春园内外如何布局控场，如何控制紫禁城乃至整个京师的局势，防止有人在榻前隐忍不发，出来后却另做孤注一掷的打算。

第十章 故国

这种情况出现的概率不高，但对心思缜密、凡事务求滴水不漏的胤禛来说，不可不预做防备。这样再来看时间表，胤禛这一路走来并不拖拉，反倒是有条不紊、效率极高。

当胤禛一行踏入畅春园时，隆科多麾下的兵丁，已在行宫内外和京师各个要地部署停当，皇子们的一举一动，都处于严密监控之下。

虽然此刻的玄烨，仍在病榻上艰难维持着自己的呼吸，无人知道他会在何时咽气。

但一切已无变数。

回头来看，玄烨这人生最后一日的波谲云诡。这位英明一世、戎马半生、自擒拿鳌拜完全亲政后权柄从未旁落的雄主，已不是舞台的主角，而是全剧高潮的背景板。

在"九王夺嫡"决赛的最后一局，一直铁腕控场的裁判，变成了不会说话的奖品。

再看看胜出的四阿哥胤禛。尽管他一直默默稳扎稳打、精心布局、认真准备，最终获得成功，也依然离不开很多机缘巧合，离不开很多历史随机性因素。这也决定了即便他成功上位，仍必须面对一个政治合法性薄弱的开局。而这种合法性之于他本人，所呈现的错位，比之父皇更明显。

如前面所说，玄烨一生都在为匡补政治合法性殚精竭虑，到头来，却给儿子留下了一笔政治合法性薄弱的负遗产，给儿子戴上一顶"得位不正"的帽子，几百年都摘不下来。

真是莫大讽刺。

八

所幸，从权谋局中奋勇杀出的四阿哥胤禛，迅速展现出他炉火纯青的权谋之术，从父皇给他留下的深坑中爬了出来。

玄烨去世第二天，胤禛除安排丧礼之外，还做了两项重大部署。

第一，他将八阿哥胤禩越级晋封为亲王，委任他为首席总理事务王大臣，与十三阿哥胤祥、大学士马齐、理藩院尚书隆科多一起总理朝政。

显然，胤禛是希望以此稳住胤禩及"八爷党"势力，同时也向天下展示自己友爱兄弟的豁达气度。

第二，他命令刚刚上任的四位总理事务王大臣，将率军在外的十四阿哥胤禵火速召回。谕旨是这样说的："西路军务，大将军职任重大，十四阿哥允禵，势难暂离，但遇皇考大事，伊若不来，恐于心不安。着速行文大将军王，令与弘曙二人驰驿来京。军前事务，甚属紧要。公延信着驰驿速赴甘州，管理大将军印务。并行文总督年羹尧，于西路军务粮饷及地方诸事，俱同延信管理。年羹尧或驻肃州，或至甘州办理军务，或至西安办理总督事务，令其酌量奏闻。"

胤禛以父丧不可不奔的大义名分召还胤禵，迅速解除了他的兵权和"大将军王"头衔，消除了政权交接阶段的最后一个隐患。文武双全、精明强干、掌控西路军全部后勤粮饷的年羹尧，则是胤禛牵制胤禵，确保他不会倚仗手中军队铤而走险的底气所在。

至此，胤禛在争储布局中排下的两颗关键棋子，隆科多在内掌控朝局，年羹尧在外消除隐患，均充分释放了威力。

随后，胤禛又用了很长时间，一步步剪除当年争储敌手的政治势力，软硬兼施，各个击破，终于实现了彻底清洗，将权柄稳稳掌握在手。无论在实力还是名分上，再无人可挑战质疑。

　　爱新觉罗皇室为此付出了沉重代价，八阿哥胤禩、九阿哥胤禟在狱中横死，三阿哥胤祉、十阿哥胤䄉、十四阿哥胤禵等被夺爵、圈禁，多人忧惧而死，且祸及子孙。胤禛本人的长子弘时，因为同情胤禩等遭遇残酷打击的叔叔们，竟被胤禛断绝父子关系，加以开除宗籍的严厉处分，年仅二十四岁便郁郁而死。在这一清算过程中，受到牵连的其他宗室、大臣更是不计其数，至乾隆年间才逐步风平浪静。反倒是最早退出争储夺嫡战局的大阿哥胤禔、废太子胤礽，在长年软禁中度过了相对平静的余生。

　　功高难赏的隆科多、年羹尧，则先后背上恃宠而骄的罪名，一个被禁锢而死，一个被赐自尽，带着很多不能说的秘密离开了人间。对雍正皇帝胤禛来说，这是或修补或遮掩，不得不采取的手段。

　　对泉下的玄烨而言，这是否是他想要的结局呢？无论如何，胤禛即位的政治合法性问题，在舆论层面也始终没有彻底解决。凡有井水处，一定就还会有人议论纷纷，聚讼不已。

九

　　继位后，胤禛在为父皇努力填坑的同时，也在为他一世英明的父皇盖棺定论。

　　康熙六十一年（1722年）十一月二十八日，胤禛为父皇上尊谥"合天弘运文武睿哲恭俭宽裕孝敬诚信中和功德大成仁皇帝"，庙号"圣祖"，合起来就是清圣祖仁皇帝。

所谓谥号，是古代有地位的人去世之后，后人根据其生前道德、功业给予的一个带有评价性质的称号。庙号则是君主驾崩后，后人在皇家宗庙祭祀时为其奉上的名号，也有评价的性质。这就相当于胤禛对父皇一生的正式总结。

"仁皇帝"这个谥号，和玄烨总体偏于宽仁的为政风格有关。在历朝历代君主之中，玄烨无论对统治阶层，尤其官员士绅，还是对黎民百姓，总体上并不暴虐嗜杀，晚年更是出现了过分宽纵官员的倾向，以一个"仁"字为谥，还是有一些道理的。

"圣祖"这个庙号，则值得剖析一番。

先看这个"祖"。一般来说，只有开国皇帝才能称"祖"。如果皇帝功业极大，实现了王朝中兴，或者开创了王朝的全新时代，勉强也可以称"祖"。如完成中兴的汉世祖刘秀，在位期间统一中国的元世祖忽必烈，通过"靖难之役"颠覆皇位世系传承的明成祖朱棣，完成入主中原大业的清世祖福临等。

玄烨虽然也有不凡治绩，但他既不是开国君主，也算不上实现中兴，更没有改变皇位传承世系，称"祖"在礼法上是有一些瑕疵的。加上如果称他为"祖"，开国以来四任皇帝，有三位"祖"，难免有些不够严肃。

然而，胤禛在命令群臣商讨玄烨的谥号、庙号时，一开始就明确定调，必须称父皇"祖"，方才对得起其赫赫功业。他说："我皇考大行皇帝，缵继大统，旧典本应称宗，但经云祖有功而宗有德，我皇考鸿猷骏烈，冠古轹今，拓宇开疆，极于无外。且六十余年，手定太平，德洋恩溥，万国来王。论继统则为守成，论勋业实为开创。朕意宜崇祖号，方副丰功。"

胤禛的态度如此明确，群臣自然没有二话。旧典也好，规矩也罢，也只好先放在一旁。

再来看看这个"圣"字。《逸周书》中圣的解释，是"称善赋简曰圣，敬宾厚礼曰圣"，意思是很好的。在儒家文化体系中，"圣"还有一层含义，即在精神和道德方面，已经达到极高境界。所以，儒家的四位先辈被冠以"四圣"称号，即至圣孔子、复圣颜回、宗圣曾子和亚圣孟子。

正是因为"圣"这个字眼过于崇高，所以在玄烨以前，在曾经完成大一统的所谓正统朝代中，没有一位实际在位过的皇帝，庙号用过这个"圣"字。

只有占据北方大漠和燕云一隅的辽朝，出现过一位辽圣宗耶律隆绪。此人在辽朝诸帝中，是一位比较有作为的人物。此君幼年时由母亲萧太后摄政，当政期间调和契丹和汉人关系，推动契丹族加速汉化，效仿汉制开科取士，在位长达四十九年，在辽朝诸帝中无人能及。这些特点，倒是和同为北族出身的玄烨，颇有几分相似之处。

除辽圣宗耶律隆绪这位实打实的"圣宗"之外，尚有三位后人追赠的"圣祖"，即唐圣祖李耳、宋圣祖赵玄朗、五代时期的前蜀圣祖王子晋。

有趣的是，这三位未实际当过皇帝的"圣祖"，一位是太上老君，一位是赵公明，一位是汉魏时尊奉的仙人王子乔，均是亦人亦神的非凡角色，且均是道家一路。

史上当过皇帝且货真价实的"圣祖",从头到尾只有玄烨一人,堪称前无古人,后无来者。

也难怪有一种说法,说玄烨这古今唯一的"圣祖"庙号,其实是汉臣的集体戏谑与揶揄——这就不是给正常人用的东西。他们是想让这位自诩儒学宗师的"圣祖"皇帝,顶着个道家神仙名头,在史书中永为笑柄。

这种说法也许有些道理,不过,从史书的记载来看,玄烨最后被冠以这个无比崇高、空前绝后的"圣祖"庙号,主要还是胤禛的授意与推动。

在正式发动群臣商议庙号所用文字之前,胤禛先定下基调,给了群臣非常明确的暗示。

他说父皇"罕有比伦,实为亘古未有之圣君","文媲二典,书迈百家,贯彻天文,总括地理,旁罗术数,考正元声,研索群编,鉴裁纂辑,凡此难名之美善,洵亘古帝王首出之一人"。

如此圣君,自然当得起这个"圣"字。

随后,群臣心领神会上奏:"臣等窃谓惟圣字,可以赞扬大行皇帝之峻德。惟祖号,可以彰显大行皇帝之隆功。"

最后,胤禛欣然首肯,顺势进行了一番堪比玄烨去世时"闻之惊恸,昏仆于地"的夸张表演。当群臣议定的奏折送到胤禛面前,他"持针刺中指出血,将奏内'圣''祖'二字圈出,敬恭高捧,交与大学士等赍出"。

胤禛的表演如此夸张卖力,其意图在于彰显孝道,消除朝野上下已经逐渐抬头的、对其即位的种种议论与质疑之声,竭力修补政权仓促交接的缺陷。

他向父皇奉上"圣祖"这个崇高无比、无人敢用的庙号,也有这种考虑。

此外,正如前面分析过的,"圣"这个字,除了至高无上的含义之外,还包含了一层精神和道德无比高超、足以成为世间楷模的意思。这倒和玄烨一生身兼"治统"与"道统"的追求不谋而合。

玄烨要用君主的治统吃掉士人的道统,成为现实世界唯一至尊,同时做帝国臣民道德和精神世界的唯一主宰和裁判者。

从这点来看,虽说胤禛哪怕并不在玄烨那份最终未发出的遗诏之上(如果有的话),但他真不愧是玄烨的好儿子。他心思缜密,学问深厚,有参破重关之能,实与父皇心意相通。

若玄烨泉下有知,对于胤禛奉上的这顶"圣祖"桂冠,自当颔首笑纳。

十

康熙六十一年(1722年)十二月初三,玄烨的遗体被移送景山寿皇殿。

次年改元雍正,为雍正元年(1723年)。四月,胤禛将玄烨灵柩恭送至遵化皇陵,安放于享堂。

九月,胤禛再次前往遵化,将玄烨灵柩安放于景陵地宫。

至此,玄烨终于入土为安。(不过,民国时景陵地宫被轰开,这位圣人的尸骨被贼人扒出,散落于地,击碎了千古一帝的体面及其"兴勃,亡忽"的旧梦,又属后话了。)

- 285 -

总的来说，玄烨六十一年漫长帝业，无论早年的励精图治、盛世荣光，还是晚年的倦怠宽纵、颓象丛生，皆成故国往事。

玄烨给后世留下的，是一个已经完全从战乱中恢复的国家，人口接近或超过一亿，耕地开垦亩数已经超过明朝最高水平，边疆和内部均大体安宁，财力、军力颇为丰厚。虽然他晚年有所倦怠，加上一系列政策失当，盛世的成色打了不少折扣，国家呈现不少乱象，但远没有到不可收拾的地步。至于在世界性竞争的滚滚洪流中逐渐落后，对时人而言，乃是尚未进入视野之事。

另外，玄烨在任期间尚未解决的，和帝国政治合法性、正统性有关的重要事务，成了胤禛、弘历等继任君主无可回避的重大课题，在很大程度上持续影响着后世的政治格局。

雍正元年（1723年）八月十七日，在玄烨灵柩尚未下葬地宫，胤禛在即位不满一年、身体还非常强健的情况下，宣布实行秘密建储制度，将继任人选安排亲手写好密封，藏于匣内，放置于乾清宫正大光明匾额之后。如出现不测之事，诸臣可将密匣取出予以宣布。

这个制度一举多得。一是可以保证君主对立储大事全盘掌握，不受臣下干扰牵制；二是可以防止发生突然情况导致帝位虚悬；三是立储之后并不公开，可以避免皇子结党攻击太子；四是保持充分灵活性，自己还会持续考察，在必要时可随时更换人选。显然，这是汲取了玄烨在立储之事上混乱犹疑的教训。

与此同时，胤禛在任期间，强力整顿吏治、惩治官场腐败、清理钱粮亏空积欠，创设了"火耗归公""养廉银"等制度，将脱离监督的灰色财政纳入国家正常财税体系，有效扭转了康熙晚年财政混乱、贪腐横行、民生困苦的局面，避免了玄烨一味宽纵导致的种

第十章 故国

种乱象，最终没有演变成帝国的全面危机。

这也是在汲取玄烨的教训。

当然，除了这些汲取教训后的反其道而行之举，在更多的地方，胤禛将玄烨开创的局面加以延续。

例如，他设立军机处、进一步架空内阁和外朝，将密折奏事制度升级进化得更加滴水不漏，这是将玄烨钟爱的小圈子政治、秘密政治和奴才政治，进一步推向登峰造极的地步。

胤禛之后，通过秘密建储制度成功接班的弘历，怀着对祖父发自内心的深厚感情，在更多地方，实现了对玄烨政治雄心和事业的延续乃至超越。

当政期间，弘历抓住准噶尔爆发大规模内乱的机会，两次远征，最终消灭了这个顽强的帝国宿敌，也终结了中原帝国与草原政权的千百年之战。帝国西陲的版图得以安定，清朝前中期开疆拓土的事业也达到了高峰。

弘历还将玄烨并未完成的收服江南人心的事业，视为己任。他和祖父一样六下江南，但满汉之间的隔阂并未因此消除，满汉一体与满洲优先的矛盾始终难以调和。

玄烨祭起的文化专制大棒，在弘历手中变本加厉，大规模的文字狱与图书查抄禁毁此起彼伏，达到了帝制时代的最高峰，晚明以来的思想启蒙遭到彻底扼杀。

闭关锁国、对外封闭，也在弘历的时代达到顶峰，帝国闭目塞听，对世界潮流充耳不闻。是否会动摇满洲统治基础、是否会使满人对汉人的残留优势消失殆尽，始终是重大施政方针的首要判断标准。而这，也是玄烨晚年不断强化的认知逻辑，是他为帝国烙下的

- 287 -

价值印记。

大清帝国的国运之轮依然滚滚向前,而其未来的轨迹,却始终不曾偏离玄烨晚年设定的方向。

玄烨对巩固政治合法性的孜孜不倦,他对反复证明大清乃天命所归、"自古得天下之正,莫如我朝"的不舍追求,深刻影响了后世的列位君主,绝不仅限于胤禛、弘历子孙两代,也使建立在统治阶层薄弱基础之上的政治合法性建设工程,成为贯穿整个清朝历史的一条主线。

对于玄烨的子孙后代来说,哪怕天下已处于波澜壮阔的大争之世,哪怕世界正处于一日千里的快速变迁之中,哪怕帝国的国门已经被外来者一次次叩响,甚至撞开,他们也无法将自己的目光,从那个性命攸关的主题上移走太多。如何保住一家、一姓、一族之尊荣,如何让亿万国民特别是汉人,心悦诚服接受清朝统治,始终是他们关切的首要问题,直到帝国寿终正寝。

相比给玄烨做一个评价,来辩驳他究竟是开创盛世的有道明君,还是带来灾祸的昏聩之主,聚焦玄烨在人类历史进程中扮演的角色,似乎是一个更有意义的话题。

一方面,从传统帝制君主的标准来看,玄烨的表现,总体上还是非常优秀的,足以列入历代君主的第一阵营。

另一方面,他所在、所处、所参与塑造的那个时代,偏偏又是一个不能仅仅用传统帝制君主标准进行判断的年代。历史赋予这个角色的职责,是有所不同的。即便不应过分苛责古人,这位圣人的种种局限,康熙晚年的帝国变局所暴露出来的种种问题,也不应该以一句轻飘飘的"历史局限性"加以宽宥。

第十章 故国

　　尤其是玄烨那种偏执的政治合法性饥渴症,在他看来属于天经地义,于国于民却是扭曲偏颇的。他着力塑造帝国一以贯之的价值观,使中国历史在演进中付出了沉重代价,在最该走出历史周期律的时候,反而愈加深重地身陷其中。

　　这位圣人的身影,在暮色迟迟中渐渐消失了。

　　立国尚不满一百年的清帝国,就其生命周期而言,本来应该属于青壮年时期,却早早沾染上了黯哑的迟暮之色。

　　这片无尽的暮色,将整个民族历史走到大变局时期本应存在的很多可能性涂抹掉,只留下低回的一声叹息。

康熙朝大事年表

顺治十八年（1661年　辛丑）

正月　顺治帝病危，召原任大学士麻勒吉、学士王熙起草遗诏。后病逝于养心殿，立第三子玄烨为太子，命内大臣索尼、苏克萨哈、遏必隆、鳌拜四大臣辅政。玄烨即皇帝位。

三月　为顺治帝上谥号"章皇帝"，庙号"世祖"。

四月　郑成功率军登陆台湾，迫降荷兰殖民者，设治于赤嵌楼。

八月　下达《迁界令》，实行海禁政策，强令沿海居民内迁，焚毁船只，不许下海。

十二月　平西王吴三桂入缅，缅甸人献南明永历帝。

康熙元年（1662年　壬寅）

二月　郑成功迫降台湾城，接受荷兰侵略者揆一投降，完成收复台湾大业。

四月　吴三桂在昆明缢杀永历帝。郑成功去世。

十一月　吴之荣告发庄廷鑨私修《明史》。

康熙二年（1663年　癸卯）

二月　玄烨生母慈和皇太后佟佳氏去世。

三月　庄廷鑨《明史》案起。

六月　葬世祖章皇帝于孝陵。

康熙三年（1664年　甲辰）
四月　鳌拜擅权，罗织罪名杀内大臣费扬古父子。

康熙四年（1665年　乙巳）
三月　议政王等议钦天监监正传教士汤若望等罪，钦天监五名官员被处斩。西洋历法被废。
七月　奉太皇太后懿旨，聘辅臣索尼孙女赫舍里氏为皇后。
九月　举行册立皇后之礼。

康熙五年（1666年　丙午）
正月　鳌拜专权更甚，与苏克萨哈因两旗换地之事纷争不已。
三月　索尼请玄烨亲政。
十一月　鳌拜诬告阻止其换地生事的大学士兼户部尚书苏纳海、直隶总督朱昌祚、巡抚王登连，将三人逮捕下狱。
十二月　鳌拜矫诏杀苏纳海、朱昌祚、王登连。

康熙六年（1667年　丁未）
正月　封顺治帝第二子皇兄福全为裕亲王。
七月　玄烨亲政。鳌拜杀苏克萨哈父子。

康熙七年（1668年　戊申）
正月　加鳌拜、遏必隆太师。

十二月　传教士南怀仁弹劾钦天监监副吴明烜。

康熙八年（1669年　己酉）

三月　授南怀仁为钦天监监副，历法之争结束。

五月　以贴身侍卫逮捕鳌拜。王大臣议鳌拜三十大罪，拟处极刑并灭族。玄烨命免死拘禁，诛杀班布尔善等党羽。夺遏必隆太师、一等公。下诏永停圈地。

八月　任命索尼之子、皇后赫舍里氏叔父索额图为国史院大学士。

十一月　太和殿、乾清宫修筑完成。玄烨至太和殿受贺，入居乾清宫。

康熙九年（1670年　庚戌）

正月　起复遏必隆公爵，命宿卫内廷。

八月　奉太皇太后、皇太后首谒顺治帝孝陵。

十月　颁布"圣谕十六条"。改内三院为内阁。谕礼部举行经筵。

康熙十年（1671年　辛亥）

正月　封顺治帝第五子常宁为恭亲王。

三月　设置日讲官，讲授儒家经典。

九月　以天下统一，巡幸盛京，向太祖、太宗陵墓行"告成"之礼。

康熙十一年（1672年 壬子）

二月　首次至先农坛行耕耤礼。至东郊祭日。

十一月　巡幸南苑，建行宫。

十二月　裕亲王福全、庄亲王博果铎、惠郡王博翁果诺、温郡王孟峨等宗室王爵上书辞去议政之职，玄烨允许。保留康亲王杰书、安亲王岳乐议政之职。

康熙十二年（1673年 癸丑）

正月　巡幸南苑，大阅八旗将士。不定期大阅制度逐渐形成。

三月　平南王尚可喜请告老还乡，许之，令其撤藩还驻辽东。

七月　平西王吴三桂、靖南王耿精忠请求撤藩。

八月　派遣官员至云南、广东、福建，进行撤藩。

十一月　吴三桂杀巡抚朱国治，举兵反叛。

十二月　将吴三桂子额驸吴应熊下狱，削吴三桂爵。京师人杨起隆以"朱三太子"旗号，准备起兵，事泄逃逸。

康熙十三年（1674年 甲寅）

二月　广西将军孙延龄叛乱。

三月　耿精忠叛乱，并邀台湾郑经一齐进攻清廷。

五月　皇后赫舍里氏因难产逝世，辍朝五日。

十二月　动议亲征"三藩"，王大臣力谏而止。提督王辅臣在陕西叛乱。

康熙十四年（1675 年　乙卯）

四月　确立经筵形式为君臣互讲，讨论儒家经义。

九月　首谒明陵，玄烨亲自致奠明成祖长陵，派遣官员分祭诸陵。

十二月　立皇二子胤礽为太子，告祭天地、太庙、社稷，颁布诏书。

康熙十五年（1676 年　丙辰）

正月　上太皇太后、皇太后徽号。

十月　耿精忠投降，浙、闽、陕等省叛乱逐渐平定。

康熙十六年（1677 年　丁巳）

二月　任命靳辅为河道总督，治理黄河。

七月　任命明珠为武英殿大学士。

八月　册立遏必隆之女贵妃钮祜禄氏为皇后，佟佳氏为贵妃。

十一月　封长白山神，遣官祭祀。

康熙十七年（1678 年　戊午）

二月　皇后钮祜禄氏崩于坤宁宫，辍朝五日，谥"孝昭皇后"。

三月　吴三桂在衡州称帝，年号昭武。

八月　吴三桂病死。

十月　皇四子胤禛生。

康熙十八年（1679年 己未）

三月 举行博学鸿词考试。开始组织官修《明史》。

七月 京师附近地震。

康熙十九年（1680年 庚申）

十月 册封胤禛之母乌雅氏为德嫔。

康熙二十年（1681年 辛酉）

一月 设立木兰围场。

二月 皇太子胤礽以大学士张英、李光地为师。

十月 清军进入昆明，吴三桂之孙吴世璠自杀，"三藩"之乱彻底平定。

十二月 以"三藩"平定宣捷中外。加太皇太后、皇太后徽号，晋封佟佳氏为皇贵妃，孝昭仁皇后之妹钮祜禄氏为贵妃，惠嫔那拉氏为惠妃，宜嫔郭络罗氏为宜妃，荣嫔为荣妃。

康熙二十一年（1682年 壬戌）

正月 上元节，赐群臣宴，组织观灯。

三月 东巡，谒福陵、昭陵、永陵。望祭长白山。

九月 开始每日御门听政。派遣郎谈、彭春等人侦察雅克萨俄人动向。

康熙二十二年（1683年 癸亥）

二月 初次巡幸五台山。

三月　革索额图议政大臣。

六月　至古北口外行猎，木兰行围从此成为定制。

十月　清军进入台湾，郑成功孙郑克塽投降。

康熙二十三年（1684年　甲子）

正月　整肃朝会礼仪，修《大清会典》。

九月　初次南巡启程。

十一月　南巡至江宁，拜谒明太祖孝陵。回程时经过曲阜，拜谒孔庙，书"万世师表"。

康熙二十四年（1685年　乙丑）

五月　清军进攻雅克萨，俄军投降撤退。

八月　俄军重新乘虚占领雅克萨。

康熙二十五年（1686年　丙寅）

三月　命修《一统志》。

七月　清军围攻雅克萨。

八月　雅克萨俄军首领托尔布津中弹身亡。

九月　俄国沙皇彼得一世遣使请和，要求进行边界谈判。玄烨下令雅克萨撤围，俄军残部撤往尼布楚。

康熙二十六年（1687年　丁卯）

十二月　太皇太后布木布泰病逝。玄烨割辫服丧。

康熙二十七年（1688年 戊辰）

二月　御史郭琇弹劾明珠等结党。明珠免职，多名党羽遭到罢免。

九月　厄鲁特蒙古噶尔丹攻破喀尔喀蒙古。

康熙二十八年（1689年 己巳）

正月　第二次南巡启程。

二月　南巡到达浙江绍兴，亲祭大禹陵。

三月　南巡返程至江宁谒明孝陵。

七月　册立皇贵妃佟佳氏为皇后。皇后崩，谥"孝懿"。派索额图与俄国使团于尼布楚会谈，签订中俄《尼布楚条约》，划定中俄东段边界。

康熙二十九年（1690年 庚午）

四月　《大清会典》修成。

七月　噶尔丹进犯乌珠穆沁，逼近京师。命裕亲王福全、皇长子胤禔率军出古北口，恭亲王常宁出喜峰口。玄烨亲征，途中因疾病回师。

八月　清军与噶尔丹在乌兰布通大战，清军获胜，噶尔丹退走。

康熙三十年（1691年 辛未）

四月　喀尔喀蒙古内附，玄烨在多伦与内外蒙古王公会盟。

五月　命喀尔喀蒙古与内蒙古四十九旗一体编设扎萨克，加强对漠北的管辖控制。

康熙三十一年（1692 年　壬申）

九月　大阅于京西玉泉山。

康熙三十二年（1693 年　癸酉）

二月　噶尔丹之侄策妄阿拉布坦遣使入贡。

康熙三十三年（1694 年　甲戌）

七月　下诏求文学之臣。

十一月　温僖贵妃钮祜禄氏逝。

康熙三十四年（1695 年　乙亥）

九月　噶尔丹再度东进，扬言借俄罗斯兵进攻漠南。

十一月　大阅于南苑。

康熙三十五年（1696 年　丙子）

正月　下诏亲征噶尔丹。

二月　率军出发，命皇太子留守监国。

五月　噶尔丹退却，玄烨亲率轻骑追击。费扬古在昭莫多大败噶尔丹。噶尔丹逃遁。

十一月　噶尔丹遣使乞降。

康熙三十六年（1697 年　丁丑）

二月　率军亲征宁夏，再次征讨噶尔丹，命皇太子留守。

四月　亲征回銮。费扬古奏报噶尔丹已于闰三月服毒自尽。

康熙三十七年（1698年 戊寅）

三月 封皇长子胤禔为直郡王、皇三子胤祉为诚郡王，皇四子胤禛、皇五子胤祺、皇七子胤祐、皇八子胤禩为贝勒。

八月 西巡塞外。

康熙三十八年（1699年 己卯）

二月 第三次南巡启程。

闰七月 皇十三子胤祥生母章佳氏逝世，谥"敏妃"。皇三子诚郡王胤祉私自剃头，违背礼法，降为贝勒。

十月 视察永定河河工。

康熙三十九年（1700年 庚辰）

正月 视察永定河河工。

二月 指示修永定河方略。

康熙四十年（1701年 辛巳）

十月，在胤祉支持下，陈梦雷开始编撰《文献汇编》（后由玄烨赐名《古今图书集成》）。

康熙四十一年（1702年 壬午）

九月 第四次南巡启程。

十月 南巡行至德州，皇太子胤礽生病，折返回京。

康熙四十二年（1703年 癸未）

正月　第四次南巡重新启程。

五月　宣布索额图为"天下第一罪人"，拘禁于宗人府。

六月　巡幸塞外。

十月　西巡山西、陕西诸省。

康熙四十三年（1704年 甲申）

六月　命人修《佩文韵府》。

康熙四十四年（1705年 乙酉）

二月　第五次南巡启程。

三月　江宁织造曹寅刊刻《全唐诗》成。

康熙四十五年（1706年 丙戌）

五月　巡幸塞外，于热河修建避暑山庄行宫。

十一月　五世达赖喇嘛圆寂，执政第巴桑结嘉措秘不发丧。

康熙四十六年（1707年 丁亥）

正月　第六次南巡启程。

六月　巡幸塞外。皇三子胤祉邀玄烨临幸府邸。

康熙四十七年（1708年 戊子）

七月　巡幸塞外。

九月　自塞外返回途中，宣示皇太子胤礽罪状，将其锁拿。回京后废黜胤礽，告祭天地，颁诏天下，将其幽禁于咸安宫。严斥皇长子胤禔，捉拿相面人张明德。痛斥皇八子胤禩，召集诸子宣布锁拿胤禩，皇十四子胤禵出头辩护。玄烨大怒，拔刀欲斩胤禵，引发朝堂大乱。

十月　革去胤禩贝勒爵位。胤祉告发胤禔对皇太子胤礽行诅咒之术。革去胤禔郡王爵位并幽禁。"朱三太子案"审结。

十一月　召集满汉大臣推举皇子为太子，众人推举胤禩，玄烨大怒。释放废太子胤礽，令其改过。

康熙四十八年（1709 年　己丑）

正月　召集廷臣，追查为首推举胤禩者，群臣惶恐。

三月　再次册立胤礽为太子，昭告宗庙，颁诏天下。

九月　"江南宜思恭亏空案"发。

十月　册封皇三子胤祉为诚亲王，皇四子胤禛为雍亲王，皇五子胤祺为恒亲王，皇七子胤祐为淳郡王，皇十子胤䄉为敦郡王，皇九子胤禟、皇十二子胤祹、皇十四子胤禵为贝勒。建圆明园赐皇四子胤禛。

康熙四十九年（1710 年　庚寅）

二月　巡幸五台山。

三月　命人编纂《康熙字典》。

十月　下诏普免天下钱粮。

康熙五十年（1711年　辛卯）

正月　视察通州河堤。

八月　皇四子胤禛第四子弘历出生。

十月　命张鹏翮处理"江南科场案"。

康熙五十一年（1712年　壬辰）

正月　命内外大臣具折陈事，奏折制度渐成定制。

二月　宣布"滋生人丁，永不加赋"政策。

五月　"托合齐会饮案"审结。

十月　再次废黜皇太子胤礽，禁锢于咸安宫。

康熙五十二年（1713年　癸巳）

二月　左都御史赵申乔上书"立国本"。"《南山集》案"审结，戴名世处斩。

三月　玄烨六旬寿辰，举行畅春园大宴。

康熙五十三年（1714年　甲午）

十一月　皇八子胤禩"毙鹰案"发，玄烨宣布与胤禩"父子之恩绝矣"。《律历渊源》修成。

康熙五十四年（1715年　乙未）

三月　准噶尔部入寇哈密。

五月　宣谕劝降准噶尔部策妄阿拉布坦。

十一月　废太子胤礽在圈禁地以矾水作书，托大臣普奇举荐为大将军,事发,普奇获罪。

康熙五十五年（1716年 丙申）

十一月　准噶尔部策妄阿拉布坦派大策凌敦多布远征西藏。

十二月　直隶巡抚赵弘燮奏报,孟光祖以皇三子诚亲王胤祉名义行走诸省。

康熙五十六年（1717年 丁酉）

六月　准噶尔军队进抵西藏腹地。

九月　颁布南洋禁航令。

十一月　颁布"面谕",回顾一生,宣示"自古得天下之正,莫如我朝"。

十二月　皇太后去世,玄烨大病七十余日。

康熙五十七年（1718年 戊戌）

二月　翰林院检讨朱天保上书请复立胤礽,玄烨大怒,兴起大狱。

十月　任命皇十四子胤祯为抚远大将军,西征讨伐准噶尔部。

康熙五十八年（1719年 己亥）

正月　《皇舆全览图》成。

三月　胤祯抵达西宁,开始备战。

十二月　清军确定大举进兵计划。

康熙五十九年（1720年 庚子）

二月 册封六世达赖喇嘛，结束了五世达赖喇嘛圆寂之后的混乱局面。

八月 清军进入拉萨。

康熙六十年（1721年 辛丑）

正月 以登基六十年，遣皇四子胤禛、皇十二子胤祹、皇三子诚亲王世子弘晟祭永陵、福陵、昭陵。

二月 大学士王掞劝谏册立太子。

三月 御史陶彝等上书建储。玄烨怒，将王掞、陶彝等治罪。

十一月 抚远大将军胤祯回京。

康熙六十一年（1722年 壬寅）

正月 举行"千叟宴"。

三月 至皇四子胤禛藩邸饮酒赏花，将其子弘历养育宫中。

四月 命抚远大将军胤祯返回西征军中，筹划进军事宜。

十月 命胤禛等视察通州仓储。

十一月 玄烨舆南苑围猎时身染风寒，返回畅春园，病逝。遗诏由皇四子胤禛继位，引发继位悬案。胤禛继皇帝位。

附 录[①]

第一章

修复长城之议

五月丙午,工部等衙门议覆:古北口总兵官蔡元疏言,古北口一带,边墙倾塌甚多,请行修筑,应如所请。

上谕:大学士等曰:蔡元所奏未谙事宜,帝王治天下自有本原,不专恃险阻。秦筑长城以来,汉、唐、宋亦常修理,其时岂无边患?明末我太祖统大兵,长驱直入,诸路瓦解,皆莫敢当。可见守国之道,惟在修德安民,民心悦则邦本得,而边境自固,所谓众志成城者是也。如古北喜峰口一带,朕皆巡阅,概多损坏。今欲修之,兴工劳役,岂能无害百姓?且长城延袤数千里,养兵几何方能分守?蔡元见未及此,其言甚属无益。谕九卿知之。

明史·成祖本纪

文皇少长习兵,据幽燕形胜之地,乘建文孱弱,长驱内向,奄有四海。即位以后,躬行节俭,水旱朝告夕振,无有壅蔽。知人善任,表里洞达,雄武之略,同符高祖。六师屡出,漠北尘清。至其

[①] 根据需要,对原文做了相应删订。

季年，威德遐被，四方宾服，受朝命而入贡者殆三十国。幅陨之广，远迈汉、唐。成功骏烈，卓乎盛矣。然而革除之际，倒行逆施，惭德亦曷可掩哉。

第二章

废黜太子之议

九月丁丑，上召诸王、大臣、侍卫、文武官员等，齐集行宫前。命皇太子胤礽跪。上垂涕，谕曰：

朕承太祖太宗世祖弘业，四十八年于兹。兢兢业业，轸恤臣工，惠养百姓，惟以治安天下为务。今观胤礽，不法祖德，不遵朕训，惟肆恶虐众，暴戾淫乱，难出诸口。朕包容二十年矣，乃其恶愈张。傫辱在廷诸王、贝勒、大臣、官员，专擅威权，鸠聚党与，窥伺朕躬，起居动作，无不探听。朕思国惟一主，胤礽何得将诸王、贝勒、大臣、官员，任意凌虐，恣行捶挞耶？如平郡王讷尔素、贝勒海善、公普奇，俱被伊殴打。大臣、官员以至兵丁，鲜不遭其荼毒。朕深悉此情，因诸臣有言及伊之行事者，伊即仇视其人，横加鞭笞，故朕未将伊之行事，一询及于诸臣。朕巡幸陕西、江南、浙江等处，或驻庐舍，或御舟航，未尝跬步妄出，未尝一事扰民。乃胤礽同伊属下人等，恣行乖戾，无所不至，令朕赧于启齿。又遣使邀截外藩入贡之人，将进御马匹，任意攘取，以至蒙古俱不心服。种种恶端，不可枚举。朕尚冀其悔过自新，故隐忍优容，至于今日。又朕知胤礽赋性奢侈。着伊乳母之父凌普，为内务府总管、俾伊便于取用。

孰意凌普更为贪婪，致使包衣下人无不怨恨。朕自胤礽幼时，谆谆教训，凡所用物，皆系庶民脂膏，应从节俭。乃不遵朕言，穷奢极欲，逞其凶恶，今更滋甚，有将朕诸子不遗噍类之势。十八阿哥患病，众皆以朕年高，无不为朕忧虑。伊系亲兄，毫无友爱之意。因朕加责让，伊反忿然发怒。更可异者，伊每夜逼近布城，裂缝向内窃视。从前索额图助伊潜谋大事，朕悉知其情，将索额图处死。今胤礽欲为索额图复仇，结成党羽。令朕未卜今日被鸩，明日遇害，昼夜戒慎不宁。似此之人，岂可付以祖宗弘业？且胤礽生而克母，此等之人，古称不孝。朕即位以来，诸事节俭，身御敝褥，足用布袜。胤礽所用，一切远过于朕，伊犹以为不足。恣取国帑，干预政事，必致败坏我国家，戕贼我万民而后已。若以此不孝不仁之人为君，其如祖业何？

谕毕。上复痛哭仆地。诸大臣扶起。

上又谕曰：太祖太宗世祖之缔造勤劳，与朕治平之天下，断不可以付此人。俟回京昭告于天地、宗庙，将胤礽废斥。朕前命直郡王胤禔，善护朕躬，并无欲立胤禔为皇太子之意。胤禔秉性躁急愚顽，岂可立为皇太子。其胤礽党羽，凡系畏威附合者，皆从宽不究外，将索额图之子格尔芬、阿尔吉善，暨二格、苏尔特、哈什太、萨尔邦阿，俱立行正法。杜默臣、阿进泰、苏赫陈、倪雅汉着充发盛京。此事关系天下万民，甚属紧要。乘朕身体康健，定此大事。着将胤礽即行拘执。尔诸王大臣官员兵民等，以胤礽所行之事，为虚为实，可各秉公陈奏。

第四章

戴铎密信

当此君臣利害之关,终身荣辱之际,奴才虽一言而死,亦可少报知遇于万一也。谨据刍荛之见,为我主子陈之:

皇上有天纵之资,诚为不世出之主。诸王当未定之日,各有不并立之心。论者谓处庸众之父子易,处英明之父子难。处孤寡之手足易,处众多之手足难。何也?处英明之父子也,不露其长,恐其见弃,过露其长,恐其见疑,此其所以为难。处众多之手足也,此有好竽,彼有好瑟,此有所争,彼有所胜,此其所以为难。而不知孝以事之,诚以格之,和以结之,忍以容之,而父子兄弟之间,无不相得者。我主子天性仁孝,皇上前毫无所疵。其诸王阿哥之中,俱当以大度包容,使有才者不为忌,无才者以为靠。

昔者东宫未事之秋,侧目者有云:"此人为君,皇族无噍类矣!"此虽属草野之谚,未必不受此二语之大害也。奈何以一时之小忿而忘终身之大害乎?

至于左右近御人等,俱求主子破格优礼。一言之誉,未必得福之速。一言之馋,即可伏祸之根。主子敬老尊贤,声名实所久著,更求刻意留心,逢人加意。素为皇上之亲信者不必论,即汉官宦侍之流,主子似应于见面之际,俱加温语数句,奖语数言。在主子不用金帛之赐,而彼已感激无地矣。贤声日久日盛,日盛日彰,臣民之公论谁得而逾之。至于各部各处之闲事,似不必多于与闻也。

本门之人,受主子隆恩相待,自难报答,寻事出力者甚多。兴言汲此，奴才亦觉自愧。不知天下事，有一利必有一害，有一益必有一损。受利受益者未必以为恩，受害受损者则以为怨矣。古人云：不贪子女玉帛，天下可反掌而定。况主子以四海为家，岂在些须之为利乎？

至于本门之人，岂无一二才智之士。但玉在椟中，珠沉海底，即有微长，何由表现？顷者奉主子金谕，许令本门人借银捐纳，仰见主子提拔人才之至意。恳求主子加意作养，终始栽培，于未知者时为亲试，于已知者思上加恩，使本门人由微而显，由小而大。俾在外者为督抚提镇，在内者为阁部九卿，仰籍天颜，愈当奋勉。虽未必人人得效，而或得二三人才，未尝非东南之半臂也。

以上数条，万祈主子采纳。奴才身受深恩，日夜焚祝。我主子宿根深重，学问渊宏，何事不知，何事不彻，岂容奴才犬马之人刍荛之见。奴才今奉差往湖广，来往似需岁月。当此紧要之时，诚不容一刻放松也！否则稍微懈怠，倘高才捷足者先主子而得之，我主子之才智德学素俱，高人万倍，人之妒念一起，毒念即生，至势难中立之秋，悔无及矣。

雍亲王致年羹尧书

王字谕年羹尧：

知汝以儇佻恶少，屡逢侥倖。君臣大义，素所面墙，国朝祖宗制度，各王门旗属主仆称呼，永垂久远，俱有深意。尔狂昧无知，具启称职，出自何典？屡谕尔父，尔犹抗违不悛，不徒腹诽，而竟公然饰词诡拒，无父无君，莫此为甚！

况妃母千秋大庆，阿哥完婚之喜，而汝从无一字前来称贺，六七个月无一请安启字，视本门之主已成陌路人矣。且汝所称，捐资助饷家无余财，更属无谓之甚。况我从未问及汝家囊橐，何得以鄙亵之心测我，肆而进其矫产之词？

况汝在蜀骄横不法，狂悖无忌，皇上将来不无洞鉴。而尚敢谓今日之不负皇上，即异日之不负我者，是何言欤？以无法无天之谈而诱余以不安分之举也，岂封疆大吏之所当言者？"异日"两字足可以诛戮尧全家。且汝于孟光祖馈遗授受不但众所共知，而且出自汝家人之亲口以告我者，尚敢朦胧皇上，得以漏网？即此一事，是即汝之现在所以负皇上而将来之所以必负我者也！

至于我之培植下人，即并其家人父子亦无不委曲作养成全，在汝固已无人心，谅必非无耳无目者。于此不思所以报称，而反公然跋扈，尔所蓄何心，诚何所挟持而竟敢于如此耶？！即此无状，是即汝之现在所以负我，即异日必负皇上者也！

况在朝廷称君臣，在本门称主仆，故自亲王、郡王、贝勒、贝子以至公等莫不皆称主子、奴才，此通行常例也。且汝父称奴才，汝兄称奴才，汝父岂非封疆大臣乎？而汝独不然者，是汝非汝兄之弟，亦非汝父子矣！又何必称我为主！既称为主，又何不可自称奴才耶！汝父兄所为不是，汝当劝约而同之，则犹可也！不遵父训、抗拒本主，无父无君，万分可恶。若汝或另有所见，或别有委曲，汝不妨具折启奏，申明汝之大典。我亦将汝不肯称奴才之故，以至妃母大庆阿哥喜事，并于我处终年无一字请安，以及孟光祖之事与汝所具"异日"之启，好好存留在此，一一奏明，谅皇上自有定夺也。再，汝父年老，汝子自当代汝奉养。汝毫不为意，七八个尽留任所，岂人心之能恶也。只待汝子娶亲方令来京，信乎？求忠臣于孝子也；而又使及于我所具启仪，苟简无礼，言词皆谬，皆汝之不肖下属，无可奈何之所以应塞汝者，而概施之于我，是岂主子奴才之礼乎？凡此皆汝之不学无术，只知逞一时刚愎之私而自贻乃父之戚耳。

自今以后凡汝子十岁以上者，俱着来京侍奉汝父，即汝昔年临行时向我讨去读书之弟侄，亦必着令作速来京，毋留在外，法成汝无父无君之行也？！

观汝今日藐视本门主子之意，他日为谋反叛逆之举，皆不可定！汝父见汝此启，当余之面痛哭气恨倒地，言汝风狂乱为。汝如此所为而犹敢以伪孝欺人，腆言父子天性，何其丧心病狂一至于此？

况汝父在京，我之待他恩典甚重，谅汝无父之人亦未必深悉其委曲也。

然圣主以孝治天下，而于我惜老之凤心有所不忍，故不惜如此申斥，警汝愚蒙。汝诚能于此爽然自失，真实悔悟，则诚汝之福也！其犹执迷不俊，则真所谓噬脐莫及者矣！汝其图之！

第五章

康熙面谕

朕少时天禀甚壮，从未知有疾病。今春始患头晕，渐觉消瘦，至秋月塞外行围，蒙古地方水土甚佳，精神日健，颜貌加丰，每日骑射亦不觉疲倦。回京之后，因皇太后违和，心神忧瘁，头晕频发，有朕平日所欲言者，今特召尔等面谕。

从来帝王之治天下，未尝不以敬天法祖为首务。敬天法祖之实，在柔远能迩，休养苍生。公四海之利为利，一天下之心为心，体群臣，子庶民，保邦于未危，致治于未乱，夙夜孜孜，寤寐不遑，宽严相济，经权互用，以图国家久远之计而已。自古得天下之正，莫如我朝。太祖、太宗初无取天下之心，尝兵及京城，诸大臣咸奏云当取，太宗皇帝曰："明与我国，素非和好，今取之甚易。但念中国之主，不忍取也。"后流贼李自成攻破京城，崇祯自缢，臣民相率来迎，乃翦灭闯寇，入承大统。昔项羽起兵攻秦，后天下卒归于汉，其初汉高祖一泗上亭长耳。元末陈友谅等并起，后天下率归于明，其初明太祖一皇觉寺僧耳。我朝承席先烈，应天顺人，抚有区宇。以此见乱臣贼子无非为真主驱除耳。

　　今朕年将七旬，在位五十余年者，实赖天地、宗社之默佑，非予凉德之所致也。朕自幼读书，于古今道理粗能通晓。凡帝王自有天命，应享寿考者不能使之不享寿考，应享太平者不能使之不享太平。自黄帝甲子至今，四千三百五十余年，称帝者三百有余，但秦火以前，三代之事不可全信。始皇元年至今，一千九百六十余年，称帝而有年号者二百一十有一。朕何人斯，自秦汉以下，在位久者朕为之首。古人以不矜不伐、知足知止者为能保始终。览三代而后，帝王践祚久者不能遗令闻于后世，寿命不长者罔知四海之疾苦。朕已老矣，在位久矣，未卜后人之议论如何，而且以目前之事，不得不痛哭流涕，预先随笔自记，而犹恐天下不知吾之苦衷也。

　　自昔帝王多以死为忌讳，每观其遗诏，殊非帝王语气，并非中心之所欲言，此皆昏瞀之际，觅文臣任意撰拟者。朕则不然。今预使尔等知朕之血诚耳。当日临御至二十年，不敢逆料至三十年；

三十年不敢逆料至四十年；今已五十七年矣。《尚书·洪范》所载，一曰寿，二曰富，三曰康宁，四曰攸好德，五曰考终命。五福以考终命列于第五者，诚以其难得故也。今朕年将七十，子、孙、曾孙百五十余人，天下粗安，四海承平，虽不能移风易俗，家给人足，但孜孜汲汲，小心敬慎，夙夜不遑，未尝少懈。数十年来，殚心竭力有如一日，此岂仅劳苦二字所能该括耶。前代帝王或享年不永，史论概以为侈然自放、耽于酒色所致。此皆书生好为讥评，虽纯全尽美之君，亦必抉摘瑕疵。朕为前代帝王剖白，盖由天下事繁，不胜劳惫之所致也。诸葛亮云："鞠躬尽瘁，死而后已。"为人臣者，惟诸葛亮一人耳。若帝王仔肩甚重，无可旁诿，岂臣下所可比拟。臣下可仕则仕，可止则止，年老致政而归，抱子弄孙，犹得优游自适。为君者勤劬一生，了无休息。如舜虽称无为而治，然身殁于苍梧；禹乘四载，胼手胝足，终于会稽。似此皆勤劳政事，巡行周历，不遑宁处，岂可谓之崇尚无为、清静自持乎？《易》遁卦六爻未尝言及人主之事，可见人主原无宴息之地可以退藏，鞠躬尽瘁，诚谓此也。昔人每云帝王当举大纲，不必兼总细务，朕心窃不谓然。一事不谨，即贻四海之忧；一时不谨，即贻千百世之患。不矜细行，终累大德。故朕每事必加详慎，即如今日留一二事未理，明日即多一二事矣。若明日再务安闲，则后日愈多壅积，万几至重，诚难稽延。故朕莅政，无论巨细，即奏章内有一字之讹，必为改定发出，盖事不敢忽，天性然也。五十余年，每多先事绸缪，四海兆人，亦皆戴朕德意，岂可执不必兼总细务之言乎？

朕自幼强健，筋力颇佳，能挽十五力弓，发十三握箭，用兵临戎之事，皆所优为，然平生未尝妄杀一人。平定三藩，扫清漠北，皆出一心运筹。户部帑金，非用师赈饥，未敢妄费，谓此皆小民脂膏故也。所有巡狩行宫，不施采缋，每处所费，不过一二万金，较之河工岁费三百余万，尚不及百分之一。幼龄读书，即知酒色之可戒，小人之宜防，所以至老无恙。自康熙四十七年大病之后，过伤心神，渐不及往时。况日有万几，皆由裁夺，每觉精神日逐于外，心血时耗于内，恐前途倘有一时不讳，不能一言，则吾之衷曲未吐，岂不可惜。故预于明爽之际，一一言之，可以尽一生之事，岂不快哉！

人之有生必有死，如朱子之言，"天地循环之理，如昼如夜"。孔子云："居易以俟命。"皆圣贤之大道，何足惧乎？近日多病，心神恍忽，身体虚惫，动转非人扶掖步履难行。当年立心以天下为己任，许死而后已之志，今朕躬抱病，怔忡健忘，故深惧颠倒是非，万几错乱。心为天下尽其血，神为四海散其形，既神不守舍，心失怡养，目不辨远近，耳不分是非，食少事多，岂能久存。况承平日久，人心懈怠，福尽祸至，泰去否来，元首丛脞而股肱惰。至于万事隳坏而后，必然招天灾人害杂然并至，虽心有余而精神不逮，悔过无及，振作不起，呻吟床褥，死不瞑目，岂不痛恨于未死。昔梁武帝亦创业英雄，后至耄年为侯景所逼，遂有台城之祸。隋文帝亦开创之主，不能预知其子炀帝之恶，卒致不克令终。又如丹毒自杀，服食吞饼，宋祖之遥见烛影之类，种种所载疑案，岂非前辙？皆由辨之不早，而且无益于国计民生。汉高祖传遗命于吕后，唐太宗定储位于长孙无忌，朕每览此，深为耻之。或有小人，希图仓卒之际废立可以自专，推戴一人以期后福，朕一息尚存，岂肯容此辈乎！

朕之生也，并无灵异，及其长也，亦无非常。八龄践祚，迄今

附　录

五十七年，从不许人言祯符瑞应。如史册所载景星庆云、麟凤芝草之贺，及焚珠玉于殿前，天书降于承天，此皆虚文，朕所不敢，惟日用平常，以实心行实政而已。今臣邻奏请立储分理，此乃虑朕有猝然之变耳。死生常理，朕所不讳，惟是天下大权当统于一。十年以来，朕将所行之事，所存之心，俱书写封固，仍未告竣，立储大事，朕岂忘耶？天下神器至重，倘得释此负荷，优游安适，无一事婴心，便可望加增年岁，诸臣受朕深恩，何道俾朕得此息肩之日也。朕今气血耗减，勉强支持，脱有误万几，则从前五十七年之忧勤，岂不可惜。朕之苦衷血诚，一至如此。每览老臣奏疏乞休，未尝不为流涕。尔等有退休之时，朕何地可休息耶？但得数旬之怡养，保全考终之死生，朕之欣喜，岂可言罄。从此岁月悠久，或得如宋高宗之年，未可知也。朕年五十七岁方有白须数茎，有以乌须药进者。朕笑却之曰："古来白须皇帝有几？朕若须鬓皓然，岂不为万世之美谈乎？"初年同朕共事者，今并无一人，后进新升者，同寅协恭，奉公守法，皓首满朝，可谓久矣，亦知足矣。朕享天下之尊、四海之富，物无不有，事无不经，至于垂老之际，不能宽怀瞬息，故视弃天下犹敝屣，视富贵如泥沙也。倘得终于无事，朕愿已足。愿尔等大小臣邻，念朕五十余年太平天子惓惓丁宁反复之苦衷，则吾之有生考终之事毕矣。

此谕已备十年，若有遗诏，无非此言，披肝露胆，罄尽五内，朕言不再。

主要参考资料与书目

基本史料

1. 《清实录》（圣祖、世宗、高宗部分）。

2. 《康熙起居注》。

3. 《康熙朝汉文朱批奏折汇编》。

4. 《康熙御制文集》。

5. 《清史纪事本末》。

6. 《清稗类钞》。

7. 《亲征平定朔漠方略》。

8. 《清史稿》。

9. （清）魏源：《圣武记》，中华书局，1984年。

10. （清）昭梿：《啸亭杂录》，中华书局，1997年。

11. （清）王士祯：《池北偶谈》，中华书局，1997年。

12. （清）赵翼：《廿二史札记》，王树民校正本，中华书局，2001年。

13. （清）王先谦：《东华录》，《续修四库全书》，上海古籍出版社，2002年。

著作书目

1. 杜文凯：《清代西人见闻录》，中国人民大学出版社，1983年。

2. 王辅仁、陈庆英：《蒙藏民族关系史略》，中国社会科学出版社，1985年。

3. 谭其骧：《中国历史地图集》（第八册），地图出版社，1987年。

4. 马汝珩、马大正：《清代的边疆政策》，中国社会科学出版社，1989年。

5. 高翔：《康雍乾三帝统治思想研究》，中国人民大学出版社，1995年。

6. 何平：《清代赋税政策研究：1644—1840》，中国社会科学出版社，1998年。

7. 赵园：《明清之际士大夫研究》，北京大学出版社，1999年。

8. 郑天挺：《清史探微》，北京大学出版社，1999年。

9. 杨珍：《清朝皇位继承制度》，学苑出版社，2001年。

10. 陈庆英、高淑芬：《西藏通史》，中州古籍出版社，2003年。

11. 阎宗临：《传教士与法国早期汉学》，大象出版社，2003年。

12. 定宜庄：《清代八旗驻防研究》，辽宁民族出版社，2003年。

13. ［法］戴廷杰：《戴名世年谱》，中华书局，2004年。

14. 徐茂明：《江南士绅与江南社会（1368—1911年）》，商务印书馆，2004年。

15. 顾长声：《传教士与近代中国》，上海人民出版社，2004年。

16．马大正、成崇德：《卫拉特蒙古史纲》，新疆人民出版社，2006年。

17．史念海：《黄河流域诸河流的演变与治理》，陕西人民出版社，2007年。

18．冯尔康：《雍正继位新探》，天津人民出版社，2008年。

19．赖玉芹：《博学鸿儒与清初学术转变》，中国社会科学出版社，2010年。

20．孟森：《清史讲义》，中华书局，2010年。

21．杨念群：《何处是"江南"：清朝正统观的确立与士林精神世界的变异》，生活·读书·新知三联书店，2010年。

22．陈永明：《清代前期的政治认同与历史书写》，上海古籍出版社，2011年。

23．顾诚：《南明史》，光明日报出版社，2011年。

24．常建华：《清前期国家治理与民生政策》，中华书局，2018年。

25．戴逸：《清代中国与世界》，中国人民大学出版社，2018年。

26．指文烽火工作室：《中国明清时期的战争》，吉林文史出版社，2020年。

27．刘凤云：《钱粮亏空：清朝盛世的隐忧》，中国社会科学出版社，2021年。

28．郑小悠、橘玄雅、夏天：《九王夺嫡》，山西人民出版社，2021年。

29．白新良：《康熙传》，中华书局，2023年。

30．［美］Spence, Jonathan D.. *Emperor of China: Self-Portrait of*

K'ang-hsi. New York: Alfred A. Knopf, 1974.

31.〔美〕Wu Silas H.L.. *Passage to Power: K'ang-hsi and His Heir Apparent, 1661-1722*. Cambridge: Harvard University Press, 1979.

32.〔美〕Wakeman, Frederic Jr., *The Great Enterprise: The Manchu Reconstruction of Imperial Order in Seventeenth Century China*. Cambridge: University of California Press, 1985.

33.〔美〕Peterson, Willard J.. *The Cambridge History of China Vol. 9: The Ch'ing Dynasty, Part 1: To 1800*. Cambridge: Cambridge University Press, 2002.

34.〔日〕白鳥庫吉：『塞外民族史研究』，東京：岩波書店，1986.

35.〔日〕江上波夫：『遊牧文化と東西交渉史』，東京：山川出版社，2000.

36.〔日〕内藤湖南：『清朝史通論』，東京：平凡社，2009.